경영
교육  뉴
패러
다임

＊본 연구는 한국투자금융그룹의 일부 지원으로 이루어졌습니다.

4차산업혁명시대 미래를 이끌 경영교육 융합과 혁신의 방향

# 경영교육 뉴 패러다임

이두희 | 윤성수 | 이성호 | 이재혁 | 이우종 | 권순창 | 배종석 | 강 철
이상민 | 최성진 | 이무원 | 김도윤 | 김희천 | 신호정 | 유시진 | 박대윤
박찬수 | 류수영 | 이태희 | 김중혁 | 김영규 | 오종문 | 전규안 | 전성일

매일경제신문사

경영학을 공부하고 기업을 경영해왔기에 경영교육혁신 과제의 필요성을 금방 이해할 수 있었습니다. 세부 과제 제목들만 봐도 이두희 한국경영학회 회장님과 경영학 교수님들의 노력과 열정을 느낄 수 있었습니다. 한국경영학회와 경영학계가 지속적으로 경영교육을 혁신하고 훌륭한 경영인재를 지속적으로 배출해 우리나라 기업들과 경제성장에 큰 공헌을 해줄 것을 믿어 의심치 않으며 이 책과 함께해 큰 보람을 느낍니다. 발간을 진심으로 축하드립니다.

한국투자금융지주 부회장 김남구

미디어그룹을 경영하는 경영자로서, 나아가 세계지식포럼을 개최하며 전 세계 석학들의 지혜를 모으고 있는 저로서는 환경의 변화에 적합한 새로운 지식이 사회 발전에 얼마나 중요한지를 뼈저리게 느끼고 있습니다. 한국경영학회와 매일경제가 공동으로 통합경영학술대회를 주최해온 지 20주년이 되는 해에 한국경영학회가 의미 있는 일을 하셨습니다. 환경의 변화에 맞춰 새로운 경영지식을 반영하는 대한민국의 경영교육 대혁신은 우리에게 절실합니다. 이렇게 뜻깊은 작업을 주도하신 이두희 한국경영학회 회장님과 경영학 교수님들의 노력, 그리고 이 책의 발간을 진심으로 축하드립니다. 매일경제가 이 작업을 함께하게 되어 매우 기쁘게 생각하며, 우리나라 경영학과 경영교육의 발전을 시작으로 대한민국 기업들과 경제의 발전을 희망합니다.

매경미디어그룹 회장 장대환

# 대한민국 경영교육 뉴 패러다임의 초석이 되기를 바라며

대한민국 경영학은 우리 기업의 성장과 국가 경제발전에 큰 공헌을 해왔습니다. 기업 경영철학과 최신 지식을 교육하고 유능한 기업인과 인재를 배출해냄으로써 시대적 소명을 다해왔습니다. 경영학자들의 지혜와 땀으로 일구어온 학술적 연구의 결과는 세계 최고 수준입니다.

최근 도래한 4차 산업혁명 시대는 우리에게 또 다른 도전을 요구하고 있습니다. ICT 융합 기반으로 지능화된 산업과 융복합 사회를 이끌어갈 수 있는 리더십과 기업가정신을 요구하고 있는 것입니다. 우리 경제가 한 단계 더 성장하기 위해서는 기업인들이 이러한 시대적 흐름을 선도할 수 있는 인본적이며 창의적인 기업가정신으로 재무장해야 할 것입니다.

경영학은 치밀한 사회과학적 특성과 실사구시적 응용학문의 특성을 동시에 가지고 있습니다. 우리 경영학자들이 뉴 패러다임적 연구와 교육으로 시대적 소명을 다해야 한다는 공감대를 형성한 것은 오히려 당연하다 하겠습니다.

2018년 한국경영학회는 학회가 직면한 최우선 과제에 대한 성찰과 담론의 결과를 바탕으로, 우리나라 경영학의 중흥을 위한 '대한민국 경영교육 대혁신 위원회'를 출범시켰습니다.

윤성수 위원장과 위원으로 위촉된 11개 대학의 22명의 교수가 14개 세부 주제를 연구하고, 8월 하계통합학술대회 전까지 수차례 연구 중간 결과를 공유하고 토론했습니다. 저는 이 과정에서 경영교육혁신에 대한 뜨거운 열정과 진정성을 가진 경영학 교수들이 많다는 점에 감동을 받았습니다. 그리고 이 작업이 경영학자로서의 정체성과 사회적 가치를 지키는 중요하고 의미 있는 것이라는 점도 확인할 수 있었습니다. 힘든 일정이었지만 모두가 기쁜 마음으로 참여하면서 뿌듯함을 나눌 수 있었습니다. 하계통합학술대회 중 3일간 진행된 발표와 토론에 수많은 회원이 참여해 이 작업의 중요성에 공감하고 좋은 의견을 주었습니다. 이 역사적 여정에 동참해주신 위원들과 경영관련학회 회원 및 기업인 여러분께 진정한 감사의 말씀을 드립니다.

이 책은 경영교육혁신의 완성이 아니라 긴 여정의 첫 매듭이라 할 수 있으며, 수많은 도전을 우리에게 제시하고 있습니다. 한국경영학회가 중심이 되어 관련 기관과 함께 이 혁신을 지속적으로 추진해 나간다면 대한민국의 경영교육과 경영학이 다시 한 번 부흥되어 우리나라 경제발전과 국민 삶의 질 향상에 지속적으로 공헌할 수 있을 것이라 확신합니다.

이 연구 과제의 시작부터 그 중요성을 높이 평가하고 진행과 출판이 가능하게 물심양면 지원을 아끼지 않으신 한국투자금융지주 김남구 부회장님과 매경미디어그룹 장대환 회장님께 7,400명 한국경영학회 회원들의 마음을 모아 특별한 감사를 드립니다.

많은 분의 정성과 지혜로 이뤄진 이 책이 대한민국 경영교육 뉴 패러다임의 초석이 되기를 소망합니다.

63기 한국경영학회 회장 이두희

차례

# 대한민국 경영학의 재중흥, 경영교육의 대전환으로 시작하다

**이두희, 윤성수**
고려대학교 경영대학

**이성호**
서울시립대학교 경영대학

경영교육 뉴 패러다임 연구의 배경, 의의와 지향점, 각 장의 내용을 요약하여 제시하고 향후 연구 방향을 논의한다.

"기업 실무를 잘 알지 못하고, 그리 큰 관심도 없는 경영학자들이 논문을 위한 논문을 쓰지만, 기업경영자들은 이런 논문을 읽지 않는다"는 아픈 지적이 많다. 4차 산업혁명, 디지털 변환으로 상징되는 새로운 경영환경의 변화 속에서 기업이 사회적 책임을 다하도록 경영학 교육이 변해야 한다는 인식, 그리고 이 중요한 과업을 수행하려면 개별 경영대학뿐 아니라 한국 경영학계와 경영학회가 고유의 역할을 해야 한다는 공감대를 바탕으로 이 책은 시작되었다. 목표는 경영학 연구와 교육, 실무 사이에 존재하는 단절을 극복하는 첫출발을 하는 것이다.

1956년 발족한 이래 우리나라 기업경영의 선도자이자 동반자로서 역할을 해온 한국경영학회(회장 이두희)는 경영학 연구와 교육이 경영환경의 변화를 반영해 기업 현장의 문제를 해결하는 데 실질적인 도움을 주고(relevance의 회복), 기업과 주주 외의 사회의 다양한 구성원들도 폭넓게 고려함으로써(reach의 확대), 우리 사회로부터 다시 인정과 존중을 받을 수 있도록(respect의 회복) 대한민국 경영교육을 혁신하는 탐구와 연구 작업을 진행했다.

사실 과거에도 경영교육의 개선이나 변화에 대한 연구나 목소리가 없었던 것은 아니다. 〈경영학연구〉와 〈KBR Korea Business Review〉(한국경영학회 학술지) 등 경영 관련 학술지에 논문이 게재되기도 하고, 각 학회나 한국경영교육인증원 KABEA: Korean Association of Business Education Accreditation의 경영교육혁신 포럼 또는 심포지엄도 개최되었다. 그러나 이러한 노력은 분산되고 간헐적이었다는 한계가 있다. 특히 미국의 경우 국제경영대학발전협의회 AACSB International: Association to Advance Collegiate Schools of Business International, 유럽의 경우 유럽경영대학협의회 EFMD: European Foundation for Management Development, 일본의 경우 '전국경영학부장회의 토의'라는 제도를 통해 경영교육의 변화와 혁신이 꾸준히 논의되고 있는 것을 생각할 때[1], 우리나라에서도 경영교육혁신을 집단적·지속적으로 추진할 수 있는 플랫폼이 필요한 시점이다. 이러한 플랫폼을 출범하는 의미로 2018년 한국경영학회가 추진한 첫 집단적 협력의 결과가 이 책이다.

경영학 교육과 연구의 문제점, 해결 방안에 관한 14개 세부 주제에 대해 11개 대학의 22명의 교수가 고민한 결과를 정리한 이 책은 경영교육혁신의 완성이 아니라 긴 여정의 첫 매듭이자 나아갈 방향을 제시하는 나침반이라 할 수 있다. 이 노력이 경영학계가 공동으로 풀어야 할 과제와 해결 방안의 큰 틀을 제시하고, 경영교육 당사자들의 고민과 지혜를 한데 모으는 밑거름이 되기를 희망한다. 국내외 경영대학의 다양한 경영교육혁신사례를 소개함으로써 경영교육 제공자(교수 또는 대학)가 자신의 상황에 맞는 해답을 선택하거나 적절히 수정하는 데 유용한 길잡이가 되고자 한다.

　우리나라의 경영학 교육은 고려대학교의 전신인 보성전문학교에 의해 1905년 최초로 시작된 이래 대한민국 경제발전에 크게 이바지해왔다. 한국경영학회가 전국의 경영학 교수와 실무 경영자 등을 대상으로 벌인 설문조사에 의하면, 응답자의 65%가 우리나라의 경영교육이 대한민국의 경제발전에 큰 기여를 해왔다고 긍정적으로 평가했다. 그러나 우리 경영교육이 오늘의 기업의 필요$_{needs}$를 어느 정도 충족하는가에 대해서는 긍정 평가가 27%, 부정 평가가 36%였다. 특히 기업을 제외한 우리 사회의 다양한 구성원(예: 소비자, 노동자, 지역 사회 등)의 필요를 충분히 충족하는가에 대해서는 20%만이 긍정 평가를 한 데 반해, 52%가 부정 평가를 해 우리나라 경영교육이 기업의 이해관계자에 대해 더욱 균형 잡힌 관심을 가질 필요를 제기한다.

　기업의 가장 중요한 존재 목적이 무엇이라고 생각하느냐는 질문에 대해 "주주이익의 창출"이라는 답변이 13%였던 반면, "주주, 채권자, 직원, 소비자, 협력업체 등 여러 이해관계자의 행복 추구"라는 답변이 59%, "사회적 부$_{wealth}$의 증대"라는 답변이 20%로 주주이익의 창출보다 더 컸다는 점은 놀랍고 흥미롭다. 우리나라 기업들이 국가 경제발전에 이바지한 점을 긍정적으로 평가하면서도, 기업의 지속적 성공을 위해서는 기업의 여러 이해관계자에 대한 관심과 책임을 늘려야 한다는 지적으로 해석된다.

　저성장과 4차 산업혁명 등 경영환경의 변화에 비춰볼 때 경영교육이 변화할 필요성에 대해서는 32%가 비교적 크다, 57%가 매우 크다고 응답했다. 우리나라 경영교육이 시급히 보완해야 할 점으로는(중복 응답), 인간과 사회에 대한 이해와 소통 능력(41%), 창업 및 기업가정신(39%), 현장 밀착 교육(38%), 경영학 세부전공의 융합(37%), 경영철학과 기업윤리(35%), 경영학과 공학의 융합(34%), 인공지능AI: Artificial Intelligence과 빅데이터 활용(31%), 경영학과 인문학의 융합(22%) 순으로 비교적 고른 응답을 보였다. 그만큼 변화할 필요가 많음을 시사한다고 해석된다.

가장 먼저 새로이 개설되어야 할 과목으로는, 4차 산업혁명 관련 과목(31%), 경영현장 밀착 과목(29%), 기업가정신 및 창업 관련 과목(26%), 인문학 과목(13%) 순으로 제시되었다.

이 책의 1~3장은 우리나라 경영교육을 분석적으로 바라보는 관점을 형성하게 돕는 주제를 다룬다.

먼저 이재혁 교수(1장)는 경영교육 환경을 분석하는 틀을 제시하고, 현재 우리나라 경영교육 시스템의 현황과 개선 방안을 도출함으로써 경영교육 정상화의 큰 방향을 제시한다. 한국 기업들이 세계 일류 기업으로 발돋움하는 사이, 한국의 경영대학 중 글로벌 경쟁력을 갖춘 대학이 얼마인지 묻고, 그 수가 부족한 이유를 이해하기 위한 개념적 틀로서 이해관계자 이론stakeholder theory을 제시한다. 경영교육의 공급자(교수), 관리자(경영대학, 대학본부, 정부), 수요자(학생, 기업), 경쟁자(기타 교육기관)에 대한 분석을 바탕으로 향후 경영교육이 나아갈 방향을 수요자 중심, 조력자 역할, 통합적 의사결정 시스템으로 제시한다.

이우종 교수(2장)는 경영교육 위기를 극복하고자 노력하는 해외 사례를 소개한다. 경영교육의 위기에 관한 지적은 30여 년 전부터 제기되어왔는데, 실무 기업인들이 경영학 학술지를 읽지 않고("Lost in Translation"), 경영학 연구자들은 실무 의견을 반영해 연구를 설계하지 않기 때문에("Lost before Translation") 이러한 연구를 바탕으로 한 경영학 교육이 기업인들에게 환영받지 못한다는 것이다. 이우종 교수는 경영학 연구와 관련된 위기 원인을 3가지로 정리하고 각 원인에 대한 세계 여러 대학의 대응을 소개한다. 첫째, 4차 산업혁명으로 대표되는 경영환경의 변화 속도가 경영학의 진부화를 촉진한다. 둘째, 미국 경영학에 대한 지나친 의존이 대한민국 기업 실무와의 괴리를 심화시킨다. 셋째, 연구업적평가기준이 미비해 실무에 공헌하는 연구가 제대로 평가받지 못한다.

권순창 교수(3장)는 우리나라 경영교육의 문제점으로 제조업 기반 교육 중심, 정보화 산업 교육에 대한 반영 미비, 미래 경영교육에 대한 대비 부족, 경영교육혁신 주체의 부재, 경영교육 평가 및 인증기관의 한계를 지적한다. 그리고 경영교육혁신의 원칙으로 교육 수요 중심의 혁신, 환경 변화에 적응할 수 있는 교육, 취업 수요를 창출할 수 있는 창업교육, 미래 경영교육에 필요한 연구, 국제화 교육을 제시한다. 이런 원칙을 바탕으로 경영교육혁신의 제도화를 위해 한국경영학회를 중심으로 경영대학, KABEA, 경영관련학회, 경제계, 정부, 국회 등 관계 기관이 어떻게 역할을 분담해야 하는지 제안하고 있다.

이 책의 두 번째 부분, 4~14장은 경영교육혁신의 세부 주제를 다룬다. 첫 주제는 이제까지 경영교육에서 상대적으로 충분히 다뤄지지 않았던 경영철학과 윤리 문제다. 배종석 교수와 강철 교수(4장)는 경영학이 급진적인 경영환경의 변화에 선행적으로 대응하기 위한 기반으로 철학과 윤리학이 왜 필요한지 설명한다. 실증주의와 결과주의에 경도된 기존의 '주류경영학'에 대한 대안으로, 비판적 이성을 활용한 비환원주의 이론과 인격적 지식을 추구하고 비결과주의를 지향하는 '비판경영학'을 제시한다. 특히 경영교육 측면에서 인격적 사고의 함양, '열린 물음'이 평가되는 교육, 이중적 논법을 통한 융합 추구가 필요함을 역설한다.

이상민 교수와 최성진 교수(5장)는 한양대학교 경영대학의 교육과정 혁신사례를 소개한다. 경영교육 공급자 관점에서 기능적인 전공으로 분화되어 제공되던 경영교육과정을 혁신해 수요자 중심으로 개발된, 4개의 역량 단계와 3개의 교육 방법에 기반한 빅 인텔리전스 경영교육BIBE: Big Intelligence Business Education 모형을 제시한다. BIBE 과정이 기존의 공급자 중심 교육과정이나 융합형 교육과정과 다른 점은, 학생들이 학교에서 정한 교과목 수강 단계에 얽매이지 않고 자신의 관심사에 맞춰 과정을 설계할 수 있다는 점, 4차 산업혁명 시대가 요구하는 실험 실습 기반의 교과목 전환을 촉진한다는 점 등이다. BIBE 모형에 의해 개발된 새로운 교과목의 대표 예로 사회혁신 실습 과목과 비즈니스랩을 소개하고, 성공에 필요한 조건들도 살펴본다.

이무원 교수와 김도윤 교수(6장)는 기업가정신을 가진 실천적 인재를 양성하기 위해 연세대학교 경영대학이 시행 중인 연세창업혁신프로그램YVIP을 소개한다. 선진 대학보다 우리나라 경영대학의 교과과정 혁신이 미흡하다는 점과 우리의 경영교육이 기업가가 아닌 종업원을 길러내는 데 초점을 맞추고 있다는 지적은 뼈아프다. YVIP는 연구, 교육, 지식플랫폼 네트워크, 실천 영역을 아우르는 광범위하고 대담한 시도라 할 수 있다. 다양한 프로그램을 통해 창업과 혁신의 도전정신을 전파함으로써 세상을 변화시키려는 비전은 많은 대학에 좋은 참고가 될 것이다.

김희천 교수, 신호정 교수, 유시진 교수와 박대윤 교수(7장)는 고려대학교 경영대학 스타트업 연구원(스테이션)의 창업지원 경험과 교훈을 공유한다. 창업 관련 교육을 담당하는 센터와 입주기업을 육성하는 센터를 내부에 각각 두고, 비교적 짧은 기간에 눈에 띄는 성과를 내기까지 체험을 통해 얻은 교훈은 프로그램의 피상적 소개에서 얻지 못할 통찰을 제공한다. 경영대학에만 국한하지 않고 다양한 전공과 배경을 가진 학생들이 모일 수 있는 열린 공간과 문화를 유지하고, 여학생들의 관심과 참여를 권장하며, 외부 스타트업 생태계와 연결해 창업 생태계의 발전에 공헌하는 것이 중요하다는 제안을 하고 있다.

교육혁신의 중요한 과제 중 하나는 교육 방법의 혁신이다. 박찬수 교수와 류수영 교수(8장)는 경영학 교수법의 혁신안으로 플립러닝FL: Flipped Learning과 문제중심학습PBL: Problem-Based Learning을 각각 소개한다. 대학에서 배운 전공지식만으로 급변하는 고용 시장의 요구에 대처하기 어려운 4차 산업혁명 시대에는 새로운 지식과 기술을 능동적으로 학습하는 자율학습Self-regulated Learning의 근육을 갖추는 것이 필요하다고 강조한다. 이를 촉진하는 2가지 대표 교수법을 소개하고, 우리나라 경영교육에 이 교수법을 도입할 때 예상되는 도전도 상세히 설명한다.

이태희 교수(9장)는 경영교육혁신의 장애 요인으로 이해당사자들의 경제적 유인의 상충 또는 불일치와 이를 해소하지 못하는 제도의 미비를 지적한다. 경영교육의 이해당사자인 학생, 교수, 대학, 기업들의 경제적 유인을 어떻게 조정하고 제도화할 것인가에 관한 상세한 설명과 조언은 특히 대학 행정을 담당하는 보직자나 정부 관련 부서가 귀담아들을 내용이다.

김영규 교수와 김중혁 교수(10장)는 경영학 내 세부전공 분야 간 융합과, 경영학과 다른 학문 분야의 융합이 필요한 이유와 구체적 실행 방안을 소개한다. 경영학 내 세부전공 분야 간 융합은 전공지식을 통합해 문제를 해결하는 능력을 함양하는 방향과, 경력을 개발하는 데 필요한 다양한 지식을 제공하는 방향으로 나눠서 사례와 함께 설명한다. 경영학과 다른 전공의 융합은 다시 전문경영인으로서의 소양을 채우는 방향의 융합과, 경영학과 다른 분야의 전공지식을 동시에 함양하기 위한 융합으로 구분하고 해외의 다양한 사례를 제시한다.

오종문 교수(11장)는 기업과의 협력을 통해 경영교육의 질을 개선하려는 다양한 시도를 소개한다. 계약학과, 주문식 교육과정, 산업체 위탁교육, 사내대학 등 산학협력 교육모형을 구현하기 위한 여러 제도가 실제 대학 교과과정에 활용되는 사례를 살펴보고, 핵심영역(커리큘럼 설계, 개발 및 실행, 맞춤형 코스 개발 등)별로 경영학 학부 교육과정에서 활용 가능한 산학협력 방안을 제시한다.

전규안 교수(12장)는 경영교육혁신이 자리를 잡으려면 경영대학의 결단 외에 다른 단과대학과 대학본부와의 협력이 필수적이라는 점에 초점을 맞추고 다양한 협력 방안을 소개한다. 한국경영학회의 설문에 응답한 경영학 교수 중 경영대학이 대학 전체의 교육이나 재정에 기여하는 부분에 비해 다른 단과대학이나 대학본부로부터 상응하는 인정을 받지 못하고 있다는 비중은 70%에 달했다. 흥미로운 결과는, 경영대학과 다른 단과대학의 협력에 장애가 되는 요인에 대해 경영대학의 노력 부족을 지적한 비중이 43%로 가장 컸고, 다른 단과대학의 편견이나 오해라는 응답이 40%였다는 점이다. 경영학 교수들 스스로 문제해결에 나서야 한다는 의식을 갖고 있다는 점이 고무적이다.

전성일 교수(13장)는 전남대학교 사례를 통해 지역 경영학의 발전 방향을 모색한다. 국내 13개 경영전문대학원 중 유일한 지방 소재 국립대학원인 전남대학교 경영전문대학원 MBA는 국제인증과 함께 KOICA 및 한국전력공사와의 협력 아래 다양한 프로그램을 개발하고 운영해왔다. 특히 KEPCO MBA는 미국 사우스캐롤라이나 대학과 복수학위 프로그램으로 운영되고 있다. 지방 균형 발전의 확대와 함께 지역 특성을 반영한 지역 경영학의 성장 가능성에 주목할 필요가 있다.

마지막으로 윤성수 교수(14장)는 경영학 연구와 교육, 그리고 기업 실무 사이의 단절을 극복하기 위한 경영학 연구와 교육의 조화 방안을 소개한다. 경영대학이 연구의 실무 관련성을 높이고 교육

부문의 성과를 높이려면 교수진의 인적 구성과 업적평가기준을 다양화해야 한다는 점을 사례와 함께 지적한다.

이 책은 경영교육혁신의 완성이 아니며 향후 수많은 과제가 남아 있다. 이번 탐색과 연구는 '꿸 구슬이 서 말이 있는 것을 본 것'이라 할 수 있다. 문제를 인식하는 노력이 지속되어야 할 뿐 아니라, '서 말의 구슬을 꿰는' 노력이 시작되어야 할 것이다.

2018년 개최된 제20회 경영관련학회 통합학술대회는 한국경영학회를 중심으로 여러 관계 기관이 경영교육혁신의 제도화를 위해 구슬을 꿰는 노력을 시작한 자리였다. 한국경영학회와 경영관련학회들의 대한민국 경영교육 대혁신 선포식, 한국경영학회/한국경영대학·대학원협의회/한국경영교육인증원 협정식, 한중경영연구협력을 위한 협정식, 한국경영자총협회/한국경영학회/매일경제 협정식, 대한민국 기업가정신 수도(진주) 선포식 등이 있었다. 한국경영학회가 앞으로도 경영교육 대혁신 과제를 지속적으로 수행하기로 한 것은 매우 희망적이라 할 수 있다.

여러 제약 요인으로 인해 이 책에서는 빠졌지만 향후 관심을 두어야 할 경영교육혁신 관련 주요 주제는 다음과 같다. 경영대학과 경영(전문)대학원의 비즈니스모델, 경영(전문)대학원의 교육혁신, 디지털 변환과 4차 산업혁명 관련 기술들의 경영학 모델과 경영교육 반영 등이다.[2]

우리나라의 경영학과 경영교육이 다시 사회적 인정과 존중을 받는 그날을 향해 이 책을 공유한다.

1  Carlile, P. R., S. H. Davidson, K. W. Freeman, H. Thomas, and N. Venkatraman (2016), *Reimaging Business Education: Insights and Actions from the BUSINESS EDUCATION JAM*, Emerald Publishing.

2  Aoun, J. E. (2017), *Robot-Proof: Higher Education in the Age of Artificial Intelligence*, The MIT Press.
   Datar, S. M., D. A. Garvin, and P. G. Cullen (2010), *Rethinking the MBA: Business Education at a Crossroads*, Harvard Business Press.
   Dealtry, R. (2017), *The Future of Corporate Universities*, Emerald Publishing.
   Peters, K., R. R. Smith, and H. Thomas (2018), *Rethinking the Business Models of Business Schools: A Critical Review and Change Agenda for the Future*, EFMD.

# 01

# 경영교육 환경의 현황과 시사점[1]

**이재혁**

고려대학교 경영대학

경영학의 미래에 대한 우려가 최근 급증하고 있다. 경영학은 기업이 필요로 하는 새로운 인적자원을 공급할 뿐 아니라 재교육 등을 통해 기존 인적자원의 역량을 강화시키는 역할을 해야 하는 학문적 특성을 지니고 있다. 1장에서는 이러한 경영학의 미래에 대한 우려의 본질을 분석하고 그 해결책을 모색하기 위해 무엇이 필요한지 논의할 것이다. 이를 위해 경영교육 환경 분석을 위한 틀을 제시하고 현재의 경영교육 시스템의 현황 및 개선 방안을 도출함으로써 더 늦기 전에 가야 할 경영교육 정상화의 방향을 제시한다.

## 기업과 경영환경

1995년 한 기업의 대표가 "기업은 일류, 관료는 이류, 그리고 정치는 사류"라고 말한 적이 있었다. 한국의 정부 관료나 정치인이 쓸데없이 기업들에게 간섭한다고 느껴서 나온 이 냉소적 발언은 그당시 해당되는 이들의 분개를 초래했었다. 하지만 그 발언과 관련된 불편한 진실은, 기업을 둘러싼 여러 경영환경이 기업의 경쟁력에 큰 영향을 끼친다는 점이다. 2018년 오늘날 대한민국 기업들의 경쟁력 증진에서 경영교육 환경의 현주소는 어떠한가?

### 경영환경 변화와 한국 기업 경쟁력의 민낯

국경 없는 경쟁, 산업 융합화, 4차 산업혁명 등 경영환경 변화를 일컫는 다양한 용어는 최근에도 계속 생겨나고 있다. 하지만 이렇듯 다양하고 새로운 용어가 공통으로 의미하는 것은 결국 '변화' 그리고 그에 따른 '경쟁 심화'다. 급변하는 외부 환경 변화에 대해서

적절히 대응하지 못하는 경우, 기업이 경쟁력을 유지하고 확보하는 것은 불가능하다.

한국 기업들도 예외는 아니다. 10대 그룹 중에서 7개가 영업이익률 악화를 겪고 있다. 자산 기준으로 본 30대 그룹의 순위도 요동치고 있다. '3만 벤처 기업 시대'라는 말이 무색하게, 벤처 기업 생존율은 OECD 26개국 중 25위를 기록하고 있다. 국내 기업들의 장기성장 가능성도 글로벌 주요 기업들에 비해 낮다.[2]

기업 경쟁력은 해당 기업만의 이슈로 끝나지 않는다. 기업 경쟁력이 우리 사회의 고용 창출 및 경제 활성화와 서로 영향을 주고받는, 선순환의 고리에서 큰 역할을 하기 때문이다. 국가의 경쟁력이 국가를 구성하고 있는 다양한 주체가 창출하는 경쟁력의 총합이라고 판단했을 때, 기업의 경쟁력이 우리 모두에게 끼치는 영향과 역할은 클 수밖에 없다.

지속 가능한 국가, 지속 가능한 경제, 지속 가능한 산업, 지속 가능한 사회 등 요즘 여러 분야에서 '지속 가능성'에 대한 관심이 높아지고 있다. 이 중에서 가장 쉽게 접하는 용어가 지속 가능한 경영이다. 즉 기업이 지속적으로 경영을 영위하기 위해 무엇이 필요한지에 대한 관심이 급증하는 것이다. 수많은 지속성 중에서 기업에 관심이 집중되는 것은, 지속 가능한 국가·경제·산업·사회를 논의함에 있어서 기업의 역할을 결코 무시할 수 없기 때문이다.

**기업 경쟁력과 경영교육 경쟁력**

4차 산업혁명의 선구자인 클라우스 슈밥Klaus Schwab은 새로운 시대

**[그림 1] 기업과의 연관성: 경영학, 경영교육, 경영대학**

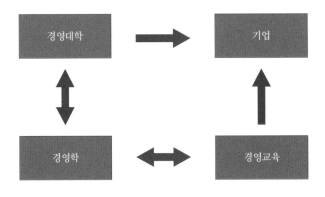

의 수혜자가 결국은 지적·물적 자본을 제공하는 사람일 것이라는 결코 새롭지 않은 예측을 내놓았다. 자원준거주의resource-based view가 기업 경쟁우위의 원천이 인적자원이라고 오랜 기간 강조해온 것과 같은 맥락이다.[3] 인적자원은 회사를 구성하는 경영자들과 종업원들, 그들의 교육·경험·판단·직관 등을 포함하는 광의의 개념이다.

경영대학은 기업이 필요로 하는 새로운 인적자원을 공급할 뿐 아니라 재교육 등을 통해 기존 인적자원의 역량을 강화시키는 역할을 해야 한다. 몇몇 한국 기업은 오랜 기간 동안 각고의 노력 끝에 일류 기업으로 발돋움하고 있다. 이에 비해 한국의 경영대학들 중 '경영교육'에서 글로벌 경쟁력을 갖춘 대학은 얼마나 되는지 의문이 들 수밖에 없다.

수요와 공급의 괴리 등 여러 원인을 제시할 수 있지만, 경영교육이 위기를 맞이하고 있다면 이는 기업 경쟁력에 부정적인 영향을 끼칠 수밖에 없다.

경영교육의 위기가 도래했는가? 이에 대한 논의를 전개하기 위해서, 먼저 경영교육 환경을 체계적으로 분석해보자.


## 경영교육 환경: 분석의 틀

경영교육의 '주체'는 누구인가? 경영교육의 '대상'은 누구인가? 이 질문에 대한 포괄적 이해를 통해 '경영교육'에서의 위기 및 그 원인을 좀 더 정확히 파악하고 개선 방안을 좀 더 현실적으로 제안할 수 있을 것이다.

기업이 처해 있는 경영환경을 분석하려면 이해관계자 이론을 주로 사용한다. 이해관계자란 기업의 성과에 관심을 갖는 모든 집단과 개인을 의미한다. 따라서 이해관계자는 기업의 경영활동에 대해서 직간접적으로 영향을 주고 영향을 받는 집단으로 이해할 수 있다. 종업원, 고객, 주주, 채권자, 협력업체, 지역 사회, 정부, 미디어, 경쟁자 등이 주로 포함된다.

경영자들은 의사결정을 할 때 다양한 이해관계자들의 다양한 이해$_{interest}$를 고려해야 한다. 하지만 모든 이해관계자의 다양한 이해에 대해서 동시에 반응하는 것은 쉽지 않기 때문에, 가장 핵심적인 이해관계자를 파악하고 그에 상응하는 장단기 전략을 수립하고 실행해야 한다.

[그림 2] 경영교육의 이해관계자

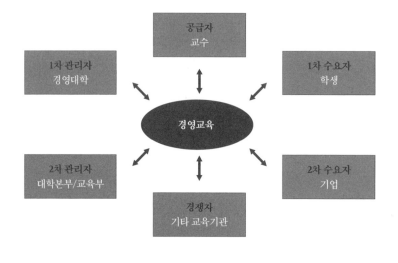

경영교육과 관련된 환경을 분석하는 데도 이해관계자 이론을 적용할 수 있다. 기업, 교수, 대학, 정부, 학생, 학부모 등 경영교육과 관련된 다양한 이해관계자가 공존하기 때문이다. 이러한 다양한 이해관계자들은 교육에 대한 공급자, 관리자, 수요자, 경쟁자로 다시 분류할 수 있다.

### 경영교육 공급자, 교수

경영교육 환경 분석에서 교수의 역할은 경영교육의 주체로 이해해야 한다. 교육의 대상이 되는 학생에게 교육의 콘텐트를 제작하고 전달하기 때문이다. 경영학이 지니는 고유의 특성 탓에 경영학을 가르치는 교수는 '경영'과 관련된 이슈들에 대해 끊임없는 업데이트를 해야 한다. 각종 경영 관련 이론뿐 아니라 실제 기업들과 관련된 최신 사례와 통계를 바탕으로, 현실을 설명하고 미래를 예측할 수 있는 지식을 전달해야 하기 때문이다.

경영교육의 공급자인 교수가 양질의 교육을 공급하는지 여부를 판단하기에 앞서, 교수에게 그러고자 하는 인센티브가 존재하는지 먼저 검토해야 한다. 경영교육의 공급자가 직면하고 있는 '개인 환경'도 무시할 수 없기 때문이다. 경영학 분야에서 자주 언급되는 투자자본수익률ROI: Return On Investment 관점에서 경영대학 교수가 느끼는 경영교육에 대한 동기를 가늠해볼 수 있다.

취업 및 승진을 위해 어떤 역량이 교수 사회에서 가장 중요하게 여겨지고 있는가? 'Good Teacher'보다는 'Good Researcher'가 취업 및 승진에서 더 유리할 것이다. 좋은 강의를 하는 교수는 전혀 인정을 받지 못한다는 뜻이 아니다. 좋은 강의평가 점수보다는 좋은 연구실적이 상대적으로 더 큰 주목을 받는 것이 현실이다.

연구와 강의는 동전의 양면이다. 하지만 새로운 연구 결과research output를 강의 내용teaching content에 연계시키는 것은 교수 개인의 '선택'이다. 그 선택은 교수 각자가 느끼는 기회비용에 따라 크게 달라질 것이다. 교수가 강의하는 장소 즉, 강의실을 각종 첨단 시설로 업그레이드한다고 해결될 문제는 아닐 것이다. 교수가 몸담고 있는 조직 즉, 경영대학에서 교수에 대한 평가를 실시할 때, 현존하고 있는 이분법적(연구 vs. 강의) 불균형이 개선되지 않는 이상 경영교육은 답보 상태를 면치 못할 것이다.

## 경영교육 1차 관리자, 경영대학

경영교육의 주체가 교수라면, 그 교수가 속해 있는 경영대학은 경영교육의 1차 관리자라고 할 수 있다. 경영교육 관련 각종 제도를 제정 및 집행하면서 교수에 대한 끊임없는 평가와 관리를 하는 기관이기 때문이다.

교수 평가는 크게 3가지 영역(연구, 교육, 봉사)을 대상으로 이뤄진다. '봉사 영역'은 각종 교내 보직 활동에 대한 것이 주를 이루기에, 모든 교수보다는 주로 부교수 이상의 교수에 대한 평가에서 사용된다. 반면 '교육 영역' 및 '연구 영역' 평가는 모든 교수에게 해당된다. '교육 영역' 평가의 경우, 강의책임시수를 포함해 기본 요건을 만족했는지 여부가 주요 대상이며, 학교마다 차이는 있겠지만 학생의 강의평가 결과가 고려되기도 한다.

하지만 교수 평가에서 가장 중요한 잣대가 되는 것 즉, 그 비중이 가장 큰 것은 '연구 영역' 평가일 것이다. '연구중심의 대학'을 천명하는 추세에 발맞춰 많은 경영대학이 교수 평가에서 연구실적에 큰 비중을 두고 있기 때문이다. 연구실적에 대한 계량화 작업도 더불어 발달되어왔다. 교과서나 일반 서적의 출판보다는 저널에 논문을 게재하는 것이 더 높게 평가받는다. 저널 논문 게재 절차가 더 '객관적'일 것이라는 믿음 탓이다.

국내 저널보다는 해외 저널에 논문을 게재하는 것이 더 높게 평가받는다. 해외 저널 논문 게재가 더 '임팩트$_{impact}$'가 클 것이라는 믿음 탓이다. 같은 이유로 해외 저널 중에서도 소위 말하는 톱 저널에 논문을 게재하는 것이 더 높게 평가받는다. 하지만 그 '임팩트'를 주는 대상이 무엇인지 곱씹어봐야 한다. 그 연구 결과가 다른 몇몇의 연구자에게만 영향을 주고 있는지, 아니면 그 연구 결과가 강의와 연계되어 학생 및 기업에게 실제로 도움을 주고 있는지, 그러한 연계를 장려하는 경영대학 차원의 교수 평가 시스템이 존재하는지 돌이켜봐야 한다.

### 경영교육 2차 관리자, 대학본부와 교육부

경영대학이 경영교육의 1차 관리자이지만, 현실적으로 경영대학은 관리자보다 집행자 역할을 한다고 해도 과언이 아니다. 교수가 경영대학의 평가를 받는 것처럼 경영대학은 그 위의 관리자, 즉 대학본부와 교육부의 평가를 받는 신세이기 때문이다.

대학은 매년 평가의 대상이 된다. 교육부뿐 아니라 각종 미디어에서 연례행사로 '대학 평가'를 하기 때문이다. 그 평가 결과에 따라 어떤 대학에서는 자랑스러운 현수막이 등장하기도 하고, 어떤 대학에서는 졸업생들의 불만 섞인 전화로 업무가 마비되기도 한다. 단과대학으로서 경영대학도 그 평가에서 자유롭지 못하다. 하지만 경영교육의 주체로서 교수가, 경영교육의 1차 관리자로서 경영대학이, 그러한 평가 항목과 방법에 대해 주도적 역할을 해왔는지 아니면 단순한 피평가자의 수동적 역할에 머무르고 있는지 자성해야 한다.

교육은 백년대계라는 '옛말'이 있다. 대한민국 정부 수립 이후 12명의 대통령이 바뀌는 사이에 대학입시는 14차례나 큰 변화를 거쳤다.[4]

변화가 결코 나쁜 것은 아니다. 특히 AI의 등장이 초래할지도 모르는 미래의 불확실성에 대한 위기감 등을 감안한다면, 선제적 대응이 필요한 것은 굳이 말할 필요가 없다. 다만, 대학입시로 대변되는 한국 사회에서의 인적자원 관리 방안이 나름의 일관성을 지니고 새로운 환경 변화를 감안한 용단의 결과라고 생각하는 사람이 얼마나 될지 의문이다. AI 및 4차 산업혁명 때문에 기업경영의 패러다임 자체가 크게 변화할 수 있는 지금, 대학교육 특히 경영교육은 어떤 인적자원을 어떻게 양성하고 있는지 여부가 경영교육 2차 관리자의 주요 관심사가 되어야 한다.

### 경영교육 1차 수요자, 학생

경영교육 환경 분석에서 학생은 경영교육의 1차 수요자로 이해해야 한다. 등록금 지불에 대한 교환 형태로 경영교육 콘텐트를 전달받기 때문이다. '학생'은 다음과 같은 여러 기준으로 다시 구분될 수 있다. 첫째, 전공에 따라 경영대학 vs. 비경영대학생으로 구분될 수 있다. 특히 최근에는 취업에 유리하다는 믿음 덕분에 경영학에 대한 이중 및 복수전공생이 증가하는 추세다. 둘째, 학위에 따라 학부생 vs. 대학원생으로 구분되며, 대학원생은 다시 석사 및 박사 학생으로 세분화된다. 셋째, 학습 시기에 따라 일반 학생 vs. 재교육 학생으로 구분되며, 재교육 학생은 비학위과정을 포함한 MBA 과정에 소속되어 있다.

이렇듯 다양한 '학생'에게 경영교육을 실시함에 있어서 '공통 교육 내용 vs. 차별적 교육 내용'에 대한 심도 있는 논의가 필요할 것이다. 경영교육 수요자의 궁극적 목표를 파악하고 이에 대한 대응 전략을 수립해야 하기 때문이다. 우리나라의 대학 학위 소지자는 70%에 달하는데, 이 수치는 미국(48%), OECD(43%)에 비해 매우 높다. 하지만 '대학 학위 프리미엄Graduate Premium'이 사라지면서 우리나라를 포함한 OECD 국가의 고등교육이 'Higher Education, Lower Returns'에 직면하고 있다.[5]

이런 상황에서 대학 교육과 관련된 각종 비용을 따져보면, 학부모 입장에서도 대학 교육의 질에 관심을 기울일 수밖에 없다. 하지만 아직도 적지 않은 수의 경영대학들은 신입생 확보에만 신경을 곤두세우고 있다. 입학한 학생이 졸업할 때 어떠한 역량을 갖추게 되는지 종합적으로 설계하고 그 결과를 파악하고 개선안을 매년 도출하는 대학이 얼마나 있는지 궁금하다.

대학이 취업 양성소가 되는 것에 대해서는 찬반이 공존할 것이다. 그럼에도 불구하고 대학 3·4학년의 40%가 취업을 위해 사교육을 받는다는 사실[6]을 경영교육의 공급자나 관리자도 외면해서는 안 될 것이다.

### 경영교육 2차 수요자, 기업

경영교육 환경 분석에서 기업은 경영교육의 2차 수요자 혹은 최종 소비자로 간주되어야 한다. 신입사원 채용이나 경력사원 재교육을 통해 경영교육이라는 가치사슬의 맨 끝에서 그 결과물을 활용하기 때문이다. 기업이 추구하는 인재상은 업종에 따라, 시대에 따라 다를 수 있다. 하지만 궁극적으로 신입사원 채용이나 경력사원 재교육을 통해 기업이 기대하는 것은, 기업 경쟁력의 증진일 것이다.

[그림 3] Corporate University 보기

| Main campus | Major company facility | Regional hubs with dedicated structures | Loose network of facilities |
|---|---|---|---|
| GE | Lufthansa School of Business | Veolia | Bertelsmann |
| • Opened in 1956 in Crotonville, New York<br>• Leverages closeness to headquarters to include senior management<br>• 59-acre corporate learning campus with housing<br>• Broadening international activities (interventions in more than 70 countries and regional hubs in 5 countries)<br>• ~ 40,000 participants per year globally; 10,000 at the main campus | • Opened in 1973; reopened in 2009<br>• Located in Seeheim, Germany<br>• Conference hotel with 483 rooms<br>• 80 training and seminar rooms; 5 event rooms<br>• 270 employees<br>• Slogan: "Home of Lufthansa School of Business" | • Main campus opened in 1994 near Paris<br>• 24-hectare campus with 300-room housing facilities<br>• 2 major auditoriums host important symposia<br>• 20 regional campuses in 11 countries with 130 traning rooms and 412 employees | • Different Locations for different program offerings<br>• Silicon Valley location for programs with a focus on digitalization and new media<br>• Harvard Business School provides a real "campus atmosphere" at its executive program on mastering new challenges |
| 22 | 28 | 22 | 28 |

Percentage of corporate universities

출처: Corporate Universities. BCS. 2013

그렇다면 2가지 측면에서 경영교육의 위기 여부를 판단할 수 있다. 첫째, 경영 학위 소지자가 미래에도 여전히 비교우위를 지닐지 여부다. 특히 경영 학위 소지자에 대한 수요가 AI를 포함한 대체재의 등장으로 감소할지 여부가, 경영교육에 대한 미래 수요를 크게 좌우할 것이다. 둘째, 경영교육에 대한 자체 프로그램의 개발 여부다. 대학으로 대변되는 전통적인 경영교육 공급처로부터 인재를 조달outsourcing 받기보다는, 경영교육 프로그램의 자체 운영in-house을 통해 인력 양성을 내부화할 수 있기 때문이다.

이 두 측면에서의 경영교육 위기 여부는, 결국 기업이 원하는 인재상을 경영대학이 배출할 수 있는지 여부로 귀결된다. 이런 점에서 외국의 주요 기업들이 운영하고 있는 "Corporate Universities"

가 전통적인 경영교육 시스템에 이미 큰 위협으로 대두되고 있다는 사실은 그리 놀랄 일이 아니다.[7]

### 경영교육 경쟁자, 기타 교육기관

경영교육 환경 분석에서 경영교육의 경쟁자를 무시해서는 안 된다. 경영교육과 관련된 시장이 점차 개방되면서 현재의 경쟁자뿐 아니라 잠재적 경쟁자도 점차 늘어나고 있기 때문이다. 학생이나 기업이 국내대학만 굳이 고집할 필요가 점차 약해지고 있다.

치열한 입시 경쟁에 비해서 대학 졸업 후의 시장가치가 적다고 판단하는 경우, 경영교육의 1차 수요자인 학생은 해외 대학을 대안으로 생각할 수 있다. 글로벌화 추세에 발맞춰 경영교육의 2차 수요자인 기업도 외국 학생 혹은 외국 대학에서 학위를 받은 한국 학생을 선호할 수 있다.

글로벌화 과정에서 직면할 수 있는 언어나 문화의 차이에서 오는 불리함을 사전에 최소화하기 위해, 또는 현지 교육에 대한 비용 감소를 위해, 진출하고자 하는 해당 국가의 학생이나 해당 국가에서 경험을 쌓은 인력 자원에 대해 더 관심을 둘 수 있기 때문이다.

게다가 IT를 기반으로 한 교육 시스템이 발전하면서, 굳이 대학보다는 맞춤형 인재를 양성하는 새로운 형태의 교육기관이 우후죽순으로 등장할 가능성도 결코 배제할 수 없다. 결국 이러한 경쟁자들에 비해 경영교육의 공급자(교수)와 관리자(경영대학, 대학본부, 교육부)가 어떤 차별화 포인트를 경쟁우위로 삼을지에 대한 체계적 논의와 준비가 절실하다.

# 경영교육 시스템 현황과 개선 방안

## 공급자 중심에서 수요자 중심으로

경영교육의 정상화를 위해서는 교육의 '수요자'에 대한 관심과 배려가 있어야 한다. 경영대학에서 만들어낸 제품(경영교육을 받은 학생)에 대한 최종 소비자는 기업이라고 해도 과언이 아니다. 최종 소비자의 마음을 얻으려면 우리 제품에 대한 '나 몰라라' 식 판매보다는, 최종 소비자가 원하는 제품의 특징이 무엇인지 즉, 기업이 원하는 인재상은 무엇인지 파악하려는 노력을 기울여야 한다.[8] 그러려면 진정한 의미의 '기업과의 협력'이 요구된다. 최종 소비자가 원하는 제품에 대한 완성도를 높이기 위해서 산학협력의 적극적 활용과 확산이 필요한 것은 너무나 당연하다. 한 걸음 더 나아가 기업의 수요를 감안한 주문식 교육과정을 운용하는 것도 고려해봐야 한다. 또한 주요 산업 등의 지역별 특성을 감안한 '지역 경영학'에 대한 수요를 만족시키려는 노력도 수반되어야 할 것이다.

경영교육의 1차 수요자인 학생에 대한 접근 방식도 변해야 한다. 경영환경이 급변하는 상황에서, 경영교육의 공급자인 교수들은 국내뿐 아니라 '글로벌 경영학' 흐름에 대한 검토도 게을리해서는 안 될 것이다. 즉 선진 대학들이 새로운 환경 변화에 직면해 어떻게 대응하고 있는지 검토하고, 우리가 취사선택할 수 있는 구체적인 방법론에 대한 논의를 시작해야 한다.

이와 함께 경영교육 수요자가 갖춰야 할 역량에 대해 파악하고 이를 제공하려는 선제적 접근 방식도 필요하다. 예를 들어 이윤 추구를 위한 수단적 지식으로 경영학이 전락하지 않도록 '경영철학과 윤리'에 대한 교육도 강화해야 한다. 또한 경영학 교육 내용의 단순한 학습이 아니라, 그 경험을 바탕으로 강의실 이외 공간에서 직접 활용할 수 있는 여건을 마련해주기 위해 '창업/앙트프러너십과 혁신'과 관련된 교과목의 적극적 활용도 장려해야 한다.

### 간섭에서 조력으로

경영교육 '공급자' 측면의 변화 없이, 위에서 언급한 수요자 중심의 교육 제공은 불가능할 것이다. 하지만 경영교육의 공급자가 적당한 역할을 하려면, 1차 관리자인 경영대학과 2차 관리자인 대학본부 및 정부의 변화가 수반되어야 한다. 즉 경영교육의 정상화를 실현시키기 위해 관리자 차원에서 제공할 수 있는 여건을 개선해야 한다. 이를 위해 경영대학이 '타 단과대학 및 대학본부와 협력'할 수 있는 제도적 장치를 마련해야 한다. 이를 통해 진정한 의미의 학제간 연구가 활성화될 수 있으며, 이는 더 나은 교육 콘텐츠 개발로 이어질 수 있기 때문이다. 또한 대학본부와의 협력을 통해 경영대학 vs. 타 단과대학의 양립 구도가 아니라 상생win-win할 수 있는 방안을 모색해야 할 것이다.

경영대학은 교수가 새로운 경영교육 방법을 시도할 수 있는 여건을 마련해야 한다. 그 구체적인 예가 '교수법의 혁신'이다. 플립러닝이나 문제중심학습 등의 도입은 개별 교수의 의지만 있으면 시도할 수 있는 것이 아니다. 교실 내부 구조의 변화 같은 것뿐 아니라 제도적 요인들 즉, 강의평가 항목이나 학급 규모에 대한 유연적 접근 방식이 허용되어야 하기 때문이다. 교수법 혁신 등을 통해 경영교육 콘텐츠 전달을 새롭게 할 수 있는 반면, '경영학 분야 간 융합'을 통해서는 경영교육 콘텐츠의 업그레이드를 도모할 수 있다. 점차 복잡해지는 사회 현상과 다양해지는 미래의 기회를 선점하려면 경영학 내 세부전공 분야뿐 아니라 비경영학 전공과의 융합이 필요하기 때문이다. 이와 관련해 좀 더 근본적인 이슈로써 '경영학 연구와 교육'에 대한 새로운 접근 방식이 필요하다. 즉 연구와 교육이 서로 균형을 맞출 수 있도록 교수에게 요구되는 업무 부담의 탄력적 운용을 정착해야 할 것이다. 이를 위해 경영교육의 관리자인 경영대학과 대학본부가 관련 규정 및 시스템의 정비를 통해 조력자의 역할을 수행하는 것이 절실하다.

### 일방보다는 통합적 차원의 의사결정 시스템으로

경영교육의 이해관계자가 다양하게 존재하지만, 가장 영향력이 큰 이해관계자는 경영교육의 1차 및 2차 관리자 역할을 하는 경영대학, 대학본부, 교육부라는 생각을 지울 수가 없다. 경영교육의 원칙과 방향성을 결정하는 현실적 주체이기 때문이다. 경영교육과 관련한 정책의 입안 과정에서 그 이외의 이해관계자 특히 경영교육의 공급자 및 수요자의 의견에 귀 기울여야 한다. 경영교육의 공급자도 예외가 아니다. 수요자의 기대가 무엇인지 주기적으로 파악하려는 노력을 해야 한다. 즉 경영교육의 콘텐츠 제작 과정에서 일방보다는 쌍방의 의사결정을 반영해야 할 것이다. 이런 차원에서 '경영학 커리큘럼의 혁신'을 추구하는 과정에서 이해관계자들이 함께 의견을 조율하는 시스템을 마련해야 한다. 좀 더 광의의 의미로 '경영교육 인적자원'의 혁신을 위해서 기업, 교수, 학생, 대학 각각이 가지고 있는 인센티브를 통합적 차원에서 고려하고 조율하는 작업을 해야 한다.

## 경영교육 정상화, 더 늦기 전에 가야 할 길

경영학에는 다양한 세부 분야가 존재하며, 각 세부 분야가 주로 관심을 기울이는 경영 관련 이슈들은 서로 다르다. 하지만 모든 세부 분야의 공통 관심사는, 해당 이슈에 대해서 어떻게 효과적으로 특정한 경영활동을 수행해야 하는지로 수렴된다.

우리는 경영활동의 효율efficiency보다는 효과effectiveness를 강조한다. 효율은 투입과 산출의 관계로 이해할 수 있다. 즉 동일한 투입에 대해 산출이 많은 경우, 혹은 동일한 산출에 대해 투입이 적은 경우 효율이 높다고 판단할 수 있다. 반면 효과는 그 경영활동이 추구하는 목표의 달성 여부로 판단한다. 즉 효과를 논의하려면 이미 설정해놓은 목표와 비교평가하는 절차를 거쳐야 한다.

경영교육 정상화를 위한 첫걸음은 우리가 경영교육을 통해 달성하고자 하는 목표를 무엇으로 할지 결정하는 것이다.[9] 공급자, 관리자, 수요자가 공감할 수 있는 장단기 목표는 무엇이어야 하는가? 그리고 우리 경영교육의 효과를 높이기 위해서 어떠한 구체적 실천 방향을 설정하고 실천할 것인가?

**주**

1 이 글의 일부는 필자가 〈이재혁 교수의 CSR 전략〉(더나은미래의 칼럼, 〈조선일보〉), 〈CSR를 넘어 SDG로, 기업 지속 가능성을 높여라!〉(《퍼펙트 체인지》, 자의누리, 2017) 등에 기고했던 글 및 관련 통계를 인용, 참고하였다.

2 "남는 게 없는 장사'하는 기업 늘었다… 3년 만에 최다', 〈연합뉴스〉, 2018년 9월 8일.

3 Barney, J. (1996), *Gaining and sustaining competitive advantage*. Addison-Wesley Publishing Company, Inc.

4 '정권마다 바뀌는 대입제도, 또 누더기 만드나', 〈중앙일보〉, 2018년 4월 18일.

5 "Higher education: All must have degrees", The Economist, 2018. 2. 3.

6 "'대학 3·4학년 40% "취업 위해 사교육 받는다" … 70%는 "안 하면 불안"', 〈국민일보〉, 2018년 7월 24일.

7 "Corporate Universities: An Engine for Human Capital", The Boston Consulting Group, 2013. 7; "Corporate Universities: An Emerging Threat to Graduate Business Education", Forbes, 2013. 1. 22; "Why Winning Organizations have Corporate Universities", Center for Strategy & Leadership, 2018. 5. 5.

8 "Voices of Industry: Executives Talk Business Education, Leadership, and the Workforce", AACSB Blog, 2017. 11. 11.

9 "Lost in Translation? Impact and the Future of the Business School", AACSB Blog, 2017. 6. 28.

## 02

# 경영교육의
# 위기는
# 경영학의
# 위기로부터

**이우종**

서울대학교 경영대학

경영학 교육의 위기를 성토하는 자성의 목소리는 오래전부터 존재했으나, 이를 개선하려는 움직임은 최근에 와서야 학계의 흐름이 되어 구체화되기 시작했다. 급변하는 경영환경에 대한 분석의 틀을 제공해야 하는 경영학은 본래 진부화 속도가 빠른 응용학문이므로, 경영학 교육은 이 같은 점을 경계하며 4차 산업혁명으로 대표되는 경영환경의 급변하는 트렌드를 적시에 교육 현장에 반영할 수 있도록 민감하게 대응해야 한다. 이를 위해 우리 대학과 학계는 우리 기업들의 실무적 필요에 맞는 연구와 교육을 장려하고 이를 업적평가에 적절하게 반영할 수 있는 평가 시스템을 마련해야 한다. 폭발적으로 증가하는 경영학과 경영학 교육에 대한 사회적인 수요에 경영학 교육의 혁신으로 답해야 할 때다.

"나는 어떤 현상에 대해 이것저것 참견하기 좋아하는데, 어떤 것에도 깊게 공감하지는 못해요. … 내가 가장 경계하는 점은 지나치게 분석적이거나 급진적이어서 현실과 괴리되는 것이에요. 그런 태도는 살아갈 때 도움이 안 되거든요."

영화 〈비포 선라이즈〉(1995)의 여주인공인 셸린의 대사 중 일부이다. 본인의 세계관이 현실과 괴리되어가는 것을 경계하는 셸린의 모습에서, 응용학문으로서의 경영학의 위기를 고민하는 경영학자들의 모습이 중첩된다.

## 경영학 교육의 위기

경영학 교육은 위기가 아닌 적이 없었다. 미국의 경영대학 중 25%가 수요 부족으로 문을 닫을 것으로 예측했던 〈월스트리트저널〉의 기사가 나온 것이 1985년이었다.

1993년의 〈뉴욕타임스〉 기사 'Business Schools Hit Hard Times Amid Doubt Over Value of MBA'나 2005년 〈비즈니스위크〉 기사 'MBA Applicants Are MIA', 2011년 〈월스트리트 저널〉의 'Business School? No Thanks', 2012년 〈포브스〉의 'Is the MBA Obsolete?', 2016년 〈이코노미스트〉의 'Nothing special: MBAs are no longer prized by employers', 최근의 〈하버드 비즈니스 리뷰Harvard Business Review〉의 기사 'It's Time to Make Business School Research More Relevant'까지 경영학 교육은 수십 년 동안 한결같이 비판의 대상이었다.

경영학 교육에 대한 비판의 핵심은 경영학 교육과정이 기업들이 요구하는 실무적 역량을 충실히 담보하지 못한다는 데 있다. 즉 경영학 전공자들이 졸업 직후 실무에 즉시 투입될 정도의 역량을 갖추지 못하고 있다는 뜻이다. 2014년 루미나-갤럽Lumina-Gallup 조사에 의하면, 미국에서 학생들이 대학에서 충분한 경영학 지식을 습득하고 졸업한다고 응답한 경영자들은 33%에 불과했다. 인도에서는 5,500개 경영대학 졸업생 중 7%만이 졸업 직후 고용 가능하다는 설문조사 결과도 있었다.[1] 이렇듯 시장의 요구를 충실히 반영하지 못하는 교육기관에 대한 전망이 긍정적일 수 없다.

미국 국무부는 2017년 한 보고서에서 조만간 미국에서 소규모 대학의 폐교가 3배, 학교 간 통폐합이 2배 증가할 것으로 예상했다. 하버드대학 경영대학의 클레이튼 크리스텐슨Clayton Christensen 교수도 저서인 《The Innovative University》에서 앞으로 10~15년 사이에 미국 대학의 절반이 문을 닫을 것으로 경고했다. 이는 경영대학 중 25%가 문을 닫을 것으로 예상했던 1985년 〈월스트리트저널〉의 기사가 지적한 문제의식으로부터 경영학 교육이 여전히 자유롭지 못함을 의미한다.


## 실무와 괴리된 연구, 연구를 외면하는 실무

경영학 교육 위기의 본질은 경영학의 위기다. 최근 〈HBR<sub>Harvard Business Review</sub>〉에 경영학의 위기에 관한 글을 썼던 메릴랜드대학의 드브라 샤피로<sub>Debra L. Shapiro</sub> 교수와 북캐롤라이나주립대학의 브래들리 커크만<sub>Bradley Kirkman</sub> 교수는 이 문제를 "Lost in Translation"과 "Lost Before Translation"으로 요약했다.

첫째, 실무에 종사하는 기업인들이 학술지를 읽지 않는다는 것이다("Lost in translation").[2] 이는 경영학의 분석 방법론이 정교해져서 일반인들이 경영학 논문들을 이해하기 힘들어진 탓이기도 하지만, 경영학 연구가 기업들에게 직접적으로 도움이 될 만한 주제들을 연구하지 못한다는 증거이기도 하다.

둘째, 경영학 연구를 설계하는 단계에서 실무 종사자들의 의견을 반영할 수 있는 통로가 없다는 것이다("Lost before translation"). 경영학 연구의 최종 소비자가 되어야 하는 기업들의 니즈가 직접적으로 반영되지 않는 연구라면, 이러한 연구를 바탕으로 진행될 경영학 교육이 기업들에게 환영받을 리는 만무하다.

경영학 교육의 콘텐츠를 구성하는 경영학 연구의 위기에 대한 원인을 다음과 같이 진단해볼 수 있다.

맨 먼저 4차 산업혁명으로 대표되는 경영환경의 변화 속도를 들수 있다. 경영학이 급변하는 경영환경을 속도감 있게 따라잡지 못하고 빠르게 진부화되고 있다. 더욱이 미국 경영학에 대한 지나친 의존으로 인해 우리 기업 실무에서의 괴리가 심화되고 있다. 실무에 공헌하는 연구에 대한 평가기준이 미비하다는 점도 경영학과 실무의 괴리가 좀처럼 좁혀지지 않는 중요한 이유이다.


## 4차 산업혁명으로 대표되는 경영환경의 변화 속도

경영학은 응용학문으로서 기업이나 경제에서 벌어지는 현상을 설명하거나 예측해 실무에 공헌하는 일을 그 목적으로 한다. 현대의 경영학은 로버트 카플란Robert Kaplan과 피터 드러커Peter Drucker가 목표 관리나 성과의 계량화, 조직의 합리화에 관해 논의하던 수준으로부터 비약할 만한 발전을 이뤘다. 그러나 실무의 변화 속도는 예측하기 어려울 정도로 빠르고, 그 속도는 점점 더 빨라지고 있다. 경영학자 게리 해멀Gary Hamel은《경영의 미래The Future of Management》(세종서적, 2008)에서 "다가올 미래는 변화무쌍한 시대로 가장 큰 변화는 변화 그 자체, 즉 변화의 속도"라고 말하고 있다.

경영학 연구의 대상이 되는 기업과 경영환경의 변화 속도가 빠르다는 것은 경영학의 진부화 속도 즉, 경영학 연구가 실무에서 괴리되는 속도가 빠르다는 것을 의미한다. 당연하게도 경영학이 위기라 주장해온 여러 비판의 공통분모는 경영학이 경영환경의 속도를 따라가지 못하면서 그 적시성timeliness과 실무 관련성relevance을 잃어간다는 것이다.

최근 경영학의 화두는 단연 4차 산업혁명이다. 4차 산업혁명이 불러온 경영환경의 변화 양상에 대한 세간의 이목이 뜨겁다. 4차 산업혁명의 대표 주창자인 클라우스 슈밥은 2016년 다보스포럼에서 "4차 산업혁명의 새로운 기술들로 인해 비약적인 발전이 이뤄지고 있고, 이를 통해 모든 국가의 산업과 사회가 큰 충격에 빠질 정도로 변화하고 있으며, 앞으로 더욱 커다란 변화가 예상된다"고 주장한 바 있다. 하지만 모든 사람이 이에 동의하는 것은 아니다.

일부 전문가들은 과연 4차 산업혁명의 실체가 있는지, 혹은 그냥 과장된 마케팅 용어가 아닌지 의문을 제기한다. 실제로 4차 산업혁명을 구성하는 핵심 기술과 시기에 대해 논쟁이 있다.

《미국의 성장은 끝났는가The Rise and Fall of American Growth: The U.S. Standard of Living Since the Civil War》(생각의힘, 2017)를 저술한 경제사학자인 노스웨스턴대학 로버트 고든Robert Gordon 교수도 IT가 가져오는 변화가 과대평가된 면이 있다며 4차 산업혁명의 실체에 대해 의구심을 표시하기도 했다. 로버트 고든은 정보혁명, 지식혁명을 의미하는 3차 산업혁명조차 4차 산업혁명이 부각되면서 등장한 용어라서 1차와 2차 산업혁명과는 달리 학술적으로 정착된 용어라고 보기 힘들다고 주장했다.[3] 그러나 로버트 고든 교수도 미국 경제가 전례 없이 강력한 도전에 직면해 있음은 인정하고 있다.[4]

4차 산업혁명이 실체가 있는 것인지 경제학자들이 따지는 동안,

경영학자들에게 4차 산업혁명이 초래할 경영환경의 변화를 가늠해야 하는 과제가 주어졌다. 하지만 연구에 인용할 만큼 충분히 기초 자료가 쌓이지 않은 상태에서 학술 연구들이 진전되기는 어렵다. 아직 실무에서도 4차 산업혁명의 영향력이 어떤 양태로 어느 정도 진전될지 논의가 분분한 상황이라는 점을 감안하면, 경영학 연구가 현 상황을 진단하거나 과감하게 미래를 예측하는 일이 거의 실행 불가능한 일이라는 것은 쉽게 이해할 수 있다.

4차 산업혁명에 대한 경영학 연구가 매우 조심스럽게 분석과 진단을 미루고 있는 동안에도, 경영대학 졸업생들은 테크 산업에 매우 활발하게 진출하고 있다. 2018년 초 〈포브스〉의 'Why Tech Is The Bright Future For Business Schools'라는 기사에 따르면, 많은 경영대학 졸업생은 아마존, 구글, 마이크로소프트 같은 대형 테크 기업들에 취업하는 것을 희망한다.

2017년에는 켈로그MBA 졸업생의 25%가 테크 기업에 취업했으며, 2018년에는 하버드MBA 졸업생의 20%가 테크 기업에서 인턴을 희망하고 있다. 이 같은 추세는 유럽에서도 마찬가지다. 독일에서는 2017년 ESMT<sub>European School of Management and Technology</sub> 베를린MBA 졸업생의 46%가 테크 기업에 취업했으며, 핀란드의 알토<sub>Aalto</sub> 대학은 대학 차원에서 매년 슬러시<sub>Slush</sub>라는 세계 최대 규모의 스타트업 이벤트를 개최해 테크 기업에의 취업과 창업을 독려하고 있다.

이처럼 테크 산업에 대한 경영대학 졸업생들의 관심이 높아지자, 미국의 경영대학들은 최근 앞을 다퉈 관련 강좌나 프로그램을 개설하고 있다. 2018년에는 스탠포드대학, 조지타운대학이나 와튼스쿨에서 암호화폐 관련 과정을 신설했고, 미국뿐 아니라 영국의 옥스퍼드대학에서도 관련 과정을 개설했다. 아시아 금융 허브를 자처하는 홍콩에서는 정부가 핀테크를 전략 산업으로 육성하면서 관련 모듈 개설에 예산을 집중 배정하고 있는데, 이에 따라 홍콩의 대학들도 앞을 다투어 관련 과정을 개설하고 있다.

그러나 〈비즈니스위크〉 기준 50대 명문 MBA 프로그램을 조사한 결과에 따르면, 약 75%의 경영대학들에서는 여전히 테크 기반 경영학 과목들을 개설하지 않고 있다.[5]

AACSB가 발행하는 경영학 교육 잡지 〈BizEd〉(2018년 3월) 기사는 테크 기술에 대해 무감한 경영학 교육의 위험성에 대해 경고했다. 이 기사는 경영자가 IT에 무감한 경우 의도치 않게 근시안적인 경영 의사결정을 내릴 수 있으므로, 경영학과 학생들이 적정한 수준의 IT 교육을 받아야 한다고 주장하고 있다.

같은 호에 실린 관련 기사에서는 더 나아가 IT 기술을 활용한 교육 방법론의 중요성에 대해 강조하고 있다. 산업 전반에서 IT 기술의 중요성이 증가하는 동시에 다양한 분야에서의 적용 가능성이 증가하고 있으므로, 경영학 교육의 내용과 형식에서 테크놀로지가 더 크게 반영되어야 한다고 주장하는 것이다.

한편 적시성은 높지만 학문적 기반은 다소 약할 수밖에 없는 과목들을 경영대학이 꼭 개설해야 하는지 학문 내적인 성찰이 존재할 수 있다. 그러나 경영학 교육에서 4차 산업혁명 등의 최근 경영 이슈들이 폭넓게 다뤄진다면 학생들에게는 큰 혜택이 될 것이다. 경영학 연구가 적극적으로 경영학 교육에 대한 청사진을 제시하지 못하고 있는 동안에도, 경영학 교육은 실무와의 협업을 강화하는 방식으로 유연하고 시의적절하게 변화를 모색해야 한다. 수혜자와 수요자의 요구에 맞게 실무와의 긴밀한 연관성을 유지하는 것이 경영학 교육의 절체절명의 과제이기 때문이다.

## 미국 경영학에 대한 지나친 의존

살펴본 것처럼 경영학 교육에서 여러 반성의 목소리가 존재하고 변화의 조짐이 감지되고 있지만, 분석적일 수밖에 없는 학술 연구의 한계 때문에 경영학 연구는 실무에서의 괴리 정도가 더 심각하다. 최근에서야 미국경영학회Academy of Management 회장을 지냈던 앤 추이Anne Tsui 교수를 포함해 23개 대학의 24명의 중견학자와 저널 에디터들, 10개국의 경영대학 학장들이 RRBMResponsible Research in Business Management 네트워크를 결성하면서 실무에 공헌하는 경영학 연구에 대한 지향을 분명히 하고 그렇지 못한 상황에 대한 반성을 촉구했다. RRBM 네트워크의 비전은 매우 명확하다.

"Responsible research produces credible and reliable knowledge with either direct or indirect usefulness for addressing problems important to both business and society, based on the belief that "business is a means for a better world.""

RRBM의 백서에는 경영대학들이 해결해야 할 공통의 문제로

4가지를 적시하고 있다. 첫째, 경영대학의 발전을 저해하는 기득권적 요소와 인센티브의 왜곡 문제. 둘째, 몇몇 학술 저널에 게재된 논문 수로 평가받는 경영대학의 평가 및 서열화 문제. 셋째, 경영대학 내의 성과평가 구조에서 사회공헌 정도가 적절히 반영되어 있지 않다는 문제. 넷째, 이러한 문제를 개별 대학이나 그룹이 해결하기 어렵다는 문제다.

RRBM은 자연스럽게 이 문제를 해결하기 위한 공동의 노력을 촉구하고 있으며, 현재까지 800명 이상의 경영학자들이 서명에 동참했고 AACSB, EFMD, 책임경영교육사무국PRME: Principles for Responsible Management Education 등의 국제적 유관기관들로부터 적극적인 지원을 받고 있다.

RRBM에 참여하는 대표 학자들은 2018년 5월 AACSB에 'The Moral Dilemma to Business Research'라는 글을 기고하면서, 현재의 경영학 연구 행태가 전형적인 모럴해저드Moral Hazard 문제를 겪고 있다고 지적했다. 즉 경영학 연구가 궁극적으로 연구를 지원하고 있는 주체(기업과 사회)에 공헌하지 못한다는 것이다. 경영대학과 경영학계의 구조적 문제를 해결하는 것이 선택의 문제가 아니라 당위의 문제임을 역설하고 있는 것이다.

아시아 대학 중 적극적으로 RRBM에 참여하고 있는 베이징대학 광화관리학원光華管理學院에서는 2017년에 'Thought Leadership Platform'을 구축하고 25개의 산학연계 프로젝트에 500만 RMB를 투자했다. 또한 관련 산업을 지원하기 위한 정책과의 연계성을 강화하기로 하고 전략적 연구 분야를 선정했다. 이 산학연계 프로젝트에는 거시경제 정책, 전통 산업의 안정적 전이, 기술혁신, 산업혁명과 자금 조달, 빅데이터와 기술 등 중국 경제의 현안이 되고 있는 많은 이슈가 포함되어 실무에 대한 공헌을 강조하는 RRBM의 아이디어를 적극 구현했다.

RRBM과 베이징대학의 이 같은 움직임은 2018년 현재의 한국 경영학 연구와 교육에도 의미 있는 시사점을 제공한다. 미국을 비롯한 전 세계의 경영학자들이 경영학이 실무와 괴리되어 있다는 점을 위기로 인식하고, 이에 대해 뼈를 깎는 변화를 촉구하고 있다.

2018년 8월 현재 한국연구재단에 등록된 해외 대학 박사학위 취득자 중 경영학 분야 취득자는 모두 1,226명인데, 이 중 70%가 넘는 865명이 미국 대학의 박사학위 취득자였다. 미국 대학에 편중된 해외 유학 선호 추세는 경영학 자체의 수요와 밀접하게 관련되어 있다. 즉 경영학에서는 최근 수십 년에 걸쳐 독일 경영학과 일본 경영학의 비중이 현저히 약해지고 미국의 경영학이 현대 경영학의 주류가 되어 있어, 한국의 대다수 경영학자가 미국 경영학을 연구하고 가르치고 있다.

그러나 미국 경영학이 세계적으로 경영학의 주류가 되어 있더라도, 과연 우리 기업들이 미국 경영학에서 의미 있는 통찰을 찾을 수 있는지는 좀 더 고민해볼 문제다. 미국 기업의 경영환경과 한국 기업의 경영환경이 매우 다르다는 사실을 굳이 언급하지 않더라도, 미국 기업을 연구하면서 발전하고 정립된 미국의 경영학을 한국 기업에 그대로 동일하게 적용할 수 있으리라고 기대하는 것은 위험한 생각이다.

2018년 현재 미국의 시가총액 10대 기업은 애플, 알파벳(구글), 마이크로소프트, 아마존, 페이스북 등 온라인에 주 수익원을 둔 IT 기업들로 대부분 10년 전에는 이 목록에서 찾아볼 수 없던 기업들이다. 그러나 우리나라의 10대 기업은 삼성전자, SK하이닉스, 현대자동차, POSCO 등으로 전통적인 의미의 제조업체가 여전히 다수를 차지한다. 시가총액 50대 기업으로 목록을 확장하더라도 네이버, 셀트리온, 넷마블, 엔씨소프트, 카카오 등을 제외한 나머지 기업들은 과거의 기업 목록과 별 차이가 없다.

이처럼 미국과 한국의 기업과 경제가 기업 문화부터 경제의 성장 배경과 시대별 주력 업종까지 큰 차이가 있기 때문에, 미국 연구의 결과들을 우리 기업들의 실정에 맞게 신중하게 해석하고 적용 가능성을 타진하는 것은 한국의 경영학자들에게 피할 수 없는 과제이자 추가적인 부담이 된다.

사회학자 김종영 교수가 《지배받는 지배자》(돌베개, 2015)에서 유학한 학자들이 외국에서 공부한 학문을 국내에 무비판적으로 전수하고 있다고 비판한 것은, 이 문제가 비단 경영학 분야에 국한된 문제만은 아니라는 사실을 의미한다. 더욱이 경영학 분야는 현실 천착형의 학문으로 실무와의 관련성을 존재 근거로 하고 있으므로, 연구 대상이 되는 기업과 사회의 구성이 달라질 때 이에 맞추어 학문의 내용과 양태가 달라져야 한다.

경영학 교수들 중 미국 경영학을 공부하는 학자들이 압도적 다수를 차지하는 현실에서, 미국 실무와도 괴리되어 있다는 미국 경영학이 우리 기업들의 문제에 대해 얼마나 직접적인 통찰을 제공해줄 수 있을지는 고민해볼 문제다.

## 실무에 공헌하는 연구에 대한 평가기준 미비

문화비평가인 황현산 교수는 유작인《황현산의 사소한 부탁》(난다, 2018)에서 인문학의 발전을 저해하는 학문 풍토를 비판했다. 즉 BK나 HK 프로젝트가 생겨난 이후 대학 평가기준이 변화하면서, 교수들이 짧은 시간에 다량의 논문을 써야 하고, 영어로 논문을 써서 해외 저널에 출판해야 하는 점을 문제로 지적했다.

특히 인문학 분야의 첨단적 사고는 "학문 주체가 자국어로 사고해야 그 깊이를 기대할 수 있다"고 주장하면서, "학문에서 제 나라 말을 소외시킨다는 것은 제 삶과 역사를 소외시키는 것"이라고 비판했다.[6] 이 주장의 핵심은 학자들이 새로운 지식을 혁신적으로 창출하고 충실히 축적해 이를 삶과 역사의 동반자인 학문의 수요자들과 효과적으로 공유할 수 있도록 — 대학의 연구업적평가를 설계해야 — 한다는 것이다. 경영학자의 경우라면, '제 삶과 역사'인 우리 기업들의 문제를 정확히 파악하고 해결할 수 있는 지식의 체계를 구축해, 이를 학문의 대상이자 최종 소비자인 기업들과 효과적으로 공유하는 것으로 평가받아야 한다는 것으로 이해할 수 있다.

문제는 대학의 현행 연구업적평가 제도가 경영학자들이 이러한 고민('실무에 충분히 공헌하고 있는가?')을 진전시키는 데 적합하도록 설계되어 있지 않다는 것이다. 대학의 연구업적평가가 논문의 질質적평가가 아닌 양<sub>量</sub>적 평가 위주로 변화해온 점은 여러 중견학자가 지적해온 학계의 고질적인 문제다.

RRBM의 2017년 백서에서도 논문 게재 수와 인용 횟수로 경영학자와 대학의 연구업적을 평가하는 것이, 실무에는 별 도움이 되지 않는다고 지적하고 있다. 양적 평가 위주의 연구업적평가 풍토는 학문의 다양성을 반영하지 못한 채 연구업적을 천편일률적으로 계량화시키는 단점이 있기 때문이다.

사실 학계에서 이 같은 획일적인 기준을 개선하기 위한 많은 노력을 해왔지만 여전히 갈 길이 요원하다. 언급할 필요도 없는 일이지만, 논문의 양으로 연구업적을 평가하게 되면 장기 관점으로 깊이 있게 연구하는 것이 어려워진다. 다만 질적인 지표를 고안하고 구현하는 것이 상대적으로 어려우므로, 양적인 지표에 가중치를 둘 수밖에 없다는 실무적인 어려움이 따른다.

영어로 논문을 써야만 하는 학풍에 대한 비판이 경영학계에 던지는 시사점은 좀 다른 관점에서 따져봐야 한다.

첫째, 경영학은 인문학과 비교했을 때 상대적으로 학문의 수요자(기업)가 범용<sub>汎用</sub>할 수 있는 학문이다. 기업의 규모가 커져가고 기업의 실무가 국제적으로 표준화되어가면서 경영학은 기업들이 국제적으로 함께 향유할 수 있는 공통의 지적 자산이 되어왔다. 따라서 학문 주체가 자국어로 연구를 진행해야 더 바람직하다는 인문학자의 지적을 경영학에 그대로 적용하기는 어려울 수 있다.

둘째, 그럼에도 불구하고 이 인문학자의 비판이 새로운 지식의 생산자와 수요자와의 소통 문제를 지적하는 면에서는 한국의 경영학자들에게도 동일한 고민거리를 던져준다. 앞에서 지적했듯 한국의 경영학 연구를 궁극적으로 지원하고 있는 주체는 한국의 기업과 사회인데, 그들의 지원과 투자에 대한 반대급부를 효과적인 방식으로 제공하고 있는지 자문해봐야 한다.

가상적인 예로, 한국의 경영학자가 한국 기업들의 실무와는 동떨어진 내용을 한국의 경영자들이 읽기 힘든 형태로 연구한다면, 응용학문의 실무 관련성 측면에서는 바람직하지 않다. 물론 경영학 내에서도 학문의 세부 분야가 다양하고 연구방법론이 다양해 학위 과정에서 훈련을 받지 않으면 읽고 해석하는 데 어려운 분야가 분명히 존재하지만, 이 또한 경영학의 최종 소비자인 경영자들이 어떻게 좀 더 효과적으로 소비할 수 있을지 고민해야 할 일이다. 예를 들면 신문의 기고 등을 통해 학술논문 외의 형태, 즉 소비되기 용이한 형태로 재구성해 배포할 수 있어야 한다.

경영학이 응용학문으로서의 적절성, 즉 실무 관련성relevance을 회복하려면 대학의 연구업적평가도 이를 반영할 수 있도록 타당하게 개선해야 한다. 이는 경영학의 위기를 개선하려는 세계적 추세에 발맞추기 위한 일이고, 더 나아가 경영학계의 본질적인 문제인 'The Moral Dilemma'를 해결하기 위한 일이기도 하다.


## 경영교육의 위기는 경영학의 위기로부터

경영학과 경영학 교육은 '위기'가 아닌 적이 없었다. 급변하는 경영환경을 직면해야 하는 기업을 연구의 대상으로 삼아야 하는 경영학, 그리고 이를 콘텐츠로 삼아 전달해야 하는 경영학 교육은 어느 때보다 '대혁신'이 필요하다. 4차 산업혁명으로 대표되는 경영환경의 변화는 경영학과 경영교육의 변화를 요구하고 있다.

경영대학과 교육자들이 경영학 연구에 많은 자원을 투입함에도 불구하고 경영실무에 끼치는 영향은 여전히 미미하다. 경영학자들은 상대적으로 급속도로 진부화되고 있는 경영학의 현실적 한계를 인지하고 실무와의 괴리를 줄이려고 부단히 노력해야 하며, 이를 적절하게 반영하는 방향으로 연구업적평가 방식을 개선해야 한다. 연구주제 선정부터 실무의 요구를 반영해야 하고, 진행 중인 연구 프로젝트에 대해 실무자들로부터 지속적인 피드백을 받아야 한다. 학문 후속 세대들이 실무적 시사점이 있는 연구를 진행할 수 있도록 장려하는 것도 간과해서는 안 되는 과제다.

여러 비관적 전망 속에서도 수십 년 동안 경영학 교육에 대한 사회적 수요는 폭발적으로 증가해왔다. 1985년의 미국 경영대학 숫자가 600여 개였는데, 현재 미국에만 4,000여 개, 전 세계적으로 1만 6,000개의 경영대학이 존재한다. 경영학 교육에 대한 지속적인 비판과 비관적 전망에도 불구하고 경영학 교육 시장은 지속적으로 확장되어온 셈이다.

계속되는 위기임에도 불구하고 경영학과 경영학 교육에 대한 사회적인 기대는 계속되고 있다. 이제는 경영학자들이 기업과 사회의 기대에 응답할 때다.

1 "Nothing special: MBAs are no longer prized by employers", Economist, 2016.

2 "It's Time to Make Business School Research More Relevant" by Debra L. Shapiro and Bradley Kirkman, Harvard Business Review, 2018. 7.

3 '[IT칼럼] 4차 산업혁명, 과연 실체가 있는가?', 〈주간경향〉, 2017년 10월 17일.

4 "G force", Economist, 2016.

5 "Managing in the Fourth Industrial Age", AACSB, 2018.

6 황현산, 〈인문학의 어제와 오늘〉, 《황현산의 사소한 부탁》, 난다, 2008.

# 03
# 경영교육혁신 원칙과 제도화

**권순창**

경북대학교 경영학부

경영학은 자본주의 경제 체제에서 생산의 주체인 기업에 필요한 인재를 교육하는 분야다. 우리나라의 경우 산업화의 역사가 짧은 기간 동안 고도성장을 했으나 최근 들어 성장 정체의 시기를 맞고 있다. 과거 30~40여 년 동안 경영학 분야의 우수한 인재들이 우리나라의 고도성장에 기여한 바는 부인할 수 없다. 그러나 최근 10여 년 동안 교육 수요 시장의 복잡화와 다양화에 따라 제조기업 중심의 경영교육은 그 한계에 이르고 있다. 이러한 한계점을 극복하기 위해 경영교육은 교육 수요 중심, 환경 변화에 대비한 교육, 취업 수요를 창출할 수 있는 교육, 미래 경영교육에 필요한 연구, 국제화교육 방향으로 교육과정을 개선하고 심화시키는 작업을 해야 한다. 기업이 다양화되는 것처럼 경영교육도 다양화가 필요한 시기다. 경영학의 기본 교육은 비슷할지라도 교육의 방향성은 다양성을 지향해야 할 것이다. 지금부터라도 미래 경영교육에 관한 토의와 논의를 시작해 경영교육혁신의 출발점이 되었으면 한다.

# 경영교육혁신의 필요성

## 대학 경영교육의 시장 환경 분석

대학의 주요 기능 중 하나는 사회가 필요로 하는 우수한 인재를 양성해 배출하는 것이다. 특히 경영학은 자본주의 경제 체제에서 생산의 주체인 기업에 필요한 인재를 교육하는 분야다. 산업혁명 이후 기업의 발전에 따라 대학의 경영교육은 최근까지 큰 역할을 담당했다. 우리나라의 경우 산업화 역사가 짧은 기간 동안 고도성장을 했으나 최근 들어 성장 정체의 시기를 맞고 있다. 과거 30~40여 년 동안 경영학 분야의 우수한 인재들이 우리나라의 고도성장에 기여한 바는 부인할 수 없다. 그러나 최근 10여 년 동안 교육 수요 시장의 복잡화와 다양화에 따라 제조기업 중심의 경영교육은 그 한계에 이르고 있다.

우리나라의 경제 구조의 변화는 서비스 산업 분야의 총생산이 제조기업 총생산을 추월한 2000년대 초반부터 시작되었으며, 2차 산

[그림 1] 경영교육의 시장 환경 분석

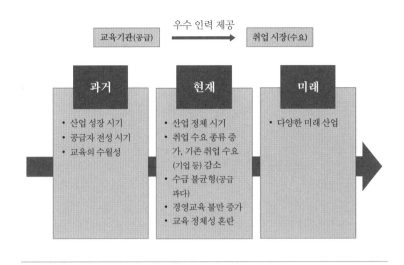

업 또한 경계의 설정이 애매할 정도로 복잡하게 분화되어가고 있다. 기존 2차 산업 분야에 필요한 인적자원은 자동화 등으로 인해 급속히 줄고 있으며, 새로이 발전하는 산업 분야의 인적자원은 적절히 공급을 하지 못하고 있다. 즉 기존 인력 시장의 공급은 과다하게 되었고, 새로운 수요가 필요한 분야의 교육은 적절히 이뤄지지 못하고 있는 실정이다. 이러한 4차 산업혁명 혹은 신성장 사업에 대비한 인력 배출이 경영학 분야의 새로운 과제가 되고 있다.

### 대학 경영교육의 수요 및 공급 현황 분석

대학교육의 위기는 최근 들어 더욱더 심화되고 있다. 대학 교육 자원이 점점 축소되기 때문에 교육부가 국립대학 통합 및 특성화

**[표 1] 대학 진학 학령인구 대비 대학 정원**

고교 졸업자 대비 대학 입학 정원의 추이와 전망(1995~2025)

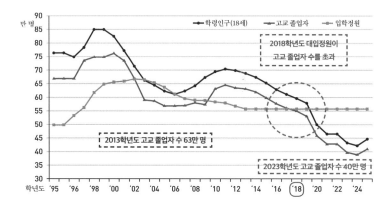

대학 진학 학령인구와 초과 정원의 장래 추계

(단위: 명)

| 연도 | 2013년 | 2018년 | 2023년 |
|---|---|---|---|
| 학령인구(A) | 687,455 | 598,296 | 433,032 |
| 고교 졸업생(B) | 631,835 | 549,890 | 397,998 |
| 입학 정원(C) | 559,036 | 559,036 | 559,036 |
| 초과 정원(B-C) | 72,799 | -9,146 | -161,038 |

출처: '대학전공계열별 인력수급 전망 2015~2025', 한국고용정보원

CK 재정지원 사업을 추진하면서 사업에 지원하는 대학으로 하여금 6~7%의 입학정원 축소를 시행하는 조치를 취했음에도 불구하고 2023학년도에는 고교 졸업생(39만 7,998명)보다 대학입학 정원(55만 9,036명)이 16만 1,038명이 초과되어 대학의 위기는 계속 심화될 것이다. 이러한 위기는 대학 간 경쟁 및 대학 내 간의 경쟁으로 인해 교육의 질이 더욱 낮아질 수 있는 우려가 있다. 비록 이러한 예측이

**[표 2] 4년제 대학 졸업 대비 취업 및 전공 직업 정합성**

4년제 대학교 사회계열 졸업자 및 취업자 수

(단위: 명)

| 연도 | 2012년 | 2013년 | 2014년 | 2015년 | 2016년 |
|---|---|---|---|---|---|
| 졸업자 수 | 90,720 | 89,298 | 90,239 | 95,602 | 98,180 |
| 취업자 수 | 43,974 | 42,328 | 43,309 | 45,192 | 46,464 |

사회계열 전공·직업 정합성 수준

(단위: %)

| 전공 분류 | 불일치 | 일치 |
|---|---|---|
| 경제·경영 | 47.1 | 52.9 |
| 법률 | 41.0 | 59.0 |
| 사회과학 | 40.5 | 59.5 |

출처: '대학전공계열별 인력수급 전망 2015~2025', 한국고용정보원

출산율 저하 등으로 지속된다 할지라도 각 대학에서 차지하는 경영학 분야의 위상과 잠재 능력을 제고한다면 경영학 분야에서의 경쟁력 활로는 충분히 찾아낼 수 있을 것이다.

한국고용정보원의 자료를 보면, 4년제 대학교의 경영학을 포함한 사회계열의 졸업자 수는 2016년은 9만 8,180명이며 이 중 약 47%인 4만 6,464명이 취업한 것으로 나타났다. 물론 취업 시장의 수요가 작아지는 원인이 있으나 경영교육상의 자체 문제점도 지적할 수 있을 것이다. 경영학 분야를 포함한 경제경영 전공의 직업에 대한 정합성이 47.1%로 매우 수치가 낮으며, 이는 전공의 교육 내용과 실무와의 괴리가 존재하고 있음을 반영하고 있다.

취업 시장의 수요에 비해 공급이 너무 많은 문제점도 있을 수 있

다. 경영학 분야의 학부 기준으로 공급을 본다면 2016년 4월 기준 4년제 대학 191개교에서 경영 관련 학과가 592개 학과, 2년제 대학 137개교에서 315개 학과에서 경영 관련 졸업자를 배출하고 있다.

## 경영교육의 문제점 분석

대부분의 경영학 교육과정이 과거 제조기업 중심의 교과과정으로 이뤄져 있어 급변하는 기업 환경 및 취업 시장 수요의 요구에 적절히 반영하지 못하고 있다. 특히 기존 취업 시장을 벗어나 활발히 창업 등의 수요가 있는데도 불구하고 적절한 특화 교육이 별반 이뤄지지 못하고 있다.

정보화 산업계는 매일 새로운 환경과 지금까지 겪지 못한 새로운 상황을 맞이하고 있다. 이 상황에 맞는 인재를 양성하기 위한 교육이 필요하지만 경영교육은 분야별 각론 위주의 이론 교육 중심으로 인해 실무 소양이 부족하다. 또한 정보화 산업 교육을 체계적으로 수행하려면 경영학 내부 분야의 통합 실무 교육뿐 아니라 공학, 농학, 의학, 사회학 등 융합교육을 고려해야 할 것이다.

취업 수요 시장에서의 기업은 국제화가 주류가 된 지 오래되었고 새로운 경쟁과 제휴, 기술의 혁신에 따른 신산업 출현 등의 환경에서 변화와 혁신을 추진하고 있다. 대학은 이러한 변화와 혁신을 이끌 수 있는 인재를 배출하기 위해 미래 지향적이고 창의적 교육과정을 지속적으로 개발하고 교육해야 할 것이다.

[그림 2] 경영교육의 문제점

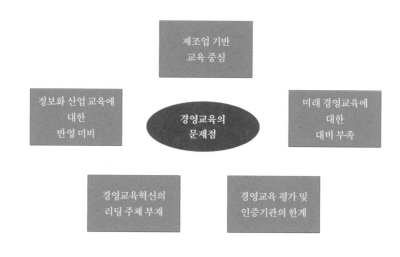

경영교육의 기본 틀은 오랜 기간 동안 체계적인 발전을 거듭했으나, 취업 수요 및 시장 상황의 변화에 교육이 뒤처지면서 여러 문제점이 발생하고 있다. 이 문제점을 개별 대학 중심으로 개선은 하고 있으나 보편성 및 시의성은 떨어질 수밖에 없다. 개별 학교 단위가 아니라 경영학 관련 전체 기관 혹은 단체를 중심으로 새로운 교과과정의 개발, 시범 교육 운영 및 개선, 새로운 교육 분야의 연구 등 전반적인 혁신을 주도할 수 있다면 혁신의 여력이 없는 작은 대학 등에 큰 도움이 될 수 있을 것이다. 또한 경영교육의 체계적 발전을 이룰 수 있을 것이다.

교육기관의 평가가 10여 년 이상 중요한 역할을 차지하고 있어 많은 대학이 평가에 참여하고 있다. 해외 평가기관으로 QS<sub>Quacquarelli</sub>

Symonds, 상하이자오퉁대학上海交通大学 평가 등이 있으며, 국내 대학 평가 기관으로는 〈중앙일보〉 평가 등 자체 평가지표를 이용해 평가해 매년 순위를 발표하고 있다. 또한 경영교육인증기관으로는 국내의 KABEA, 국외의 AACSB 등이 있으며 신청하는 경영 관련 대학을 심사해 인증 평가를 주고 있다. 이러한 평가지표가 경영학 발전에 도움을 주고는 있으나 실질적인 교육의 질 향상에는 도움이 되지 못하고 있다. 평가기관의 지표에는 취업, 외국인 학생, 학생 대비 교수 비율 등 결과성의 평가에 주안점을 두고 있고 인증기관의 평가에도 교육의 내용보다는 인프라 구축에 더 주안점을 두는 듯하다. 물론 교육 목표, 비전의 이행 여부 등이 있지만 수업 내용, 미래지향적인 노력에 대한 평가는 별반 제시하지 못하고 있다.

## 경영교육혁신의 원칙과 방향

### 교육 수요 중심의 혁신

교육 수요의 대상자는 학생, 취업 시장 등이 있을 수 있으며 수요자의 요구에 부응하는 것도 중요한 교육 목표가 될 수 있다. 최근 학부제의 운영 등 교육부의 대학 졸업 및 전공 제도 개선에 따라 전공교육의 부실화를 대학은 경험한 바 있다. 낮은 전공학점 취득으로 졸업을 인정해주는 제도를 운영함에 따라 전공교육의 부실화를 가속시킨 원인을 찾아볼 수 있을 것이다.

앞에서 말했듯 취업 수요 시장에서 전공 대비 정합성이 한국고용

정보원의 통계에 따르면, 사회계열 졸업자는 중하위권에 머무르고 있다. 경영교육의 목표를 재검토하고 전공영역의 기초, 중급, 고급 과정의 교육을 강화해야 할 것이다. 특히 실무 교육 및 경영학 내의 각론 통합 교육을 해야 한다. 예를 들면 회계학과 재무관리 혹은 조직전략 분야의 통합 교과과정의 개발 혹은 경영학 전반의 응용 교과목의 개발 등을 고학년을 중심으로 교육하는 것이 실무 교육에 도움이 될 것이다. 미국의 경우 지역 커뮤니티 소상공인과 연계해 소상공인에 대한 경영 문제해결 및 자문 역할을 학생들이 직접 현장에 나가 배운 지식을 토대로 일정 기간 연구하고 결과 보고서 형식으로 제출해 학점을 취득하는 제도를 운영하는 대학도 있다.

**환경 변화에 적응할 수 있는 교육**

대학교육이라는 논제는 교육의 분야, 교육의 주체(교수)가 충족되어야 학생 교육이 가능해진다. 교수가 연구하고 연구 분야를 학생 교육에 투여함에 따라 성과를 낼 수 있을 것이다. 따라서 교수가 연구하는 분야가 다양해지지 않으면 교육의 효과성도 낮아질 수밖에 없다. 이러한 관점에서 본다면 경영학 특성상 가장 직업-전공의 정합성이 높아야 하는 기업 관련 학문인 경영학이 교육 효과가 높아야 하는 데 현실은 그렇지 못하다. 기업 환경 변화의 속도가 교육의 변화 속도보다 빠름의 차이와 자체적으로 환경 변화에 따른 연구가 이뤄지지 못하는 데서 원인을 찾아볼 수 있다.

경영학 분야에서 신연구 분야를 연구한 교수를 선발하기는 쉽지 않다. 그러나 대학 내에서 신연구 분야를 연구한 교수를 선발해야

[그림 3] 경영교육혁신의 원칙과 방향

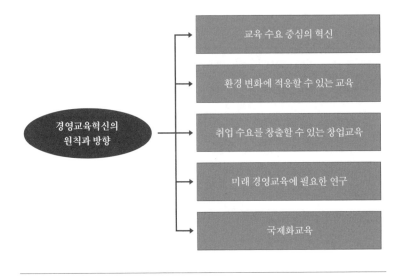

새로운 교과과정 개발이나 교육이 가능해질 것이다.

### 취업 수요를 창출할 수 있는 창업교육

4년제 대학의 졸업생 수와 취업의 자릿수의 불균형은 최근 들어 더욱 심화되고 있다. 물론 졸업자의 취업 눈높이가 다른 점도 있을 수 있지만 산업체의 취업 자릿수는 그 한계점에 이른 것으로 보인다. 국가적으로 신성장산업의 개발, 4차 산업혁명의 기대에 따른 신 일자리 창출을 기대해볼 수 있지만 그 또한 시간이 걸린다는 문제점이 있다. 새로운 취업 수요의 창출에서 주요한 부분이 창업이 될 수 있을 것이다. 창업에 따른 주요한 부분이 되는 세금 문제, 재무 문제, 인사 문제 등을 경영학 내부 영역에서 새로이 구축한다면 졸업자의 창업이 큰 도움이 될 수 있을 것이다. 이러한 교육이 이뤄진다면 경영학을 전공하지 않는 비전공자의 부전공, 복수전공 등의 확대로 경영학의 위상이 대학 내에서 크게 높아질 것이다.

### 미래 경영교육에 필요한 연구

경영교육혁신을 위한 노력은 대학별로 상황에 따라 하고 있으나 경영교육에 필요한 전반적 체계적인 연구를 해야 한다. 최근 공학경영, 신기술경영, 융합 교과목 등 다양한 교과목을 경영학 내에서 교육하고 있다. 이러한 교육이 활성화되려면 먼저 법규 혹은 대학 내의 규정이 유연하게 운용되는 것이 선행되어야 하나 대학 특성상 어려운 점이 적지 않다. 교육에 따른 졸업 학점, 복수 학위, 융합 학위, 졸업 연한의 탄력적 운용 등에 관한 규정이 엄격해 그 한계에 부딪혀 혁신을 이끌어낼 수 없다.

그럼에도 불구하고 경영교육에 관련한 미래에 대한 투자나 연구는 지속해야 한다. 모든 대학이 직면하는 공통적인 경영교육 문제점에 한국경영학회 같은 단체가 주도적으로 미래 경영교육에 대한 연구를 추진해 주도적으로 시사점을 줄 수 있다면 경영교육을 표준화하는 데 수월성이 생길 수 있다. 미래에는 경영학 경계가 모호해지고 다양한 인접 학문과 연계되는 교육이 이뤄질 것인데 이러한 교육의 전체적 방향성에 대한 연구를 지금부터 시작하고 활발한 토의를 해야 할 것이다. 또한 새로운 연구 인력을 양성하는 대학원 교육도 시대 상황에 따라 연구 분야의 다양성을 추진해 고급 인력을 창출한다면 학부 교육을 하는 데 도움이 될 것이다.

### 국제화교육

각 대학에서 국제화 교류 및 교육을 위해 외국 대학과 MOU를 체결해 1+3, 2+2, 3+1 공동 학위 및 단기 교육 프로그램 등을 시행하고 있다. 경영교육 정보를 위해 다양한 교류는 환영할 일이지만, 상호교류라는 측면에서 본다면 우리 학생들 가운데 많은 인원이 외국 대학으로 가고 있지만 외국 학생은 그 수만큼 우리나라에 오지 않고 있다. 이유는 언어 문제가 있지만 다양한 국제화 프로그램이 부족한 탓이다. 학생들의 국제화 정보 및 교류를 위해 국제화를 위한 경영교육 프로그램을 확대해야 할 것이다.

예를 들어 삼성, LG, 현대자동차 등 외국에 많이 알려진 기업과 협력해 외국의 복수학위, 교류 학생 등을 각 대학에서 일정 학점 취득 교육을 시킨 후 관련 기업에 인턴십 과정을 실시한다면 외국 학생을 유치하는 데 도움이 될 것이다.


## 경영교육혁신의 한계점

기술한 것처럼 경영교육혁신을 위한 방향을 정립하고자 할 때 여러 가지 어려운 점이 있을 수 있다. 대학본부의 재정지원이 어려울 수 있으며, 기존 경영교육진의 내부 반발이 있을 수도 있다. 융합 학위 및 전공의 내실화를 위한 필수 학점, 졸업 학점의 다양화 등을 추진하고자 해도 대학 내의 각종 규정에 의한 한계점이 있을 수 있다.

이러한 어려운 점을 해결한다 해도 통합 교육과정 등 신분야의

[그림 4] 경영교육혁신의 제도화

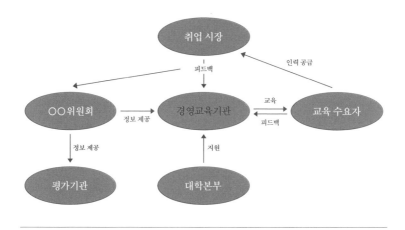

교육을 누가 하는가의 문제가 있을 수 있다. 산학연구 교수 혹은 신분야 전공 교수를 채용해야 하지만 재정 문제와 새 분야의 교수가 거의 없다는 한계가 있다. 한계점이 있다 하더라도 경영교육의 혁신에 대한 연구와 노력을 지속적으로 추진해야 할 것이다.

## 경영교육혁신의 제도화

경영교육혁신을 제도화하려면 혁신을 누가 이끌 수 있는가의 대표성이 중요하다. 여기에 관해서는 다양한 제안이 있을 수 있지만 가장 많은 경영 관련 교수 및 전문가, 대학원생, 기업 등이 참여하고 있는 한국경영학회가 대안이 될 수 있을 것이다.

한국경영학회 산하에 항시적인 가칭 '경영교육혁신위원회'를 신설해 경영교육 전반에 관한 정보를 수집하고 연구해 그 결과물을 교수 및 교육기관에 전달하는 체제를 구축하는 것이다. 물론 대학별로도 이 역할을 수행하고 있지만 제도화하려면 전체 대학과 공유할 수 있는 체제를 마련해야 한다. 경영교육혁신위원회가 국내외 기업 관련 동향을 연구하고 경영교육에 대한 취업 수요 시장의 요구를 분석해 결과물을 평가기관, 경영교육기관 혹은 경영 관련 교수들에게 전달하는 것이다. 물론 개별 대학이 혁신의 주체가 되려면 대학본부의 특별한 지원 없이는 어렵다. 그러나 경영교육혁신위원회의 결과물로 경영 관련 교육을 대다수의 교육기관이 이행하고 있다면 개별 대학은 큰 어려움 없이 변할 수 있을 것이다.


## 한국경영학회와 유관기관의 역할

한국경영학회는 정부, 국회와 유기적으로 정보를 교류해야 할 것이다. 정부의 재정지원 사업 등에 다른 전공 분야에 비해 중요도가 낮지 않은데도 경영 분야의 재정지원 사업 예산이 반영되지 않고 있다. 이공계 우대 정책이 경영 분야에서 오히려 역차별이 생기고 있다. 이러한 현실을 감안해 학회 중심으로 추진한 다양한 활동 결과물이 정부 및 국회 등의 정책에 반영될 수 있도록 노력해야 한다.

전국경제인연합회(전경련), 중소기업협회, 소상공인연합회 등 경제 주체 단체와도 유기적인 교류를 통해 상호 필요한 정보 협력 체

[그림 5] 한국경영학회와 유관기관의 역할

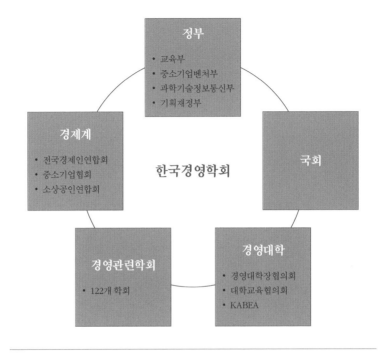

제도 구축해야 할 것이다. 이러한 취업 수요 시장의 주체들과의 교류를 통해 교육에 필요한 정보를 취득하고 교육에 반영해야 한다.

122개 경영 관련 학회와도 계속 실시하는 공동 학회 추진을 확대해 논문 연구뿐 아니라 교육, 국가 재정지원 사업 등 공동 관심사들에 관한 활발한 토의의 장도 마련해야 한다. 또한 각 대학 행정 책임자 단체인 경영대학장협의회 등과도 경영교육혁신에 대한 협조와 지원을 추진해야 한다. KABEA와의 관계에서 경영교육혁신 내용이 평가지표에 반영될 수 있도록 하고 혁신의 결과물이 모든 대학과 공유될 수 있도록 해야 한다. 또한 국제인증기관인 AACSB의 평가지표 연구를 통해 국제 교육의 틀도 공유해야 할 것이다.

## 지금은 경영교육을 다양화해야 할 때

최근 들어 경제성장의 한계에 따른 우리나라 기업의 어려움, 출생률 저하에 따른 대학 교육기관의 어려움이 큰 화두가 되고 있으며, 미래 한국 경제의 암울한 전망이 많이 나오고 있다. 대학 입학 정원의 감소가 대학 재정에 영향을 주어 대학교육에 대한 투자 또한 어려워지고 있어 작게는 경영 관련 교육에도 여파가 밀려오고 있다. 이러한 시기에 경영교육에 대한 불만이 나오고 있어 대책이 시급하다. 이러한 사실을 대학 내부에서도 인지는 하고 있어 개선을 위한 노력은 하고 있으나 결과는 사회의 요구에 비해 미흡하다. 대학별 경영교육의 차이는 있을 수 있으나 대부분 비슷한 교육과정을 운용하고 있다.

기업이 다양화되는 것처럼 경영교육도 다양화가 필요한 시기다. 기본 교육은 비슷할지라도 교육의 방향성은 다양성을 지향해야 할 것이다. 이러한 기회를 통해 미래 경영교육에 관한 토의와 논의를 시작해 혁신의 출발점이 되었으면 한다.

# 04

# 경영철학과
# 윤리

**배종석**
고려대학교 경영대학

**강 철**
서울시립대학교 교양교직부

급진적인 경영환경의 변화가 예견되는 시기에 선행적으로 대응할 경영학이 필요해짐에 따라 4장에서는 그러한 경영학의 기반이 될 철학과 윤리학에 대해 논의해볼 것이다. 실증주의와 결과주의에 경도된 기존의 '주류경영학'으로는 새로운 패러다임에 대응하기 어려울 것이라는 판단 아래, 비판적 이성을 활용해 비환원주의 이론과 인격적 지식을 추구하고 비결과주의를 지향하는 '비판경영학'을 제시한다. 이러한 경영학의 두 관점을 구별하고 특징짓기 위해 존재론적으로는 비판적 실재론을, 인식론적으로는 인격주의에 기반한 관계적 인식론을, 윤리학적으로는 비자연주의를 기반으로 기본 틀을 구성했다. 연구 제안으로는 숨겨진 가정에 대한 비판적 탐구, 비환원주의 이론과 인격적 지식의 추구, 초월적 방법론을 통한 실재의 영역 간 추론이 필요함을 강조했다. 교육 제안으로는 인격적 사고 함양, '열린 물음'이 평가되는 교육, 이중적 논법을 통한 융합 추구가 필요함을 제시했다. 경영학은 현대 문명의 저수지이며 인격적 사고를 할 수 있는 비옥한 토양이고, 총체성과 유연성을 특징으로 하는 독립적이고 독특한 학문 분야이므로 이 특징을 살려내는 새로운 시도는 지금 불가피하다.

## 경영학의 위기

4차 산업혁명이라는 시대적 전환기를 맞이해 경영학과의 많은
교수는 '경영학의 위기'라는 인식 속에서 다음과 같은 문제의식을
가지고 있다. "변하는 사회 환경에서 한국의 경영학 교육이 직면한
과제는 무엇이며, 이를 해결하려면 무엇을 어떻게 해야만 하는가?"
"4차 산업혁명으로 불리는 과학기술 문명 시대에 창의적이고 유연
한 사고를 할 수 있는 인재를 육성하려면 커리큘럼을 어떻게 편성
해야 하는가?" "현대 자본주의 사회에서 개인 관심사로 축소된 자
아를 이타적이고 사회적인 자아로 확장시키기 위해 대학은 무엇을
해야 하는가?" "경영학이 단지 기업의 이윤 추구를 위한 수단적 지
식을 생산하는 것을 넘어서, 사회와 환경의 지속 가능한 발전을 이
끌 공공성과 사회성을 담지하려면 어떻게 해야 하는가?" 이 같은
물음들에 충실히 답하려면 경영학에 대한 근본적인 성찰부터 해야
만 한다.

이번 '경영교육 대혁신 프로젝트를 위해 실시한 설문조사'(이하 설문조사)[1] 결과를 보면 경영학 교육과 실천에서 경영철학과 경영윤리 교육의 중요성에 대한 질문에 긍정 응답('매우 그렇다'와 '비교적 그렇다'에 응답)한 비율은 각각 80%와 88%로 나타났다. 현재 각 대학에서 이들 교육이 충분한지에 대한 질문에는 긍정 응답은 각각 4%와 3%이며 부정 응답('매우 아니다'와 '비교적 아니다'에 응답)은 각각 81%와 75%를 차지했다.

4장은 경영학 연구 및 교육에서 철학과 윤리학의 필요성과 중요성을 논의하는 데 있다. 특히 최근 급변하는 기업 환경에서 '경영학이 위기'라는 인식이 공유되고 있는데, 철학과 윤리학의 개념과 관점에 기반해 그 원인과 처방에 대해 논의할 것이다. 경영과 경영학의 본성에 대해 존재 이유, 존재 과정, 존재 구조에 입각해서 살펴볼 것이다. 존재 이유로는 인류의 삶에 대한 '보존과 향상'이며, 존재 과정의 특성은 통합적 '유연성'인데 최신의 지식과 기술을 수용하는 역량을 가지고 다른 분야의 지식을 통합해 실용적으로 활용해왔다. 또한 존재 구조의 특성은 다층적 '총체성'인데, 이는 삶의 전 영역을 포괄함을 의미한다. 여기에서는 이런 특성의 경영학이 한편으로는 새로운 환경 변화에 선도적으로 대응하며 향후에도 기업 현장에 실질적인 도움을 주면서, 다른 한편으로는 독특한 학문적 위상을 유지하기 위해 철학과 윤리학이 어떻게 기여할 수 있을지에 대한 입장을 제시하고자 한다.

윤리학을 포함한 경영철학이 경영학이라는 학문이 성립하기 위해서 없어서는 안 될 필수 요소인가? 경영철학과 윤리학을 구분해 다시 질문을 던져보자.

첫째, 경영철학과 관련해, 존재론적인 토대 없이도 경영학은 엄밀한 의미에서 자율적이고 독립적인 하나의 '학<sup>學</sup>'으로 성립할 수 있는가? 우리는 경영행위를 포함해 모든 실천적 행위에는 존재론적 결단이 전제되어 있다는 입장이다. 또한 경영연구는 세계가 어떻게 실재하는지에 대한, 혹은 세계의 본성에 대한, 가정 없이도 현상들에 대한 참된 연구를 수행할 수 있는가? 우리의 결론은 경영연구를 포함해 모든 연구 활동에는 연구 대상에 대한 실재론적 가정이 전제되어 있다는 것이다. 요컨대 의식을 하든 하지 않든, 우리는 어떤 종류의 존재론적인 결단과 실재론적인 가정 속에서 경영행위와 경영연구를 수행하고 있는 것이다.

둘째, 윤리학과 관련해 우리는 경영연구와 경영교육을 위해 규범윤리학뿐 아니라 메타윤리학적인 기반을 정초하고자 한다. 우리는 "좋은 경영이란 무엇인가?"라는 물음을 자주 물으며, 좋은 경영이 되기 위한 조건과 원칙과 정당성을 규명하고자 한다. 그러나 탐구해야 할 보다 더 근본적인 물음은 '좋음'이라는 개념 그 자체에 대한 물음이다. 좋음이 실재하는지, 실재한다면 어떤 방식으로 실재하는지, 그 의미와 기능은 무엇인지와 같은 보다 근본적인 차원에서의 연구를 수행해야만 하는 것이다. 메타윤리학이 바로 그 문제들을 탐구하는 분야다. 한편, 규범윤리학적 차원에서 우리는 경영의 '좋음'을 '최대의 성과를 산출함'이라는 하나의 의미로만 생각하는 결과주의에 기반해 있다고 볼 수 있다. 경영이란 유연성과 총체성이라는 본성을 가지고 있다. 따라서 결과 외에 행위와 사람에 대해서도 중요하게 고려해야 한다. 우리는 행위에서는 의무주의를, 사람에서는 덕윤리학을, 결과에서는 결과주의를 통합하는 삼중이론을 주장하고자 한다.

## 경영철학 및 윤리의 논의를 위한 기본 틀

여기서 다룰 내용은 크게 세 영역이다. 첫 번째 영역에서는 경영철학 및 윤리학적 기반을 다룬다. 존재론, 인식론 및 윤리학 분야에서 제기해야 할, 경영학과 관련된 핵심 물음들이 제기된다. 경영학을 엄밀한 의미에서 자율적이고 독립적인 학문으로 성립시키기 위해 그 이론적 토대로서 '비판적 실재론', '관계적 인식론', '가치다원주의' 등을 논의한다. 두 번째 영역에서는 경영학의 두 관점을 다룬다. 경영학을 우리는 주류경영학과 비판경영학으로 구분한다. 주류경영학만으로는 급변하는 과학기술 문명 시대를 능동적으로 선도하는 데는 한계가 있으며, 비판경영학의 경쟁과 보완이 필수적임을 역설한다. 세 번째 영역에서는 연구와 교육에서의 실천적 제안들을 검토한다. 경영학의 지평을 비판경영학에로까지 확대시킴으로써 보다 '충만한 경영학'의 정립을 위해서 고려해야 할 내용들을 논의하는 연구 제안이 한 축이다. 또 하나의 축에서는 산업혁명 시대의 대량생산에 맞춘 근대 교육 패러다임을 극복하고, 유연성과 총체성이라는 경영학의 핵심 특성과 창조성과 상상력이라는 인간의 핵심 특성을 실현하기 위한 구체적인 교육 제안을 논의한다.

**[그림 1] 경영철학 및 윤리학적 기반과 경영의 두 관점**

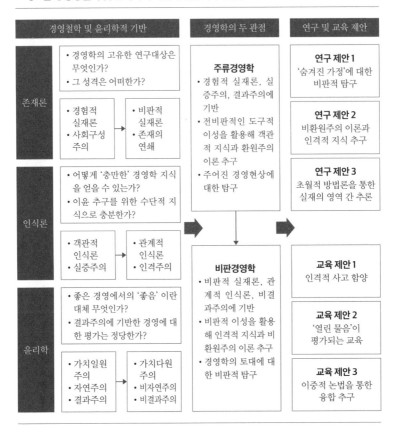

| 경영철학 및 윤리학적 기반 | 경영학의 두 관점 | 연구 및 교육 제안 |
|---|---|---|

**존재론**
- 경영학의 고유한 연구대상은 무엇인가?
- 그 성격은 어떠한가?

| 경험적 실재론 / 사회구성주의 | 비판적 실재론 / 존재의 연쇄 |
|---|---|

**주류경영학**
- 경험적 실재론, 실증주의, 결과주의에 기반
- 전비판적인 도구적 이성을 활용해 객관적 지식과 환원주의 이론 추구
- 주어진 경영현상에 대한 탐구

**연구 제안 1**
'숨겨진 가정'에 대한 비판적 탐구

**연구 제안 2**
비환원주의 이론과 인격적 지식 추구

**연구 제안 3**
초월적 방법론을 통한 실재의 영역 간 추론

**인식론**
- 어떻게 '충만한' 경영학 지식을 얻을 수 있는가?
- 이윤 추구를 위한 수단적 지식으로 충분한가?

| 객관적 인식론 / 실증주의 | 관계적 인식론 / 인격주의 |
|---|---|

**비판경영학**
- 비판적 실재론, 관계적 인식론, 비결과주의에 기반
- 비판적 이성을 활용해 인격적 지식과 비환원주의 이론 추구
- 경영학의 토대에 대한 비판적 탐구

**윤리학**
- 좋은 경영에서의 '좋음'이란 대체 무엇인가?
- 결과주의에 기반한 경영에 대한 평가는 정당한가?

| 가치일원주의 / 자연주의 / 결과주의 | 가치다원주의 / 비자연주의 / 비결과주의 |
|---|---|

**교육 제안 1**
인격적 사고 함양

**교육 제안 2**
'열린 물음'이 평가되는 교육

**교육 제안 3**
이중적 논법을 통한 융합 추구

## 존재론적 기반

존재론과 관련해 우리가 던지는 중요한 물음은 다음과 같다. 경영학의 고유한 연구 대상은 무엇이며, 그 성격은 어떠한가? 경영학의 고유한 연구 대상은 기업과 경영인데, 이 대상의 성격은 자연 세계의 존재자와는 구별된다. 이 구별되는 존재자에 대한 연구를 위해서는 그것에 부합하는 철학적 관점이 요구되는데, 우리는 비판적

실재론critical realism에서 그 적합성을 찾는다.[2]

　비판적 실재론은 한편으로는 모더니즘을 특징으로 하며 우리가 경험하는 것만 존재한다고 간주하는 입장을 취하는 경험적 실재론empirical realism과 다른 한편으로는 포스트모더니즘적 특징을 가지고 반실재론적 관점을 택하는 사회구성주의social constructionism를 비판적으로 검토해 각 입장이 지닌 한계를 파헤친다. 경험적 실재론이나 사회구성주의 입장과는 달리, 비판적 실재론은 존재론적 측면에서 다원적이고 다층적인 실재론의 입장을 취하는데, 감각 경험으로 증명되거나 환원되지 않는 영역에 대해서도 실재성을 인정한다. 인식론적 측면에서는 실증주의와 탈인격적인 객관적 인식론을 비판하면서, 관계와 인격적 지식의 풍부한 의미를 해석을 통해 드러내는 비판적 해석학의 입장과 다원성과 관용에 기반한 상대주의를 취한다. 나아가 판단적 합리주의 입장을 가지고 있어서 이론들 간의 비교를 할 수 있다.[3]

　우리가 경험하는 것과 어떤 실체가 객관적으로 존재하는 것 사이에는 격차가 있다. 바스카는 비판적 실재론 관점에서 이를 잘 구분하고 있다. 실재의 영역domains of reality을 실재적 영역domain of real, 현실적 영역domain of actual, 경험적 영역domain of empirical으로 구분하고 이 영역들을 기제, 사건, 경험이라는 3가지 존재 양태들과 연결시킨다.[4]

　기제mechanisms란 고유한 성질을 가진 어떤 실체가 작동하는 양태를 말하고, 사건events은 기제가 가진 고유한 성질이 실제로 드러나는 것을 말하며, 경험experiences은 사건 중에서 사람이 실제로 지각하는 것을 말한다. [표 1]처럼 실재적 영역은 세 양태 모두와 연계되

[표 1] 존재의 세 영역[5]

| | 실재적 영역 | 현실적 영역 | 경험적 영역 |
|---|:---:|:---:|:---:|
| 기제 | ○ | | |
| 사건 | ○ | ○ | |
| 경험 | ○ | ○ | ○ |

고, 현실적 영역은 사건과 경험에 연계되며, 경험적 영역은 경험만 실재한다고 본다.

경험적 실재론은 세 영역 모두에 경험한 것만 존재한다고 주장함으로써 위의 세 영역은 차이가 없다고 본다(실재적 영역=현실적 영역=경험적 영역). 반면 비판적 실재론에서는 실재적 영역, 현실적 영역, 경험적 영역 순으로 앞의 것이 뒤의 것 이상이다(실재적 영역≥현실적 영역≥경험적 영역). 비판적 실재론에서는 실재적 영역이 있다고 보므로 우리가 경험하지 못한 어떤 사건이 일어날 수도 있고, 그런 사건이 일어나지 않아도 객관적으로 기제가 실재한다고 보기 때문에 존재론적으로 입장이 매우 과감하다.

비판적 실재론의 입장에서 이제 경영학 연구의 대상인 기업과 경영의 실체를 어떻게 봐야 하는가? 우선 기업과 경영의 존재에 대한 부적절한 이해부터 살펴보자.[6]

첫째, 기업과 경영을 자연과학의 대상인 자연 세계의 존재자 즉, 사람의 마음과 독립적으로 존재하는 단지 자연 세계의 무기체나 유기체에 불과하다고 보는 입장이 있다. 둘째, 사람의 마음에 의존적인 사회 세계의 존재자 중에서 무기체인 인공물로 보는 입장도 있다. 셋째, 사회구성주의 입장과 같이 추상적인 실체나 관념적 존재로 보기도 한다. 예를 들면 기업을 계약의 집합으로 본다거나 생산계획 등으로 이해하는 것은 기업 안의 실제적인 현상과 성격을 드러내기 어려운 개념화다. 이 세 입장은 자연주의, 기계주의 및 관념주의 관점에 각각 서 있다. 이러한 세계관으로 기업과 경영을 바라보면 고유한 본성을 놓치게 되며, 새로운 환경 변화에 능동적으로 대처할 패러다임을 제시하지 못한다.

우리의 입장은 기업과 경영의 본성을 사회적으로 실재적인 존재 즉, 사회적 실체socially real entity로 보는 것이다.[7] 사회적 실체는 물질성에 기반하지 않으며, 감각의 직접적인 대상이 되지 않는다. 그리고 사회적 실체는 인간 활동에 의존적이며, 개념의 매개를 통해 접근될 수 있지만 그렇다고 담론과 관념에 환원되지는 않는다.

사회적 실체는 존재의 연쇄the chain of being 관점에서 다음과 같은 특징이 있다. 우선 기업과 경영이라는 영역은 사회적 분화의 결과로, 사회가 발전하고 영역이 종류별로 세분화되고 전문화되면서 발생한 독특하고 고유한 영역이라는 점을 인정하는 것이 필요하다.[8] 당연한 결과로 기업과 경영의 영역은 시장의 영역과는 구별되어야 한다. 시장은 개인의 자발적 참여에 따라 가격에 의한 자율적 조정 메커니즘으로 작동하지만, 기업경영은 경영자의 역할을 통해 매우 상이한 조정과 협업을 한다.[9] 기업과 경영의 고유성은 경영학이 다른 학문에 의존적이지 않고 독립적인 영역으로 존재하는 근거를 제공한다. 그리고 기업과 경영은 존재론적 층화ontological stratification를 이룬다.[10] 기업 조직은 개인들의 단순집산simple aggregation이 아니며, 조직의 구성 형태configuration는 개별 제도들의 단순집산이 아니다.[11] 하위 수준의 실체가 모여 상위 수준으로 전환될 때 창발적 속성emerging properties이 형성되며, 이것은 하위 수준의 개체에 환원되지 않는다.[12] 따라서 개인들의 행위에 대해 잘 연구한다고 해서 조직의 행위를 알 수 있는 것이 아니며, 개별 제도들이 아무리 최상의 제도best practices라고 해도, 그것들이 모여 의미 있는 연결과 상호작용을 하는 상위 수준의 실체로 전환되지 않는다면 그 의미는 크게 상실될 것이다. 이 관점에서 기업과 경영을 이해하는 것이 나중에 논의될 경영학의 연구와 교육에도 중요한 영향을 끼치게 된다.

### 인식론적 기반

인식론과 과학철학에서 던지는 중요한 두 질문들은 다음과 같다. 경영학 지식은 이윤 추구를 위한 수단적 지식을 생산하는 것으로 충분한가? 어떻게 충만한 경영학 지식을 얻을 수 있는가? 충만한 경영학 지식을 추구하려면 세 조건이 있어야 한다.

첫 번째 조건은 실재의 존재 조건이다. 이 조건은 연구 대상과 관련된 것이므로 존재론과 밀접한 연관성이 있다. 논리적으로 존재론은 인식론과 방법론에 선행한다.[13] 우리의 인식적 한계를 가지고 존재 자체를 한정해서는 곤란하다. 인식하는 것만 존재한다고 보면, 존재론의 질문을 인식론의 것으로 전환시켜 인식적 오류에 빠지게 된다.[14] 따라서 존재론적 측면에서 앞서 논의한 실재적 영역의 인정과 경험하지 못하고 현실적으로 사건으로 발생하지 않은 것들이 존재할 수 있다는 점을 수용해야 한다. 나아가 연구 대상의 본성이 사회적 실체이며, 존재가 층화를 이루고 있음을 이해해야 한다.

두 번째 조건은 인식론적 전환의 필요성이다. 고전적인 지식관은 정당화된 참된 믿음JTB: Justified True Belief이다.[15] 여기 제시된 정당화, 참됨, 믿음이라는 세 조건이 지식을 이루는 필요충분조건이라고 논의되어왔지만 이 조건들이 지식의 조건이 되지 못한다는 비판이 제기되어왔다.[16] 근대적 인식론에서는 인식 주체와 인식 객체가 분리될 수 있으며 지식은 가치중립적인 방식으로 객관적 지식 즉, 인식 주체의 주관성이 배제된 지식을 추구하는 것을 목표로 했다.[17] 이런 주장에 반해 우리가 주장하고자 하는 것은 인격주의personalism다. 우리가 추구하는 지식은 '인격적 지식'이어야 하고 실천 지향적이어야 한다. 또한 인식 주체는 인식 객체와 구분은 되지만 분리되지 않는다.[18] 기존의 지배적인 관점이 데카르트가 인식적 가치로 견지한 '의심'에서 출발해 앎과 지식의 축적으로 나아가는 방식이었다면, 우리는 폴라니가 주장한 것처럼 '믿음'에서 출발하고자 한다.

이런 논의와 관련해서 중요한 주제 중 하나는 사실과 가치의 이분법에 대한 것이다. 흄의 법칙Hume's Law에 따르면 가치 명제를 사실 명제에서 도출하는 것은 논리적으로 승인되지 않는다. 사실에서 가치로, 존재에서 당위로 나아가는 논증에는 논리적 오류가 있다고 보는 것이 주류 과학철학의 전통이다.[19] 이런 경험론과 실증주의의 전통은 '사실'은 객관적이고 '가치'는 주관적이라는 이분법을 따르고, 과학은 객관적 사실을 다루지만 인식 주체자의 주관적인 판단이 포함된 가치의 문제를 다룰 수 없다는 입장이다. 그러나 조금만 생각해보면 사실은 이론에 의존하고, 가치에 의존할 수밖에 없다.

연구 주제의 선택에서 연구 과정과 연구 결과의 해석까지 연구자의 주관과 가치가 개입될 수밖에 없다.

더군다나 가치의 개입이 곧 주관적이며 객관성의 결여라고 단정 지을 수 없다. 유대인 학살과 관련된 이사야 벌린Isaiah Berlin의 사례 즉, 나치 통치하의 독일에서 무슨 일이 있었는지에 대한 다음 설명들을 비교해보자. (1) '그 국가의 인구수가 줄어들었다.' (2) '수백만 명이 사망했다.' (3) '수백만 명의 목숨이 빼앗겼다.' (4) '수백만 명이 대학살당했다.'[20] 이 진술들은 모두 참이지만, (4)만이 사태의 본질을 드러내는 가장 정확한 서술이다. (4)의 진술이 더 평가적이고 가치가 적재되었다고 해서 더 주관적이지 않으며, 오히려 가치를 적재함으로 더욱 객관성을 확보할 수 있게 된다. 따라서 우리는 사실과 가치의 이분법적 적용보다는, 비판이성critical reason과 숨겨진 그러나 실재하는 진리를 찾고자 하는 강력한 책임감을 가지고 인식 주체의 과감한 개입과 열린 물음을 던지는 것이 중요하다는 점을 강조한다.[21]

충만한 경영학 지식을 위한 세 번째 조건은 과학철학 및 방법론과 관련해 경영학 연구 대상에 적합한 지식 탐구 방법론으로의 전환의 필요성이다. 우선 고려해야 하는 것은 연구 대상에 따른 방법론의 차이에 대한 것이다. 지식을 탐구하는 방법에서 자연 세계와 사회 세계를 구분하지 않고, 데카르트가 취했던 것처럼 모든 학문을 하나의 통합된 동일한 방법론을 취하는 방법론적 일원주의를 거부해야 한다. 학문의 대상에 따라 다른 원리와 방법을 택해야 한다고 주장한 아리스토텔레스가 취했던 입장을 따라 사회 세계에 적합

한 방법론을 모색해 방법론적 다원주의를 추구해야 한다.[22]

방법론적 다원주의를 통해 사회과학의 대상인 사회를 연구할 때 그 독특성을 드러내는 작업을 시도해야 하며, 실재적 영역에 속하는 존재자에 대한 이해를 위한 노력을 해야 한다. 학문마다 대상이 다르고 그 대상은 고유한 특성이 있으므로 그 대상의 이해를 위한 다른 설명explanation이 있어야 한다.[23] 무기물을 다루는 물리학은 인과적 설명causal explanation으로, 유기물을 다루는 생물학은 기능적 설명functional explanation으로 충분하지만 경영학 같은 사회과학은 의도적 혹은 목적론적 설명intentional or teleological explanation이 불가피하다. 경영학 연구에서 인과적 혹은 기능적 설명을 과도하게 추구할 경우 '학문의 과학화' 더 정확히는 경영학의 과학화를 초래하게 되는 환원주의에 빠지게 된다.

다음으로 고려해야 하는 것은 추론의 변화 필요성이다. 전통적인 추론 양식에는 귀납과 연역이 있다. 귀납은 사건들과 사실들에서 사건의 유형과 규칙성으로 추론하는 양식인 반면, 연역은 사건의 유형과 규칙성에서 개별 사건들과 사실들로 나아가는 추론 양식이다. 그러나 귀납과 연역은 경험적 영역에 한정된 추론 양식이다. 따라서 경험적 영역을 초월해 경험적 영역과 실재적 영역 간의 다층적 관계에 대한 이해를 위한 추론도 포함되어야 한다.[24]

### 윤리학적 기반

경영의 윤리학적 기반을 탐구하기 위해 메타윤리학적 기반과 규범윤리학적 기반으로 나눠 논의할 것이다. 메타윤리학metaethics은 윤리적인 속성, 사실, 진술의 본성, 실재성, 의미, 기능 등을 탐구하는 분야다.[25] 반면 규범윤리학normative ethics은 실제적인 윤리적 문제들을 논의하기 위한 개념들과 이론들, 그리고 그것들의 정당성을 다루는 분야다. 대표적으로 거론되는 이론으로는 결과주의, 의무주의, 덕 윤리학 등이 있다.[26]

맨 먼저 메타윤리학적 기반부터 살펴보자. 그동안 경영학에서의 윤리학은 주로 응용윤리학이나 규범윤리학이 주도했다. 우리는 메타윤리학의 개념들과 방법론을 깊이 있게 고찰해야만 경영학에 엄밀한 학문적 토대를 제공할 수 있고 기업 윤리의 충만함도 더해진다고 판단한다. 비판경영학의 관점에서 메타윤리학적 기반으로서 우리는 자연주의naturalism에 대비되는 비자연주의nonnaturalism를 제시하고자 한다.[27]

메타윤리학적 자연주의란 실재하는 유일한 속성이나 사실은 자연과학적으로 발견할 수 있거나 경험적으로 입증할 수 있는 '자연적' 속성이나 사실이라고 주장하는 자연과학적 세계관에 기반을 둔 이론이다. 이 주장에 의하면 비자연적인 가치적, 윤리적 혹은 '규범적normative' 속성은 '자연적natural' 속성으로 환원되는 것이다. 구체적으로 말해 '좋은' 경영이란 단지 '최상의 결과를 산출하는' 경영이 되는 것이다.

반면 비자연주의에 따르면 윤리적 속성은 자연적 속성과 마찬가지로 실재하지만 중요한 측면에서 자연적 속성과는 다르다고 본다. 비유컨대 수數 '2'라는 수학적 속성이 실재한다는 것을 부정하기는 어렵다. 이 속성은 '최상의 성과를 산출함'이라는 자연적 속성과는 다르게 실재한다고 해야 할 것이다. 비자연주의자들은 윤리적 속성도 마찬가지라고 생각하는데, 그들은 윤리적 속성은 자연적 세계를 알기 위해 사용하는 '경험'이나 '추론'이라는 방법과는 다른 방법에 의해 탐구되어야 한다고 주장한다.[28] 수학적 속성의 실재성과 참을 추론이 아니라 직관을 통해 알 수 있듯이 윤리적 속성도 '직관'을 통해 알 수 있다고 주장한다.

왜 우리는 메타윤리학적 기반으로서 자연주의가 아닌 비자연주의를 옹호하려고 하는가? 두 관점의 차이를 살펴보면 이유가 분명해진다. 메타윤리학적 자연주의와 비자연주의의 결정적인 차이점 중 하나는 윤리적 속성이나 진술의 존재론적인 독립성과 독자적인 설명의 논리가 있느냐와 관련된다. 예를 들면 우리가 기업의 사회적 책임에 관해서 말할 때 메타윤리학적 관점에서 '책임'이라는 속성과 책임에 관한 진술의 실재성, 의미, 기능 등을 논의할 수 있다.

자연주의자들에 따르면 첫째, 그들은 관찰을 통해 주어진 자연적 속성을 설명할 때 가설을 세우고 그 가설들 중에서 검약성의 원칙the principle of parsimony에 의거해 최소의 존재자를 상정하고 설명하는 가설을 선호한다. 둘째, 그들은 가설에 의해서 어떤 대상의 실재성을 입증하려고 하며, 그렇게 입증된 존재자들에 관한 진술은 참이라고 가정한다. 셋째, 그들이 자연적 속성에 관한 진술을 할 때 그 진술을 하는 자의 윤리적 판단이나 규범적 가치관은 그 진술의 진리성과는 무관하다고 주장한다.

요컨대 그들은 기업의 사회적 책임의 근거를 제시하는 데 자연적 속성에 대한 설명에서와 마찬가지로 '객관적인 인과적 설명'을 따른다. 즉 인과적으로 실재하는 것만이 기업의 사회적 책임의 토대가 될 수 있는 것이다. 예를 들면 기업이 사회로부터 인과적으로 어떤 이익을 보거나 볼 수 있는 경우에만 기업의 사회적 책임이 발생하는 것이다. 이러한 인과적 실재에 관한 진술은 참이라고 판단되는 것이다. 요약하면 진술을 하는 자의 인격적 지식personal knowledge은 배제된 채 인과적 설명에 등장할 수 있는 것만의 실재성을 인정하는 것이 자연주의자들의 논리다.

반면 메타윤리학적 비자연주의자들은 자연적 속성에 대한 자연주의자들의 설명에는 동의하지만, 윤리적 속성의 존재론적 독립성을 주장하며 자연적 속성의 설명과는 근본적으로 다른 설명의 논리를 제시한다.

첫째, 다층적인 실재성을 상정하는 풍요성의 원칙the principle of richness에 의거해 주어진 윤리적 속성을 가장 잘 설명하는 가설을 선택해야 한다고 주장한다. 즉 비자연주의자들은 사회적 책임의 근거의 실재성을 자연적 차원과 비자연적 차원으로 나눠 규정한다. 사회적 책임의 근거가 비인과적으로도 실재한다고 주장한다. 궁극적으로 이런 비인과적 실재성이 인과적 실재성과 함께 기업의 사회적 책임의 토대를 제공한다고 봐야 할 것이다.

둘째, 윤리적 속성에 관한 진술은 자연적 속성에 관한 진술과 달리, 그 진술을 진지하게 그리고 진정으로 주장하는 한에 있어서, 진술하는 자의 옳거나 그름, 좋거나 나쁨 등의 규범적 인식들이 개입되게 마련이다. 그런데 그들이 자신의 주장에 등장하는 좋음이나 옳음 같은 윤리적 속성이 실재한다고 만약 믿지 않는다면, 그들은 그 주장을 진지하게 제시하고 있는 것이 아닌 것이다.

셋째, 비자연주의자에 따르면 규범적 진술의 진리성은 그 진술하는 자의 인격성과 불가분의 관계에 있다. 따라서 인격적 지식이 중요한 것이다. 요컨대, 윤리적 속성을 설명하는 데 있어서 비인과적 설명에 등장하는 실재성도 인정하는 것이 비자연주의자들의 논리인 것이다.

이제 규범윤리학적 토대에 대해 논의해볼 것이다. 우리는 규범윤리학 이론으로서 결과주의에 대립하는 비결과주의nonconsequentialism를 제시할 것이다. 결과주의는 "좋은 행위나 규칙 체계란 좋거나 나쁜 것을 불편부당하게impartially 계산해서 좋은 결과들이 나쁜 결과들을 능가하는 그 양을 극대화하는 것"이라고 주장하는 이론인 반면, 비결과주의는 "행위의 좋고 나쁨이 오로지 결과의 좋고 나쁨에 의거해서만 결정된다는 주장을 거부하는 이론"이다.[29] 중요한 점은 비결과주의가 행위의 좋고 나쁨을 결정할 때 결과에 대한 평가를 배제한다는 것이 아니라, 결과에 대한 평가에 의거해서만 좋고 나쁨을 결정하지는 않는다는 점이다. 말하자면 경영행위의 좋고 나쁨을 결정할 때 결과만 고려해서는 안 된다는 입장이 비결과주의다.

좋음과 관련해서 우리가 비판의 대상으로 삼고자 하는 결과주의는 '좋음의 일원론monism'을 주장하는 결과주의의 전형적 형태다. 우리는 '좋은 경영이란 무엇인가?'라고 물었다. 이때의 좋음은 결과주의에 따르면 수치로 양화될 수 있어야 하고, 경험과학적으로 분석될 수 있어야 한다. 여기서 좋음이 측정될 수 있어야만 한다는 이 요구는 좋음은 종류에서 하나라는 좋음의 단일성을 함축한다. 또한 좋음의 측정 가능성은 좋음이 경험과학적으로 분석될 수 있음을 함축한다. 이때의 좋음이란 자연과학의 대상이라는 점에서 '자연주의'를 주장하고 있는 것이다. 이러한 가치의 일원주의와 자연주의는 경영학에서 가치에 대한 평가는 궁극적으로는 과정이 아니라 '최종 성과'에 대한 평가여야 한다는 귀결로 나아가게 한다.

반면 좋음에 관한 비결과주의는 행위의 옳고 그름이 오로지 결과의 좋고 나쁨에 의거하지 않는다고 했을 때에, '행위'와 '사람'도 고려해야만 한다고 주장하는 이론이다. 과정으로서의 행위에 적용되는 대표 이론이 의무주의이고, 사람의 품성에 적용되는 대표 이론이 덕윤리학이다. 요컨대 실천적 행위로서의 경영의 본성에 가장 적합한 그리고 가장 잘 정당화시켜주는 이론으로 결과주의consequentialism, 의무주의deontology, 덕윤리학virtue ethics이 통합된 '삼중이론the triple theory'을 주장하고자 한다. 여기서 경영의 본성이란 '총체성'과 '유연성'을 뜻한다. 경영이란 인간, 조직, 자본, 기술, 전략 등이 유기성을 가지고 총체적으로 연결되어 있으며 실천적 필요에 의해 인접 학문과 첨단 기술의 연구 성과를 능동적이고 유연하게 수용하는 활동이다. 따라서 결과만을, 항상 결과를 최우선시하는 결과주의적 접근만을 고수한다면 경영의 총체성과 유연성은 무시될 것이다.

경영학과 경영윤리에 대한 확고한 토대는 메타윤리학적 탐구 즉, 핵심적인 윤리적인 속성들, 사실들, 진술들에 대한 근원적인 탐구에 의거해서 정초되어야 할 것이다. 또한 규범윤리학적인 차원에서의 접근은 총체성과 유연성이라는 경영의 본성을 존중해야만 할 것이다.

## 경영학의 두 관점, 주류경영학과 비판경영학

이번에는 경영의 두 관점을 주류경영학과 비판경영학으로 구분해 제시한다. 주류경영학은 현재까지 대부분의 경영학의 토대가 되는 관점으로 경험적 실재론과 실증주의 및 결과주의에 기반한 관점이다. 또한 전前비판적인 도구적 이성을 활용하고, 주어진 경영현상에 대한 탐구를 시도하며, 가치중립적인 지식을 추구한다. 반면 비판경영학은 비판철학적 접근을 하며, 비판적인 목적적 이성을 활용해 경영학의 토대를 비판적으로 탐구하며, 인격적 지식을 추구한다.

존재론적으로 보면 두 접근은 실재론적 성격 측면에서 차이가 있다. 주류경영학은 경험적 실재론에 기반하지만, 비판경영학은 비판적 실재론에 기초하고 있다. 기업의 본질에 대해서는 주류경영학은 기업을 환원주의적 접근에 기반해 이익 추구를 하는 물질적 실체, 인공적 실체 혹은 관념적 실체로 개념화하지만, 비판경영학은 기업을 창조의 열망, 참여의 열망 및 소유의 열망을 토대로 인류의 삶을 보존하고 향상시키기 위해 가치 창출 활동을 하는 사회적 실체로 파악해야 함을 주장한다.

경영의 본질에서도 차이가 있다. 주류경영학이 경영을 성과를 높이는 수단적 기제로 보지만 비판경영학에서는 경영의 본질을 인류의 삶을 보존하고 향상시키는, 통합적 유연성과 다층적 총체성을 특징으로 하는 사회적 실체로 파악한다.

인식론에서도 차이가 크다. 주류경영학은 학문의 본질을 지식의 축적으로 보고 무지에 대한 앎의 인식적 우월성을 내세우지만, 비

**[표 2] 주류경영학과 비판경영학의 핵심 특성**

| 차원 | | 주류경영학 | 비판경영학 |
|---|---|---|---|
| 존재론 | 실재론의 성격 | • 경험적 실재론 | • 비판적 실재론 |
| | 기업의 본질 | • 환원주의적 접근의 물질적·인공적 혹은 관념적 실체 | • 창조, 참여, 소유의 열망을 토대로 가치 창출을 하는 사회적 실체 |
| | 경영의 본질 | • 성과를 높이는 수단적 기제 | • 인류의 삶을 보존하고 향상시키는 유연성과 총체성의 특징을 가진 사회적 실체 |
| 인식론 | 인식론적 성격 | • 관찰의 객관성과 분석의 과학성 | • 실재론적인 의미 층위들로부터의 설명력 |
| | 학문의 본질 | • 지식의 축적<br>• 무지에 대한 앎의 인식적 우월성 | • 지식으로부터 성장하는 무지의 확대<br>• 앎에 대한 무지의 실천적 우선성 |
| | 지식의 본질 | • 가치중립적 객관적 지식<br>• 정당화되는 참된 믿음<br>(인식적 지식관) | • 인격적 지식<br>• '열린 물음'이 추동하는 대답(실천적 지식관) |
| 윤리학 | 메타윤리학적 성격 | • 자연주의 | • 비자연주의 |
| | 가치 다원성 | • 가치일원주의 | • 가치다원주의 |
| | 규범윤리학적 입장 | • 결과주의 | • 비결과주의 |

판경영학에서는 학문을 지식으로부터 성장하는 무지의 확대로 파악하고 앎에 대한 무지의 실천적 우선성을 강조한다.[30] 지식의 본질에서는 주류경영학은 인식적 지식관을 가지고 정당화되는 참된 믿음을 추구하고 가치중립적인 객관적 지식을 추구하지만, 비판경영학은 실천적 지식관을 가지고 열린 물음이 추동하는 대답을 찾으려고 하며 인격적 지식을 추구한다.

윤리학에서의 차이를 보자. 주류경영학은 가치일원주의에 기반하며 전체의 가치는 개체의 가치로 측정될 수 있다는 자연주의적 입장을 취하고 결과주의적 규범윤리학을 추구한다. 그러나 비판경영학은 가치다원주의에 기반하며 비자연주의적 입장과 비결과주의의 관점을 취한다.

빅데이터, 사물인터넷IoT: internet of things, AI 등 4차 산업혁명은 인류의 삶을 혁신적으로 개선시켜줄 것으로 예상되고 있다. 그러나 고도로 발달한 기술 문명사회는 인류의 미래에 대한 불확실성과 위험성 또한 증대시키고 있다. 이러한 시대의 변화를 통찰하고 능동적이고 선제적으로 대처하려면 어떻게 해야 하는가?

무엇보다도 과학기술과 인간 삶의 의미와 가치, 경영학의 존재이유와 위상에 대한 근본적이고 철학적인 숙고를 해야 한다. 비판경영학을 연구해야 하는 이유가 여기에 있다. 경영철학과 윤리학은 경영학의 근본 성찰에도 도움이 되지만 성과를 위한 수단적 역할도 할 것이다. 설문조사 결과에서도 나타났듯이 좋은 성과를 위해서는 경영철학과 경영윤리가 수단적으로도 중요한 역할을 한다는 긍정응답이 각각 74%와 73%를 차지했다.

우리는 경영학이 인간과 사회의 미래를 이끄는 책임 있는 지식으로 서려면 주류경영학과 비판경영학의 경쟁과 보완이 반드시 필요하다고 주장한다. 그럼으로써 경영학은 단순히 수단적 지식에 머무는 것이 아니라 공공성과 사회성을 회복하고 인간과 사회의 미래를 위한 사회적 책임을 다하는 '충만한 지식'이 될 수 있다고 본다.

## 경영학 연구를 위한 제안

이 논의를 바탕으로 우리는 기업을 사회적 실체로 규정했다. 이렇게 규정된 기업의 활동에 대한 연구를 하는 경영학 연구와 관련해 우리가 제시하는 총론적인 연구 제안은 비판경영학 입장에서 충만한 경영학 지식을 추구하기 위해 비판적 경영학 연구critical management research를 수행해야 한다는 것이다.

이를 수행하기 위해 첫 번째, '숨겨진 가정'에 대한 비판적 탐구를 수행해야 한다. 이를 위해서는 연구자는 상상력을 과감하게 발휘해야 한다. 미래는 과거의 연속이 아니다. 실증주의자나 경험론자들과 구별된 시도 없이는 그런 상상력을 발휘하기가 어렵다. 경험하는 것만 존재하고 초월적인 것을 부인하거나, 과거 자료에 기반해 미래를 예측하게 되면 계량적 답은 나올 수 있지만 미래에 전개될 완전히 새로운 존재자를 구현해내는 데는 한계가 있을 수밖에 없다. 이런 상상력을 발휘하려면 연구자는 도구적 이성에서 벗어나 비판적 이성을 활용해 기존의 것에 비판적 시각을 제시할 수 있어야 한다. 그리고 보이지 않지만 존재하는 것 즉, 비판적 실재론에서 제시하는 실재적 영역에 존재하는 객체에 대한 과감한 탐구를 수행해야 한다.

두 번째 연구 제안은 비환원주의 이론과 인격적 지식을 추구해야 한다는 점이다.[31] 주류경영학은 과학적으로 정당화되는 객관적 지식을 추구한다. 또한 과학주의 혹은 물리주의와 같이 환원주의적 경영학 이론을 추구한다. 특히 측정할 수 있고 검증될 수 있는 경험적 자료를 중시하고 이를 토대로 이론을 구성한다. 이 같은 접근은 기술의 본질과 인간의 본성 그 자체가 심각하게 도전받는 시대에는 한계를 지닐 수밖에 없다. 그러나 비판경영학은 하나의 대답은 더 많은 의문을 발생시키며 얇은 무지를 더 확대시킴으로써 학문이 성장한다고 주장한다. 비판경영학은 비환원주의 경영학 이론을 추구해 인류의 삶에 관련된 포괄적 양상 즉, 물리적·화학적·생물적·심리적·사회적·윤리적·종교적 양상 같은 것들 중 어느 하나도 포기하지 않으며 우리 삶을 풍성하게 할 측면들을 고려해 이론화한다.[32] 이런 비환원주의적 이론이야말로 주체성과 사회성이 존중될 세계에서 기업들이 제공할 제품과 서비스가 무엇이어야 하는지를 더 분명하게 제시해줄 뿐 아니라 인류의 번영도 추구할 수 있게 해준다. 비판경영학은 궁극적으로 인간의 얼굴을 한 지식 또는 인격적 지식을 탐구함으로써 인식 주체자의 개입을 적극 수용할 뿐 아니라 경영학이 사회적 책임을 다하는 지식이 될 수 있는 방안을 모색한다.

세 번째 연구 제안은 초월적 방법론을 통해 실재의 영역 간 추론을 시도해야 한다는 점이다.[33] 사회과학은 자연과학과는 구분되는 방법론적 적절성을 확보해야 한다. 앞에서 설명한 것처럼 비판경영학에서는 경험적 영역을 넘어, 경험적 영역과 경험과는 구분되는 실재적 영역 간의 추론을 추구한다. 자연 세계와 사회 세계를 동일시하고 자연 세계 연구 방식을 그대로 사회 세계에 적용하는 데는 한계가 있다. 자연 구조와 달리 사회 구조는 행위 의존성, 개념 의존성, 시공간 의존성이라는 측면에서 존재론적으로 차이가 있다.[34] 사회구조의 행위 의존성은 그것이 인간 행위를 통해서 그 존재가 드러난다는 것을 말한다. 개념 의존성은 행위 주체 자신의 활동에 대한 관념이 없이는 사회 구조가 존재하지 않는다는 것을 의미한다. 시공간 의존성은 자연 구조와는 달리 사회 구조는 보편적이지 않고 시공간의 제약을 받는다는 측면을 의미한다. 따라서 이런 차이로 인해 사회과학에서는 보편적 타당성이 아니라 맥락적 타당성을 추구하는 노력이 요구된다.

요약하면 미래에 다가올 경영환경의 변화에 대응하고 인류의 삶을 보존하고 향상시킬 경영학을 위해서는 주류경영학만으로는 충분하지 않고 비판경영학으로 보완해야 보다 충만한 경영학으로 나아갈 수 있다.


## 경영학 교육을 위한 제안

비판경영학 입장에서 우리는 3가지 교육 제안을 하고자 한다. 인격적 사고의 함양, 열린 물음이 평가되는 교육, 이중적 논법을 통한 융합 추구가 그것이다.


### 인격적 사고의 함양

첫 번째 교육 제안은 '인격적 사고의 함양'이다. 왜 새로운 교육이 필요한가? 다가올 미래에는 4차 산업혁명같이 현재 진행되고 있는 과학기술들의 발전으로 인해 인간 삶의 양식과 사회의 구조가 변화되는 폭과 속도는 어느 시대보다도 현저하고 급속하다. 이 변화는 인간을 미지나 무지의 영역으로 들어서게 하며, 그럼으로써 불확실성과 위험성도 함께 고조시키고 있다. 이러한 문제들에 능동적이고 선도적으로 대처하려면 산업 사회의 대량생산에 맞춰서 표준화된 인력을 양성했던 기존의 교육 패러다임을 근본적으로 성찰할 필요가 생긴다. 기존 패러다임에서 통했던 주입식 교육 방식 즉, 지식 또는 앎을 기반으로 하는 학문관에 의거해 교수자가 가치중립적인 지식의 전수자로서 학습을 주도하고 학생은 정해진 답을 흡수하는 교육 방식을 재고해봐야 한다.

설문조사 결과를 보면 경영학 교육의 가장 중요한 목적으로 이상적으로 생각할 때는 '폭넓은 관점을 가진 최고경영자로 성장할 인재 양성'(34%)과 '다양한 분야의 사회적 리더 양성'(28%) 순으로 나왔지만, 현실적으로는 현재 경영대학에서 강조하는 것은 '기업에서 곧바로 활용할 수 있는 역량을 가진 인재 양성'(38%)과 '경영 세부분야(재무, 마케팅, 인사, 회계 등)의 전문인 배출'(30%)로 나와서 대조를 이룬다.

앞에서 언급한 변화와 도전에 대응해 '경영학의 위기'를 극복하기 위해 흔히 제안되는 것이 인문학과의 융합을 통한 인문학적 사고의 함양이다. 많은 기업에서 인문학 교육이 활성화된 것도 이런 배경이라고 볼 수 있다.

경영학이 교육혁신을 위해서 인문학과의 융합을 필요로 한다면, 현실적인 이유들은 무엇인가? 한 이유는 독립된 하나의 학문 영역으로서의 경영학은 역사가 길지 않아서 읽힐 만한 경영학만의 고전이 다른 학문에 비해 상대적으로 부족하기 때문이다. 다른 이유는 현재의 경영학은 실증적이거나 경험적인 지식 위주로 구성되어 있어서 실재에 대한 빈곤한 인식과 상상력의 부족을 갖게 만들기 때문일 것이다. 또 하나는 실용적이고 실무적인 지식에 치중한 경영학이 생산하는 지식들의 생명 주기가 점점 짧아지는 현상이 발생하기 때문이다. 이 같은 진단에 의거해 경영학은 인문학적 지식을 필요로 하고 인문학적 사고를 함양해야 한다는 것이다. 설문조사 결과를 보면 윤리적 지혜 없이 경영 전문지식만으로 좋은 경영자가 될 수 있는지에 대한 질문에는 86%가 부정 응답을 했고, 경영철학의 관점을 갖추는 것이 좋은 경영자의 중요한 조건이 된다는 긍정 응답도 81%를 차지했다.

경영학에 진정으로 요구되는 것은 '인문학적 사고'가 아니라 '인격적 사고personal thinking'다. 인문학적 사고란 인문학으로 분류되는 학문들의 지식을 습득함으로써 얻을 수 있는 어떤 생각, 태도 혹은 관점일 것이다. 인문학 지식을 통해 경영학 전공자들의 생각이 다양하고 풍성해질 수 있으며, 당장 활용할 지식을 넘어 통찰력을 체득할 수 있을 것이다. 그러나 이것으로 충분한가? 인문학과의 융합을 통해 인문학적 사고를 함양함으로써 경영교육 대혁신이 이뤄지는가? 충분하지 않다. 그래서 인문적 사고 혹은 인격적 사고의 필요성을 제기하고자 한다.[35]

그러면 인격적 사고란 무엇인가? 첫째, '익숙함과 당연함에 대한 의문과 도전'을 행하는 사고를 말한다. 인식적으로 익숙하게 된 자신의 관점이나 태도의 토대에, 그리고 규범적으로 당연시해온 믿음이나 가치 토대에 균열을 가해 그 정당성이나 실효성을 요동치게 하는 사고다. 그러나 의심하게 하고 요동치게 하는 것이 목적이라면 단순한 회의에 그치겠지만, 인격적 사고란 그러한 도전을 통해 더 확고한 토대를 찾아서 그 위에 자기 자신을 계속 세우려고 노력하는 사고다. 이 점에서 인격적 사고란 '창조적 파괴이며 파괴적 창조'다.

둘째, 인격적 사고는 인간의 본성과 그 한계를 소중히 여기며, 인간의 삶과 역사의 의미와 가치에 대한 근본적인 성찰로부터 출발하는 사고를 말한다. 이러한 성찰로부터 단순한 회의를 넘어서 창조와 파괴를 지속하려는 노력이 촉발되는 것이다. 다시 말해 인간이 누리는 생명의 유한성과 오류의 회피 불가능성으로 인한 인간의 불완전성을 인정하고, 그로부터 동일한 처지의 다른 사람들을 이해하고 관용하려는 사고다. 여타의 동물들은 웅크려 상처를 노출시키지 않으려 하지만, 인간은 취약성을 드러내 스스로가 비판의 과녁이 되려고 한다. 그렇게 하려는 것은 무모함이나 어리석음이 아니라 불확실한 상황에서 닥칠 수 있을 위험으로부터 유한하고 불완전한 존재가 택할 수 있는 자신을 보호할 최선의 길이다. 인격적 사고는 이런 '강인한 취약성'으로부터 기원한다. 또한 제기되지 않았던, 낯설게 느껴지는 문제나 과제에 적극 직면하게 하는 방식을 통해 자신의 인식과 판단의 모순과 한계를 송두리째 드러내 밝히려는 '불완전한 존재의 당당함'이다.

### 열린 물음이 평가되는 교육

두 번째 교육 제안은 '열린 물음이 평가되는 교육'이다.[36] 첫 번째로 제안한 '인격적 사고'는 물음의 진정한 면모를 확인시켜준다. 인격적 사고에서의 물음이란 익숙함과 당연함을 의문시하고 도전하는 것, 다름 아닌 '물음을 묻는 것'이다. 지식의 축적을 위한 물음이 아니라 지혜를 위해 생각을 하게 하는 물음이다.[37]

그러면 열린 물음이란 무엇인가? 사유를 시작하게 하는 물음이며, 각자가 '다르게' 사유할 수 있게 해주는 물음이다. 정답으로 제시될 대답을 이끌어내기 위한 물음, 상대방의 지식 정도를 평가하기 위한 물음, 혹은 상대방을 궁지에 몰아넣기 위해 묻는 전략적 물음은 열린 물음이 아니다. 이런 물음은 사유에 기반하지 않는 것인데, 사유란 그 본성에 비추어보면 자유로움을 전제한다. 정해진 정답을 찾아가는 것 혹은 각본에 따라가는 것은 반복이자 암송이며 우리가 말하고자 하는 의미의 사유가 아니다. 열린 물음이란 묻는 대상의 본질과 의미를 향한 물음이다. 본질과 의미를 향한 물음이기에 다르게 사유될 수 있고 다르게 대답될 수 있다. 소크라테스가 "캐묻지 않는 삶은 살 만한 가치가 없다"고 다소 극단적인 주장을 했을 때, 그가 염두에 둔 물음도 본질을 향한 또는 근원이나 근본을 파고 들어가는 열린 물음이었다.[38]

열린 물음은 어떤 역할을 하는가? 이런 물음은 미지의 또는 무지의 영역으로 들어서게 해준다. 정답 맞히기는 맞히는 학생과 그렇지 못한 학생을 뚜렷하게 구분시켜주지만, 캐묻는 물음인 열린 물음은 무지의 영역에 참여하도록 집중시킨다. 무지의 광대하고 무한한, 그렇기에 어떤 한 지점에서 종결되는 것이 아니라 계속 물을 수밖에 없게 하는 영역으로 발을 내딛게 해준다.

역사상 획기적인 기여를 했던 많은 인물은 혁신적인 물음과 씨름

했던 사람들이다. 그들의 물음은 이후에 오랜 기간 동안 연구 분야를 창출하게 만들었으며 따라서 무지의 영역을 확대시켰다. 이제 정답을 맞히는 학생들만 평가에서 우수한 성적을 받던 교육 시스템이, 다가올 AI 시대에도 여전히 유효한지 물어야만 한다. 물음을 잘 던지는 학생이 평가를 잘 받을 수 있으려면 교육 시스템이 어떻게 변화되어야 하는지 이제 고민을 해야만 한다.

**이중적 논법을 통한 융합 추구**

세 번째 교육 제안은 '이중적 논법을 통한 융합 추구'를 위한 역량 제고다. 경영학은 인문학과 융합해야 하지만, 그것에 만족해서는 안 된다. 이중적 논법이란 '부동의 운동' 혹은 '하나인 모두' 등에서 볼 수 있는 것과 같이 "내용상 서로 모순되는 두 개념을 하나로 묶어 사용하는 독특한 사유와 표현 방법"[39]이다. 서구 문명의 발전을 살펴볼 때 히브리 종교와 그리스 철학 즉, 헤브라이즘과 헬레니즘의, 인류 최초의, 최고의 종합을 통해 우리는 그 문명을 탄생시킨 원동력을 발견할 수 있다.[40]

경영현상에서 융합이 불가피한 것은 인간의 삶 자체에 근원적으로 내재한 이중성, 모순 혹은 부조리 탓이다. 예컨대 인간의 행위나 정책 등은 단일한 의미보다는 이중적인 또는 다중적인 의미가 있다. 예를 들면 개개인이 자식을 잘 교육시키기 위해 노력하는 것은 사회적으로는 과도한 교육열로 이어지며, 어떤 기업의 성공은 다른 기업의 실패와 무관하지 않다. 이러한 모순, 부조리, 이중성은 인간 삶과 사회생활에서 제거될 수 없는 본질적인 부분이다. 경영학이 인간의 삶에 관한 지식이라면, 인간의 삶과 사회를 유익하게 하는 지식이라면, 경영학 전공자로 하여금 이러한 이중성, 모순 혹은 부조리에 직면하도록 해서 이것들에 대한 통찰에 깊은 관심을 가지도록 해야 할 것이다.

비판경영학 관점에서 보면, 그 자체로 자명하여 비판으로부터 자유로운 것은 없을 것이다. 비판경영학은 경영현상의 본질에 대해 물음을 제기하지 않는 관습주의적 태도를 거부한다. 더 깊이 들어가서 그러한 비판으로부터 연구의 새로운 방향성이, 또는 창조적이고 융합적인 사고가 창출될 수 있다고 주장한다. 그렇게 함에 있어서 모순적인 것들을 함께 묶어 표현하고 수용하고 활용해, 복합적이고 다층적인 경영현상을 이해하고 설명하고 발전시키는 방향으로 나아가야 한다.


## 현대 문명의 저수지인 경영학을 위한 제언

경영학은 짧은 역사에도 불구하고, 학문적인 총체성과 유연성을 통해 다양한 분야의 성과들을 적극 수용하면서 발전한 학문이다. 요컨대 경영학은 인간, 기업, 기술, 자본, 정보 등의 자원들이 수렴되는 곳이며, 이론과 연구와 교육과 실천이 모두 수행되는 독특한 학문 분야로서 '현대 문명의 저수지'인 것이다. 어떤 것이 인간 삶을 윤택하게 해준다면, 그리고 인간 사회를 발전시켜준다면 모두 경영학의 연구 대상이 된다. 이 점에서 경영학이란 인간 삶의 모든 측면을 '이미' 융합한 분야이고, 그러나 '아직', 삶의 양식이 변화되어가는 한, 계속해서 융합해가야 하는 분야다.

이를 위해, 한편으로는 경영학 세부 분야별 통합적 접근이 필요하다. 설문조사에서도 세부전공별이 아닌 통합적 교육의 필요성에 긍정 응답이 73%를 차지한다. 다른 한편으로는 인문학적 사고를 위해 다른 학문 분야와의 융합을 시도하는 것도 필요하지만, 그러나 이것만으로는 충분하지 않다.

경영학이란 인간의 단순한 '생존 유지'에 관한 학문이 아니라 인간의 '삶'에 관한 학문이며, 그런 점에서 어느 분야 못지않게 '사람다운 사고' 혹은 '인격적 사고'를 할 수 있는 말하자면, 가장 비옥한 토양을 갖춘 영역인 것이다. 인간의 본성과 한계를 인식하고 무지의 영역으로 들어서게 하는 물음을 물을 수 있는 최적의 자원을 제공하는 분야가 바로 경영학인 것이다.

기업은 시장과 다르며, 경영학은 경제학을 포함한 다른 사회과학에 의존적이지 않은 독립적이고 독특한 분야다. 경영학의 위기를 극복하는 길은 다른 학문 분야들과의 통합적 또는 융합적 접근을 시도하는 것만으로는 충분하지 않다. 독특한 학문적 특성을 가진 경영학 그 자체에 대한 존재론적, 인식론적, 윤리학적 기반에 관한 다양한 논의와 깊이 있는 성찰을 통해 가능해진다. 또한, 주류경영학의 틀에 구속되지 않고 그 틀을 깨고 나오는 비판경영학적 관점을 확고히 하고 보완함으로써 가능해질 것이다.

**1** 조사에 참여한 사람은 총 148명이며, 이 중에서 경영학 교수가 111명으로 75%를 차지한다.

**2** 비판적 실재론에 대해서는 다음을 참조. Archer, M., Bhaskar, R., Collier, A., Lawson, T., & Norrie, A. (Eds.) (1998), *Critical realism: Essential readings*, London and New York: Routledge; Bhaskar, R. (1975/2008), *A realist theory of science*, London and New York: Verso; 이기홍, 《사회과학의 철학적 기초: 비판적 실재론의 접근》, 한울, 2014.

**3** 바스카는 존재론적 실재론, 인식론적 상대주의, 판단적 합리주의를 비판적 실재론의 성삼위일체라고 부른다. 이 세 입장은 동시에 견지되어야 한다. 이기홍, 《로이 바스카》(커뮤니케이션북스, 2017) 참조.

**4** Bhaskar, R. (1998), Philosophy and scientific realism. In M Archer et al. (Eds.), Ibid, p. 41.

**5** Bhaskar (1975/2008), Ibid. 여기서 '실재의 영역'은 세 영역을 포괄하는 의미이고, '실재적 영역'은 현실적 영역과 경험적 영역과 구분되는 하나의 영역을 의미한다. 이 두 개념은 구분해서 이해해야 한다.

**6** Bae, J., Kang, C., & Kim, Y. (2016), Human-to-value creation to value-to-human creation: Toward a philosophy of human resource management. In D. L. Stone & J. H. Dulebohn (Eds.), *Research in human resource management: Human resource management theory and research on new employment relationships*. Vol. 1: 151-194. Charlotte, NC: Information Age Publishing.

**7** Fleetwood, S. (2004), An ontology for organization and management studies. In S. Fleetwood & S. Ackroyd (Eds.), *Critical realist applications in organization and management studies*: 25-50. London, UK: Routledge.

**8** Dooyeweerd, H. (1979), *Roots of Western culture: Pagan, secular, and Christian options*. Toronto, Canada: Wedge Publishing Foundation.

**9** Moran, P., & Ghoshal, S. (1999), Markets, firms, and the process of economic development. Academy of Management Review, 24(3): 390-412; Simon, H. A. (1991), Organizations and markets. Journal of Economic Perspectives, 5: 25-44; Williamson, O. E. (1991), Comparative economic organization: The analysis of discrete structural alternatives. Administrative Science Quarterly, 36(2): 269-296.

**10** 이기홍 (2017), 앞의 책; 배종석, '인사조직 분야의 존재론적 기반', 〈인사조직연구〉 24(4), 2016, pp. 165~201.

**11** 배종석 (2016), 앞의 논문.

**12**   Polanyi, M. (1967), *The tacit dimension*. Garden City, NY: Doubleday & Company.

**13**   Hay, C. (2006), Political ontology. In R.E. Goodin & C. Tilly (Eds.), The Oxford handbook of contextual political analysis, Oxford University Press, pp.78-96.

**14**   Bhaskar (1975/2008), Ibid.

**15**   플라톤이 《테아이테토스(Theaetetus)》에서 이런 정의를 고려했다고 알려져 있다.

**16**   Gettier, E. L. (1963), Is justified true belief knowledge? Analysis, 23(6): 121-123.

**17**   강영안, 《인간의 얼굴을 가진 지식: 인문학의 철학을 위하여》, 소나무, 2002.

**18**   Polanyi, M. (1958), Personal knowledge: Towards a post-critical philosophy, London: Routledge & Kegan Paul; Zagzebski, L. (2009), On epistemology. Belmont, CA: Wadsworth; 강영안 (2002), 앞의 책.

**19**   이기홍 (2017), 앞의 책.

**20**   Bhaskar, R. (1979/2015), *The possibility of naturalism: A philosophical critique of the contemporary human sciences*, London and New York: Routledge, p.59.

**21**   강영안 (2002), 앞의 책; 이기홍 (2017), 앞의 책; Polanyi (1967), Ibid.

**22**   강영안 (2002), 앞의 책.

**23**   이 내용은 Ghoshal(2005)이 Elster(1983)를 인용하면서 설명한 바 있다. Elster, J. (1983), *Explaining technical change: A case study in the philosophy of science*, Cambridge, UK: Cambridge University Press; Ghoshal, S. (2005), Bad management theories are destroying good management practices. *Academy of Management Learning and Education*, 4: 75-91; 배종석 (2016), 앞의 논문.

**24**   이와 관련된 추론은 가추와 역행추론이 있다. 경험적 영역의 사건들/사실들 및 유형/규칙성에서 실재적 영역의 사건들/사실들, 즉 특정한 인과적 힘을 가진 객체를 상정하는 방향으로 추론하는 양식이 가추다. 역행추론은 실재적 영역에 포함되는 객체가 존재한다면 그것이 발생시킬 경험적 사건 및 그것의 유형과 규칙성으로 되돌아가는 추론이다. 이기홍 (2014), 앞의 책, 4장 참조.

**25**   윤리학적 개념들과 속성들의 근거를 '반성하는(think about)' 학문이 메타윤리학이다. Fisher, A. (2011), *Metaethics: An introduction*, New York: Acumen. pp.1-2; 메타윤리학에 관한 개괄은 "Metaethics," by Kevin M. DeLapp, *The Internet Encyclopedia of Philosophy*, ISSN 2161-0002, www.iep.utm.edu/, 2018.9.22 참조.

26  규범윤리학에 관한 유용한 안내서로는 다음을 추천한다. Pojman, L.P. & Fieser, J. (2011), *Ethics: Discovering right and wrong*. Boston, MA: Wadsworth, Cengage Learning; 루이스 포이만, 제임스 피저 지음, 조현아·류지한·김상돈·박찬구 옮김,《윤리학: 옳고 그름의 발견》, 울력, 2010; Driver, J. (2013). *Ethics: The fundamentals*. Malden, MA: Blackwell; 결과주의, 의무주의, 덕윤리학에 대한 각각의 주요한 주장들과 각 이론들 간의 차이점에 관한 소개서로는 Baron, M.W., Pettit, P., & Slote, M.A. (1997), *Three methods of ethics: A debate*. Malden, MA: Blackwell.

27  자연주의와 비자연주의 외에 메타윤리학의 주요 이론들로는 표현주의(expressivism), 오류주의(error theory), 허구주의(fictionalism), 준실재론(quasi-realism) 등이 있다. 이에 대한 보다 자세한 내용은 다음을 참조. Chrisman, M. (2017), *What is this thing called metaethics?*, London and New York: Routledge; Sayre-McCord, G., "Metaethics", *The Stanford Encyclopedia of Philosophy* (Summer 2014 Edition), Edward N. Zalta (ed.), URL = <http://plato.stanford.edu/archives/sum2014/entries/ metaethics/.

28  Chrisman (2017), Ibid.

29  Kamm, F.M. (2007), *Intricate ethics: Rights, responsibilities, and permissible harm*, Oxford and New York: Oxford University Press, pp.11-12. 우리는 현재의 우리 주장에 적합하도록 비결과주의와 결과주의에 대한 Kamm의 정의에서 "옳거나 그름"을 "좋거나 나쁨"으로 대체했다.

30  "새로운 지식은 그 결과로 항상 새로운 문제들을 만들어낸다(New knowledge always brings new questions in it's wake)"라는, 레셔가 명명하는 바, 칸트의 물음의 증식 원칙(Kant's principle of question propagation)은 Rescher, N. (2006), *Epistemetrics*, Cambridge University Press, Chapter 4 참조. 칸트는 저서 *Prolegomena to Any Future Metaphysics*, Sect. 57에서 다음과 같이 언급하고 있다: "Every answer given on principles of experience begets a fresh question, which likewise requires its answer." 레셔는 칸트의 이 언급을 다음과 같이 해석하는데, "(칸트에 따르면) 설명에 관한 모든 과학적 방식은 이성을 만족시키기에 불충분하다"(p.31). 과학의 발전과 무지와의 관계에 대한 흥미로운 저술은 다음을 참조. Firestein, S. (2012), *Ignorance: How it drives science*, Oxford and New York: Oxford University Press; 스튜어트 파이어스타인 지음, 장호연 옮김,《이그노런스: 무지는 어떻게 과학을 이끄는가》, 뮤진트리, 2017.

31  비환원주의 이론에 대한 자세한 설명은 Clouser, R. A. (2005), *The myth of religious neutrality: An essay on the hidden role of religious belief in theories*. Notre Dame, IN: University of Notre Dame Press 참조; 인격적 지식에 대한 내용은 강영안 (2002), 앞의 책; Polanyi(1958), Ibid 참조.

32  다양한 양상에 대한 설명은 Dooyeweerd (1979), Ibid; Clouser (2005), Ibid 참조.

33  실재의 영역과 실재적 영역의 차이는 [표 1] 참조.

**34** 이기홍(2017), 앞의 책.

**35** 학문으로서의 인문학 및 철학과 삶으로서의 인문학 및 철학은 차이가 있다. 후자는 인문적 삶과 철학함에 강조점이 있다. 이 차이는 강영안, 《철학은 어디에 있는가: 삶과 텍스트 사이에서 생각하기》, 한길사, 2012 참조.

**36** 열린 물음 논증(open-question argument)은 원래 무어(G. E. Moore)에 의해서 제시되었다 [Moore, G. E. (1903), Principia ethica, Cambridge University Press, pp.62~69]. 우리의 글에서 제시된 '열린 물음'은 무어의 '열린 물음 논증'의 구조에 착안한 것이지만, 무어의 목적과는 다르다. 무어는 자연주의 윤리 이론을 반박할 목적으로 이 논증을 제시했지만, 우리의 목적은 '사유를 시작하게 하는' 물음으로서의 열린 물음을 강조하는 데 있다; 물음에 대한 수사학적 관점에서 깊이 있는 연구로는 Meyer, M. (2017), *What is rhetoric?*, Oxford University Press를 참조. 이 책에서 메이어는 "말하고 쓰는 사람들은 마음속에 물음(question)을 가지고 항상 그렇게 한다. 그들의 대화란 자신들이 참 또는 적합하다고 생각하는 (또는 대화의 상대방이 믿기를 원하는) 대답으로 또는 특정한 문제가 발생하는 상황에서 적절하다고 생각하는 대답으로 봐야 한다"(p. 80)고 주장한다.

**37** '지식의 시대'에서 '생각의 시대'로 전환되었음을 주장하는 관점도 있다. 단순한 지식의 축적을 넘어 새로운 변화를 전망하고 해석하고 판단해 새로운 지식으로 나아가게 하는 사고 능력을 확보하게 하는 '생각'과 그 도구들이 중요하다는 것이다. 이에 대한 자세한 설명은 김용규, 《생각의 시대: 역사상 가장 혁신적인 지혜와 만나다》(살림, 2014)를 참조.

**38** Plato's Apology (38a5-6); 플라톤 지음, 박종현 옮김, 《에우티프론, 소크라테스의 변론, 크리톤, 파이돈: 플라톤의 네 대화 편》, 서광사, 2003.

**39** 이중적 논법은 아서 러브조이(Arthur Lovejoy)의 《존재의 대연쇄》에서 언급한 것이다. 김용규, 《신: 인문학으로 읽는 하나님과 서양문명 이야기》(IVP, 2018), p.152에서 재인용했다.

**40** 김용규(2018), 앞의 책.

# 05

# 경영대학 교육과정 혁신

**이상민, 최성진**

한양대학교 경영대학

경영학 교육은 학문적인 수월성 확보를 기본으로 하되 실용성과 사회적인 책무성을 갖춰 시대 수요에 발맞춰 나가는 것이 중요하다. 그러나 현행 학부 경영교육은 공급자 위주의 기능적인 전공으로 분화되어 4차 산업혁명 시대가 요구하는 인재를 양성하는 데 일정한 한계를 노정하고 있다. 이러한 배경을 바탕으로 5장에서는 경영학 교육과정의 혁신 방법으로 전체 교육과정을 재구조화하는 보다 거시적 접근을 제안하려고 한다. 즉 수요자 중심으로 개발된 4개의 역량 단계와 3개의 교육 방법에 기반한 BIBE 모델을 제시해 기존의 공급자 중심의 교육과정과 융합형 교육과정과 구별되는 능동적이며 적시적인 비즈니스 및 기술 역량을 배양하는 데 주력했다. 이 교육 이론을 바탕으로 비즈니스랩과 프로젝트 학기제라는 새로운 체험형 경영학 플랫폼을 공유하려고 한다.

## 경영대학 교육과정 혁신 제안의 배경

경영학 교육과정curriculum의 사회적인 책무성과 실용성을 강화하기 위해 그동안 여러 시도가 있었음에도 실질적인 성과는 미흡했다. 따라서 실무 역량 강화와 산업과의 연계를 통한 교육혁신을 목표로 교육과정을 개발하고 이를 실천하려는 시도는 시급하다.

이에 한양대학교에서는 2년 동안 개발해온 교육과정 혁신의 과정을 점검하고 이를 이론화 및 체계화할 필요성을 절감하게 되었다. 나아가 이 시도를 대한민국 경영학계에 소개하고 부족한 점을 보완하며 보다 발전적인 모델을 공동 검토해 종국적으로는 새로운 경영학 교육과정 모델을 확산하려고 한다. 이러한 차원에서 산학 연계 강화와 학생 창업을 지원하는 새로운 교육과정인 BIBE를 제안하는 동시에 이를 발전적으로 응용할 수 있는 교육과정의 프레임을 구체적으로 소개하려고 한다.

이 같은 교육과정 혁신을 통해 융합적인 사고와 현장 적응 역량 ,

최근 화두가 되고 있는 청년 창업의 경험을 제고해 경영대학이 새로운 부가가치를 창출하며 일자리를 만들어내는 실용적 지식의 기지로서 사회에 기여하기를 기대한다.

## 현재의 경영대학 교육과정

우리나라에서 경영학 교육과정 혹은 교과과정에 관해 본격적으로 논의하기 시작한 1960년대 초반 이후부터 교육과정 체계는 재무, 회계, 생산 관리, 경영정보 시스템MIS: Management Information System, 마케팅, 전략, 인사, 국제경영 등 경영학의 주요 기능 분야를 중심으로 구성되었다.[1] 경영학 원론이나 캡스톤 디자인capstone design 등 일부 과목들은 경영학 전반을 다루거나 경영기능별로 발달한 분과 학문 간의 학제 간 접근을 시도했지만, 교육과정을 구성하는 절대 다수의 과목들은 경영학의 세부전공들을 기초로 이뤄졌다.

이러한 현행 학부 경영교육의 장단점은 다음과 같다. 장점은 대기업이 필요로 하는 주요 기능에 대한 세부 이론과 사례를 체계적으로 교육해 대기업에 적합한 인재를 양성하며 주주가치 극대화 달성을 위한 효율성 지향 교육을 제공할 수 있다.

그러나 이러한 전통적 교육과정은 단점이 적지 않다. 4차 산업혁명에 따른 기술 트렌드와 같이 분과 학문을 아우르는 시대적 변화를 통합적으로 이해하고 주도할 경영인재 양성을 위한 교육 프로그램 개발에 미흡하다는 것이다. 또한 현행 교육과정은 대기업에 필요한 양산형 인재 양성을 목표로 분절된 교육이 이뤄지고 있어 기능적 지식을 융합해 현장의 복잡한 문제를 통합적으로 풀 수 있는 능력 개발이 부족하다. 기술의 급속한 발달과 함께 경영자와 기업 구성원에게 AI, 소프트웨어 및 앱 개발, 빅데이터 분석, 디지털 마케팅 등에 대한 심도 있는 이해와 적용을 가능하게 하는 기술적 역량이 필요하지만, 현행 경영교육 시스템은 학부생들의 니즈를 충족시키지 못하고 있다. 비즈니스와 기술혁신으로 인해 야기되는 다양한 사회적 문제의 심각성과 원인, 해결 방법에 대해서도 충분한 관심을 두지 못하고 있다. 마지막으로 공과대학의 실험실 혹은 랩lab 위주의 교육 시스템과 비교해볼 때 현행 경영교육 시스템에서는 이론의 응용 및 실습, 현장 체험의 기회가 부족하며 실무 체험을 위한 수업 및 상아탑 밖과의 연계 프로그램이 전반적으로 부족하다는 평가를 받고 있다.

## 융합형 교육과정

오랜 동안 관행으로 정착한 교육과정을 일거에 바꾸는 일은 일반적으로 쉽지 않다. 또한 학교마다 처해 있는 상황이 다르고, 교육과정을 통해 지향하는 구체적 목표도 다양할 수 있으므로 여러 방식을 고려하고 특정한 방식을 선택하거나 복수의 방식을 결합하려는 노력을 기울여야 한다.

Walker & Black(2000)[2]에 따르면, 경영학 교육과정은 세부전공

**[그림 1] 경영학 교육과정의 3가지 차원**

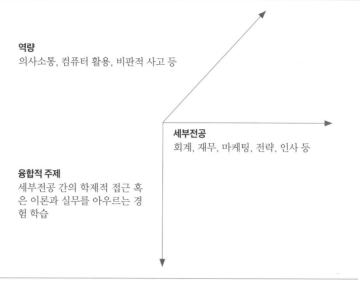

**역량**
의사소통, 컴퓨터 활용, 비판적 사고 등

**세부전공**
회계, 재무, 마케팅, 전략, 인사 등

**융합적 주제**
세부전공 간의 학제적 접근 혹은 이론과 실무를 아우르는 경험 학습

출처: Walker & Black(2000) 수정 인용

disciplines, 역량skills, 융합적 주제integrative theme 등 크게 3가지 차원으로 구분된다. 첫째, 세부전공은 기존의 전통적인 경영학 분과 학문에 해당하는 차원이다. 둘째, 역량은 교육과정 혹은 개별 교과목들을 육성하고 개발하기 위해 설정한 목표 차원으로 의사소통 능력, 컴퓨터 활용 능력, 비판적 사고 능력 등이 속한다. 셋째, 융합적 주제는 세부전공 간의 전통적 구분을 극복하고 학제적으로 접근하는 차원을 의미하거나 전통적인 이론 중심의 학습과 실무적 경험을 통합하는 경험학습 지향의 차원을 의미한다.

이러한 차원 구분에 기초해 경영학 교육과정의 혁신 방법은 미시적 접근과 거시적 접근으로 구분된다. 미시적 접근은 교육과정의 구성 요소인 교과목 체계를 그대로 두고 개별 교과목 차원에서 점진적으로 이뤄지는 혁신을 의미한다. 반면 거시적 접근은 개별 교과목을 넘어서 전체 교육과정을 재구조화하거나 구성 원리를 수정하고 개선함으로써 체계를 개편하는 것이다. 그러므로 미시적 접근은 개별 교과목을 담당하는 교강사(교수와 강사)들이 개인적으로 추구하는 형식을 취한다면, 거시적 접근은 단과대학 혹은 하부 단위의 조직 수준에서 전체적인 조정과 합의를 기초로 이뤄지는 형식이라고 할 수 있다.

예를 들어 세부전공 구분에 기초한 교과목들의 목표와 내용에 4차 산업혁명을 위한 기술, 이론, 사례 등을 적용하거나 실무적 경험과 결합된 경험 학습을 지향하게 된다면 미시적 접근에 해당하는 것이다. 경영대학 차원에서 교육과정의 구성 원리를 개편하고 학제간 접근에 기초한 새로운 교과목들을 개설한다면 거시적 접근에 해당한다.

교육과정 개선의 미시적 접근은 개별 교강사에 의해 점진적이고 지속적으로 이뤄지고 있지만, 교육과정의 전체 체계를 일관되고 혁신적으로 변화시키는 데는 한계가 있다. 그러므로 교육과정 혁신을 논의할 때 핵심 방법은 거시적 접근이다. 거시적 접근의 대표 방법은 분과 학문별로 세분된 전공과목 간의 장벽을 철폐하고 통합적이고 융합적인 전공과목들을 개발하는 것이다. 이를 위해 교육과정 체계 구성 시에 유사전공들을 통합해 이를 기초로 전공과목들을 개발하는 것이다.

현재 대부분의 경영대학 교육과정을 [표 1]에서 확인해보면 다

**[표 1] 현재 전공 분야 중심의 교육과정**

| 이수구분 / 전공 | 마케팅 | 국제 | 재무 | 회계 | 생산 | MIS | 인사조직 | 전략 | 공통 |
|---|---|---|---|---|---|---|---|---|---|
| 심화과목 | 마케팅전략 광고판촉론 국제마케팅 유통관리 | 국제경영전략 글로벌 브랜드관리 글로벌 기업가정신 | 채권금융론 파생증권론 금융기관론 | 고급회계 세무회계 재무재표분석 | 품질경영 프로젝트경영 정보기술전략 | 경영데이터 마이닝 모바일 비즈니스개발 IT비즈니스와 신사업 | 조직개발론 인사관리 노사관계 인적자원개발 | 중국비지니스 전략 CSR 전략 경쟁전략론 혁신전략론 | 계량경영 지식경영과 의사결정 비즈니스 실습 비즈니스 트렌드 경영학특강 |
| 기초과목 | 마케팅 관리 | 국제경영 | 재무관리 | 재무회계 | 오퍼레이션 관리 | MIS | 조직행동 | 전략경영론 | 경영의 이해 경제원론 기업정보의 이해 |

분히 공급자 위주의 교육 프로그램이다. 즉 경영학의 연구 분야인 8개 전공으로 분절해 벽을 쌓고 이 전공 내에서만 연결된 과목을 수요자인 학생들에게 제공하고 있다. 원래 이러한 전공별 구분은 교육 목적에서 시작된 것이 아니라 다분히 교수들의 연구 편의와 고정관념에서 시작한 측면이 크다. 이러한 공급 위주의 학제 구조 는 학문 분야를 세분화하며 전공의 깊이를 심화할 수 있지만, 사회 적 대응성이 약화되며 산업체 수요의 반영에 상당한 제한을 가하게 되어 교육의 본질을 구현하는 데도 부정적 영향을 끼치게 된다.[3]

이에 따라 기존에 연구중심의 전공의 벽을 허물고 융합 교과를 강조하기 위해 [표 2]와 같은 통합 학제를 예시적으로 생각해볼 수 있다. 이는 기존 8개로 나눠진 전공 분야를 마케팅, 재무회계, 생산 (생산, MIS 포함), 매니지먼트(전략, 국제경영, 인사조직 포함)로 통합해 단 순화한다. 전공 분야별로 기초과목과 심화과목의 이수 구분을 두는 방식을 유지하지만, 심화과목에 학제 간 접근을 통한 융합적 주제

[표 2] 융합형 교육과정 예시(발전 1단계)

| 이수 구분 / 전공 | | 마케팅 | 재무&회계 | 생산 | 매니지먼트 |
|---|---|---|---|---|---|
| 심화 과목 | 전략 | 마케팅전략 | 재무전략 | 생산전략 | 조직전략 |
| | 국제 경영 | 국제마케팅 | 국제재무 | 국제생산관리 | 국제인적자원 관리 |
| | IT | 마케팅정보 시스템 | 재무정보 시스템 | 생산정보 시스템 | 인사정보 시스템 |
| 기초과목 | | 마케팅관리 | 재무관리 재무회계 | 오퍼레이션 관리 | 조직행동 |

를 다룰 수 있는 가능성을 구조화하는 것이다.

이러한 체계는 소폭의 변화를 발생시켜 저항을 최소화할 수 있는 융합형 교육과정으로, 기존의 교육과정을 크게 바꾸지 않는 대신 전공을 8개에서 4개로 축소함으로써 학생들이 의무적으로 이수해야 할 전공과목의 수를 줄이고 개인별 적성에 따라 전공과목을 선택할 수 있는 재량을 강화할 수 있다. 또한 교과목 개발에서 유사전공 간에 융합적 주제를 다루는 교과목을 신설할 계기를 마련할 수 있을 것이다.

## BIBE 교육과정

융합형 교육과정 운영은 장점과 함께 단점도 있다. 융합의 과정이 기능상의 분화에 기반한 것이 아니라 기존에 분절된 전공 분야 중에서 유사한 영역을 기계적으로 합쳤다는 비판이 가능할 것이다.

예를 들어 생산은 기존 생산관리와 MIS를 합병한 것이고 매니지먼트는 전략, 국제경영, 인사조직 구분을 단순히 하나로 묶었다는 것 말고는 커다란 차이점을 발견하기 어렵다. 심화과목에서 학제 간 접근을 유도하는 방식에도 단점이 있다. 즉 기계적인 융합은 기존 교육과정에 하나의 변종에 불과할 수 있다. 더욱이 중요한 것은 4차 산업혁명으로 다양한 비즈니스 기회가 창출될 것으로 예상되면서 실험 실습 기반의 현장형 교육 등에 대한 수요가 폭증하고 있는 데 대한 대응이 미비하다는 것이다.

예컨대 최근의 전 세계적인 포켓몬고 열풍에서 보는 것처럼 가상화virtualization를 통해 현실 공간과 가상 공간이 통합되고, 인간의 활동 영역이 현실 공간의 한계를 벗어나 가상 공간으로 확대되는 과정에서 수많은 신규 사업 기회가 창출될 것이다. 2020년까지 500만 개의 일자리가 사라지고 2025년까지는 일자리의 3분의 1이 소프트웨어나 로봇으로 대체될 것으로 전망되는데 기존 경영학 교육은 이 변화에 능동적으로 대응하기 어렵다. 대부분의 미래학자들은 가까운 미래에 AI 시스템에 의해 전문직 일자리가 크게 줄어들며 중산층이 붕괴하면서 빈부 격차, 교육 격차 등의 사회 문제가 심화될 것이라고 예상하고 있다.

이처럼 4차 산업혁명은 새로운 비즈니스 기회를 창출함과 동시에 다양한 사회 문제를 불러일으킬 것이다. 이에 따라 비즈니스 리더를 양성하는 경영학 교육도 교육 패러다임 자체를 근본적으로 변화시켜야 한다. 즉 기술의 발전으로 인한 신규 사업 기회를 십분 활용하는 동시에 인류가 당면할 사회 문제를 해결하는 데 앞장설 수

**[표 3] 역량 개발 단계별 주요 교육 과제**

| BIBE<br>역량 개발 단계 | 설명 |
|---|---|
| 1단계 준비 과정 | 문제인식 단계로 현장의 최고경영자/실무 전문가와의 대화 및 토론 등의 상호작용, 직접적 현장 관찰, 교수의 지도 등으로 이뤄짐. 교육과정상 공통 기초나 전공 기초과목에 해당. |
| 2단계 역량 구축 | 프로그래밍, 문제의 정식화, 문제해결을 위한 툴 활용 분석 기법의 적용 등을 통해 경영자가 직면하는 비즈니스 문제의 해결을 위한 체계적인 분석 및 종합적 처방을 도출할 수 있는 능력을 키움. 교육과정상 테크놀로지 관련 과목, 전공 핵심/심화 과목 등에 해당. |
| 3단계 문제해결 | 실제적인 현장 문제를 해결하기 위한 프로젝트를 설정하고, 팀워크에 의해 직접 문제를 해결해보면서 역량을 키우는 체험/경험 위주의 학습. 현재 교육과정상으로는 앱 개발 프로젝트나 필드스터디가 여기에 해당하나, 비즈니스랩 등을 활용한 추가적 교육모델 개발 필요. |
| 4단계 통합성 구축 | 빅 인텔리전스 같은 기술혁신의 경제사회적 파급효과를 사회 전체적 관점에서 파악하고 평가함으로써 디지털 격차, 빈부 격차, 인간 존엄성 훼손 등과 같은 경제사회 전반에 관한 인식 및 공감 능력을 키우고 지속 가능한 해결 방법을 모색하는 과정. 기존의 기업윤리, 기업의 사회적 책임 등의 과목에서 다루는 부분이었으나, 범위가 다소 제한적. 향후 문제해결을 강조하는 방향으로 확대 개편해야 함. |

있는 경영인재를 길러낼 수 있는 미래 지향적 특성화가 필요하다고 볼 수 있다.

4차 산업혁명의 핵심은 AI를 통해 실현될 스마트 자동화smart automation다. 현재 빅데이터 분석analytics에 머물고 있는 IT 산업은 곧 빅데이터 기반의 머신러닝, 지능형 알고리즘, 모사현실simulated reality을 조합한 AI 등을 활용하는 빅 인텔리전스 시대로 진화해갈 것이므로 빅 인텔리전스 시대가 요구하는 역량을 바탕으로 변화를 주도하고, 변화 과정에서 생기는 기회와 위협 요인들을 효과적으로 관

**[표 4] BIBE 교육과정 개요(발전 2단계)**

| 단계 | 탐색(E1) | 실험(E2) | 체험(E3) |
|---|---|---|---|
| 4단계 통합성 구축 | 전공 심화 | 전공 심화 | 사회혁신 실습 |
| 3단계 문제해결 | 전공 핵심 | 전공 핵심/전공 심화 | 비즈니스랩 교과<br>(프로젝트 학기) |
| 2단계 역량 구축 | 전공 기초 | 전공 기초/<br>기술 특화, 산학협력 | |
| 1단계 준비 과정 | 교양 필수/전공 기초 | | |

리할 수 있는 경영인재를 양성하는 일이 시급하다.

이에 따라 2017년 시작으로 해 4차 산업혁명 시대가 요구하는 미래 지향적 경영인재를 길러낼 수 있는 새로운 교육 패러다임을 BIBE로 정의하고 이에 맞는 특성화 교육과정을 개발하게 되었다. 예를 들어 BizNews(2016)는 4차 산업혁명 시대가 요구하는 인재의 역량으로 복잡한 문제해결 능력complex problem solving, 창의성creativity, 비판적 사고 능력critical thinking, 공감 능력emotional intelligence 등을 제시했다. 이는 경영학 교육에서도 일방적 지식 전달 방식의 전통적 교육 패러다임 대신 탐색Exploration, 실험Experimentation, 체험Experience 등 3E 방식에 바탕한 새로운 교육 패러다임이 요청될 것임을 시사하는 것이다.

이 배경에서 시작해 [표 3]에서 제안하는 이론적 논거에 따라 BIBE 교육과정을 제안했다. 특히 비즈니스 지식 전달에 치중했던 전통적 경영교육 패러다임을 탈피하기 위해 비즈니스 지식을 활용해 현장의 복잡한 문제를 해결할 수 있는 비즈니스 역량business capability, 기술에 대한 심도 있는 이해와 활용 능력을 바탕으로 비즈니스 솔루션을 도출할 수 있는 기술적 역량technological capability, 다양

## [표 5] BIBE 교육과정 구조

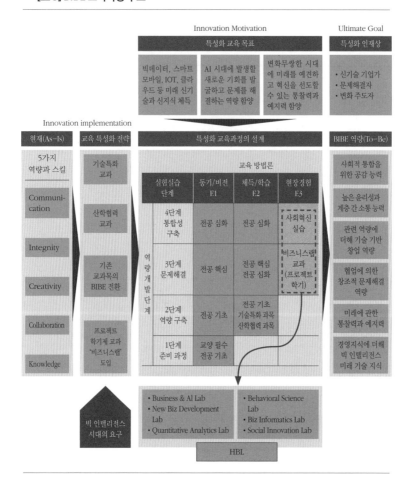

한 사회 문제를 공감하고 비즈니스 역량과 기술 역량을 활용해 지속 가능한 방법으로 사회 문제를 해결할 수 있는 사회적 역량~social capability~을 미래 지향적 경영인재가 갖춰야 할 3대 역량으로 정의하고 이를 갖추기 위한 교육 목표, 교육 방법을 제시했다. 그래서 기

**[표 6] BIBE 패러다임의 의의**

| 관점 | 전통적인 경영교육 패러다임 | BIBE 패러다임 |
|---|---|---|
| 인재상 | 전문경영인, 사업가 | 신기술 지식인, 문제해결자, 변화 주도자 |
| 교육 목표 | 경영 전반에 관한 지식 습득 | 문제의 해결을 위한 지식 활용 역량 개발 |
| 교육 방법 | 강의 설명 | 탐색, 실험, 체험 |
| 교육 내용 | 전략, 인사, 경영정보, 생산, 재무, 회계, 마케팅 등 기본 비즈니스 이론 교과목 | 미래 예측과 시나리오 플래닝, 데이터 엔지니어링 및 추론, 비즈니스 게임, 복잡계, 에이전트 기반 시뮬레이션 등 실험실습 기반 체험형 교과목 |
| 학습 중점 | 과거와 현재에 관한 이해 | 미래 통찰력(insight)과 예지력(foresight) 계발 |
| 비즈니스 역량 | 경영학 이론과 사례 분석을 통한 비즈니스 지식 습득 | 비즈니스 지식을 활용해 기업이 당면한 복잡한 현장의 문제를 해결할 수 있는 능력 |
| 기술적 역량 | 기술과 동떨어진 경영교육 | 빅데이터, 스마트 모바일, 클라우드, IOT, 핀테크, AI 등 IT 기술에 대한 심도 있는 이해에 기반해 비즈니스 솔루션을 도출할 수 있는 기술 활용 능력 |
| 사회적 역량 | 사회 이슈에 대해 무관심 | 다양한 사회적 문제에 대해 공감하고, 비즈니스 역량과 기술적 역량을 활용해 사회 문제를 지속 가능한 방식으로 해결하는 능력 |

존 전공별 과목을 [표 4]와 같이 재검토하고 배치했다.

먼저 세로축에 해당하는 4개의 역량개발 과정 중에 준비 과정 Orientation, 역량 구축Competency Building 과정, 문제해결Problem Solving 과정, 통합성 구축Integrity Building 과정으로 이뤄진다. 다음으로 가로축에 해당하는 방법론 측면에서는 1단계 탐색Exploration, 2단계 실험Experimentation, 3단계 체험Experience으로 구분했다. 이에 따라 산술적으로 12개의 교육과정군이 개발될 수 있다. 그러나 2단계 실험과 3단계 체험의 교육 방법은 준비 과정 및 역량 구축 과정과 상관관계가 낮아서 이러한 부분을 제외하고 실제적으로는 총 9개의 조합을 제시했다.

이러한 BIBE 교육과정 개발은 기존의 공급자 중심의 교육과정과 융합형 교육과정과 비교해 3가지 구별되는 특징이 있다.

첫째, 수요자 측면에서의 학년별 구분을 지양하고 기능별 교과목 포트폴리오를 학생들에게 제안해 학생들이 학교에서 지정해주는 단계별 교과목 수강의 강제에 따르지 않고 각자의 관심사에 맞추어 수요자가 스스로 과목 수강 계획을 짤 수 있다.

둘째, 공급자 측면에서 역량 개발 과정 중에서 문제해결 과정 및 통합성 구축 과정, 교육 방법론에서는 체험 단계에 해당하는 교과목을 집중 개발해 4차 산업혁명 시대가 요구하는 실험 실습 기반의 교과목 전환을 촉진하고 있다. 이는 4차 산업혁명의 도래에 따라 세계경제포럼WEF: World Economic Forum의 'Future of Jobs' 보고서가 지적한 것처럼 복잡한 문제해결 능력complex problem solving은 물론 BIBE 프로그램에서 키워내고자 하는 경영인재가 갖춰야 할 3대 역량 즉, 비즈니스 역량, 기술적 역량, 사회적 역량을 키워가기 위한 순차적 과정을 강조하는 교육과정 확장이라고 볼 수 있을 것이다. 이에 따라 기존에 없던 사회혁신 실습([표 7])과 비즈니스랩([표 8]) 교과목을 대거 개발하는 계기가 되었다.

**[표 7] 사회혁신 실습(3학점/1학기) 주요 내용**

| 모듈 | 시수 | 내용 | 사례 |
|---|---|---|---|
| 사회적 기업가 정신의 이해 | 6 | 사회적 기업가정신, 사회 문제 인식과 솔루션 개발, 소셜 비즈니스 모델 재무적 타당성, 지속 가능성, 확장 가능성, 소셜 임팩트와 가치 제안, 네트워킹과 인센티브 구조 | 아쇼카재단 그라민은행 Sanergy KIVA Spill 트리플래닛 |
| 국제 개발 협력의 이해 | 6 | SDGs(Sustainable Development Goals), 주요 관련 기관과 정책 동향, 3rd Sector의 의의와 역할, 변화 이론의 이해, 임팩트 측정과 관리, 공공·민간 부문 협력의 논리와 작동 기제 | UN, DAC, USAID DFID, KOICA 게이츠재단 월드비전, G-saver 월드뱅크 글로벌콤팩트 |
| 임팩트 비즈니스의 이해 | 6 | BOP(Base of Pyramid), Inclusive Business, 소셜마케팅과 비영리 마케팅 전략적 CSR과 CSV, 임팩트 투자와 크라우드 펀딩, 공정무역과 윤리적 소비 | 그라민-다농 메자닌아이팩 TOMS, 유니세프 코카콜라 네슬레, CJ 망고펀드, DIB 아름다운 커피 |
| 소셜 토크 | 6 | 사회적 기업가, 임팩트 투자자, NGO 및 개발 협력 관계자 등을 초청해 미니 강연을 듣고 질의응답 및 토론을 통해 현장에 대한 이해 증진 | 시지온 DOT 힐세리온 제너럴바이오 |
| 소셜 벤처링 | 24 | 세션(1) 사회 문제 인식 세션(2) 솔루션 개발 세션(3) 소셜 비즈니스 모델 작성 세션(4) 중간 발표 및 피드백 세션(5) 핵심 성과 지표 및 임팩트 측정 세션(6) 네트워킹 전략 개발 세션(7) 기말 발표 및 피드백 세견(8) 네트워킹 이벤트 | MYSC 임팩트스퀘어 도너스 인스파이어디 SK브로드밴드 굿네이버스 KOICA 크레비스파트너스 |
| 소계 | 48 | 3학점(16주×3시간/주=48시간) | |

**[표 8] BIBE형 비즈니스랩 교과 구성 이력**

| Labs | 2017년 1학기 | 2017년 2학기 | 2018년 1학기 |
|---|---|---|---|
| Behavioral Science | Developing a self-promotion online video platform | 테슬라를 통해 살펴본 전기차 산업 생태계 분석 | 한국 시장에서의 협상에 대한 연구(A Study on Negotiation in the Korean Market) |
| Biz Informatics | Modeling investment strategy using financial statement analysis | 재무제표 재구성을 통한 유의미한 투자지표 발굴 | XRBL과 Web-Crawling을 통한 계량적 가치투자 플랫폼 구축(Establishing quantitative value investment platform using XBRL and Web-Crawling) |
| New Biz Development | Building Monthly China Business website | 픽토세일: 아마추어의 작품을 전시회 개최 및 홍보 등을 통해 중지가 미술품을 원하는 구매자에게 판매하는 C2C 플랫폼 사업 | 아마추어 예술가와 소비자를 중개하는 스타트업플랫폼, 픽토세일 (Pictosale, The platform that links between the amateur artist and consumers) |
| Quantitative Analytics | ① Revenue surprises and stock returns ② Analysis of rate of return on socially responsible investing ③ Reverse-beta investment strategies ④ Investment strategies using tax momentum | 채권 시장에서의 시장 이상 현장을 이용한 투자 전략 ① 주식 시장에 비해 접근하기 어려운 채권 시장에 대한 투자 전략 ② 시장 이상 현상을 활용한 롱숏포트폴리오 구성 헤지펀드를 위한 투자 전략 | 암호화폐 시장 위험 탐지 및 포트폴리오 구축 (Cryptocurrency markets warning and management system) |
| Biz & AI | Applying artificial intelligence in business: Deep OCR | 인터넷 상점 고객 서비스 챗봇을 위한 딥러닝 기반의 고객 의도 파악 | 딥러닝 기반의 인텔리전트 E-커머스 검색엔진(Intelligent E-Commerce Search Engine using Deep Learning) |
| Biz Simulation | Simulation modeling of coffee shop locations | 게임 업데이트가 회사의 재무적 성과에 미치는 영향 분석 및 컨설팅 사업: 시뮬레이션 모델링을 통한 MMORPG 게임 내 경제 메커니즘 연구 | 포브스 글로벌 2000 데이터 분석을 통한 글로벌 비즈 생태계 모델링 (Global business ecosystem modeling through Forbes Global 2000 data) |

| Social Innovation | ① Passage Platform<br>② Autistar consulting<br>③ DOT: Affordable braille smartwatch<br>④ Dr.Noah: Environ-ment-friendly tooth-brush with bamboos<br>⑤ Blackrubystudio: Social news dash-board service | To create a Better World<br>① 마음세탁소: 20대 우울증 환자들의 자가 인지 치료 테라피<br>② 탁화백: 영혼으로 그리는 화가 | 마케팅 플랫폼 '패시지' 통한 사회적·재무적 가치의 극대화(Maximizing social and financial value with the marketing plat-form 'Passage') |

## 비즈니스랩 기반의 새 교육과정 운영

한양대학교 경영대학HUBS: Hanyang University Business School 비즈니스랩 HBL: HUBS Business Labs은 체험형 교육 플랫폼으로 그동안 배웠던 경영지식의 응용과 실습의 장 역할을 하게 되었다. 경영대학 교수가 HBL의 이사로 참여하는 실질 법인을 세웠다. 이 HBL 내에 다양한 랩을 자유롭게 개발하고 설치하고 참여하는 가운데 HBL 산하의 개별 랩에서 학생과 교수가 자유롭게 비즈니스 아이디어를 도출하고 비즈니스 모델을 구축해 실제적인 문제해결을 위한 피드백과 성찰을 통해 창업 및 스케일업 등의 활동을 자율적으로 수행하고 있다.

학생들과의 프로젝트 개발에 관심이 있는 교수들은 자유롭게 복수의 랩에 소속되어 다양한 액션러닝action learning 기반 경영교육 프로그램을 개발하고 공동으로 랩을 운영하고 있다. 경영대학 및 본부 차원에서 행정 지원, 시설 투자 등을 수행함으로써 규모의 경제 및 효율성을 확보했다.

비즈니스랩 기반 프로젝트 운영과정에서 얻는 성과와 교훈을 서로 나누고 성찰하는 가운데 랩에 참여하지 않는 전체 교수들과 학생들에게도 지식의 체화가 이뤄질 수 있도록 정기적인 성찰reflection 워크숍을 개최했다.

학생들의 관심과 참여를 독려하기 위해 동영상 개발 콘테스트를 개최하고, 우수 아이디어를 제안하면 표창을 하여 참여 학생들에 대한 인센티브를 제공하고 있다.

BIBE 특성화에서 가장 핵심 교과목은 '프로젝트 학기제'다. 이 과목은 HBL을 구성하는 6개의 비즈니스랩이 개발해 지정한 프로그램에 학생들이 조직한 프로젝트팀이 제안서를 제출하고, 평가위원회의 선발 과정을 거치면 해당 비즈니스랩에 참가하는 지도교수와 프로젝트팀이 한 학기 동안 전일제 형식으로 함께 프로젝트를 진행하고 있다.

교수 입장에서는 학생과 교수가 함께 경영이론을 응용해보거나 새 이론을 구상해보는 기회를 통해 얻는 경험과 지식을 수업에 활용할 수 있으므로 교육 질적 수준을 제고할 수 있다. 학생들에게는 비즈니스 역량과 기술 역량 제고의 기회를 제공하고, 비즈니스랩에서 인턴십을 수행하는 동시에 학점(15학점)을 받을 수 있는 인센티브 제도가 있다.

또 교수 및 실무자들과의 활발한 상호작용 및 멘토링을 통해 얻은 역량을 바탕으로 창업 및 취업 기회를 확대할 수도 있다. 이를 통해 우리만의 케이-액션러닝K-Action Learning 경영교육모델을 확립하고 AACBS 네트워크, 아쇼카Ashoka U 네트워크 등을 통해 국내 다른 대학 및 해외 대학들과 공유함으로써 모델의 확산을 꾀하고 한국

**[표 9] BIBE형 비즈니스랩 교과 영역 성과**

(1) [프로젝트 학기제] 연구 수행: 21가지의 프로젝트 결과물 도출
(2) [프로젝트 학기제] 연구 성과
　　가. 언론의 관심
　　　　1) 일간지 기사화: 〈한국경제〉(2017.03.07), 〈중앙일보〉(2017.03.27),
　　　　　　〈서울경제〉(2017.03.10)
　　　　2) 공영 TV 방영: KBS 1TV 프로그램 [미래기획 2030] "미래인재의 조건, 경쟁
　　　　　　에서 협력으로"(2017.06.18. 23:15) 미래교육모델로 제시
　　　　3) 교내 기사: 한양대 등 학생들로 구성된 휴즈팀, 시각장애인 위한 '마이리스'
　　　　　　개발(2017.09.12.), 세상을 바꾸기 위해 쏘아 올린 공(功)(2017.11.27.)
　　나. 수상: 2017년 아시아 소셜벤처대회 아이디어 부문 수상(3위)_사회혁신랩
　　다. 우수 사례 발표
　　　　1) 2017년 2학기 AACSB 우수 사례 보고 발표
　　　　2) 2017년 전국대학 특성화 학생 우수 사례 보고 발표
　　　　3) 한국생산성학회 초청 논문 발표: 7편 논문
　　라. 수익 창출
　　　　1) 마인드그룹과 계약 체결: AI랩 1,000만 원 계약 수주
　　　　2) 한양비즈니스랩 자체 매출 발생: 뉴비즈니스랩 및 사회혁신랩_300여 만 원
　　마. MOU 체결
　　　　1) 오라클
　　　　2) 삼성SDS
　　　　3) 다음카카오 공동 프로젝트 진행
(3) 실험 실습 전환 교과목 개발 및 운영
　　가. 개발: 총 32과목 개발(2016년 25과목, 2017년도 7과목 개발)
　　나. 운영: 총 25과목 운영(2017년 1학기 10강좌, 2학기 15강좌)
　　*특이사항 [모바일 비즈니스 기획/운영] 오라클 협력 교과목 개발
(4) 실험 실습 교과목 교육모델 개발
　　가. BIBE 교육 만족도 조사 도구 및 국제화 모델 개발
　　나. 4차 산업혁명 시대 경영교육의 프레임 변화 연구
　　다. 실험 실습 교육(PBL)의 모델 연구_프로젝트 학습을 중심으로

경영대학의 글로벌 평판 및 이미지 제고에 기여할 수 있다. 자세한
교과 및 비교과 성과는 [표 9]와 [표 10]에 정리했다.

## [표 10] BIBE형 비즈니스랩 비교과 영역 성과

(1) BIBE 미래 경영 동영상 공모전
4차 산업혁명으로 달라질 미래의 모습을 상상해보고, 현재 경영학도로서 준비해야 하는 교육 역량들을 학생들 스스로 살펴보는 의도로 기획된 프로그램. 학생들이 동영상을 직접 제작하고 공유해 우수한 작품을 심사하는 절차로 진행. 총 22팀(37명)이 참여해 18개의 동영상을 제작했고, 2편의 동영상은 유튜브 조회수 1만 회를 넘기는 관심을 받기도 함. 교내에서 제작된 영상 중에서 가장 많은 조회수를 기록.

(2) 빅 인텔리전스 경영 혁신 콜로키움

(3) 빅 인텔리전스 혁신 경영 CEO 특강
미래 경영전략 구상을 위한 교육의 장을 마련해 학생들에게 제공. CEO를 초빙해 미래 산업을 예측.

(4) 빅 인텔리전스 제주 기업 탐방
실험 실습 현장 교육을 극대화하기 위해 실제 기업을 방문해 경영에 필요한 기회 제공. 총 90명이 참가하여, 2박 3일간 [다음카카오 제주본사/넥슨 컴퓨터박물관/용암해수를 이용한 기업 '비케이바이오'와 '제이크리에이션']을 방문.

(5) 빅 인텔리전스 경영컨설팅을 위한 학생 지원 프로그램
학교에서 배운 경영학 이론을 토대로 학생들이 경영에 관한 전반적인 '실험 실습' 활동에 적극 참여할 수 있도록 지원. 5~6팀을 선발해 실습 기회를 제공. 2017년에는 21팀(61명)이 참가.

(6) 프로젝트 제안 공모전
[프로젝트 학기제]에 학생들이 주체적·능동적으로 참여하도록 유도. 심사를 통해 우수한 기획안을 선발해 장학금을 지원.

(7) 빅 인텔리전스 SW 교육 특강 운영
실험 실습 교육의 전제가 되는 SW 교육을 비교과 형식으로 진행. ex. 일러스트, 포토샵, 디지털마케팅, 딥러닝 기술, 파이선 및 R 특강, 데이터마이닝 특강.


## 경영대학 교육과정 혁신에 바란다

지금까지 현 경영대학 커리큘럼의 현황 및 문제점을 살펴보고 그 대안으로 제기된 융합형 교과목 개발 구조의 장단점도 검토해보았

다. 이 논의를 바탕으로 한양대학교에서 2017년부터 2년 동안 수행해온 BIBE 교육과정의 이론적 배경과 성과를 소개했다.[4] 그러나 이러한 변화는 향후 다음의 조건이 후행되어야만 더 나은 제도로 정착될 수 있을 것이다.

첫째, 교원의 적극적인 참여 유도가 관건이다. 새로운 교육과정 개발을 위해 적지 않은 교수들이 자발적으로 시간을 투자해왔으나 지속 가능한 교과목 개혁을 위해서는 제도적인 측면에서 교원의 적극적인 개입을 유도해야 한다.

먼저 사회혁신 교과 및 실험 실습 교과에 대한 교육 부담은 기존의 일방적인 강의형 교과에 비해 상당히 크다. 현장중심의 교육과 학생 참여의 실험 실습 교과를 확대하고 지속하려면 참여 교수에 대한 적절한 인센티브 개발이 필수적이다.

예를 들어 랩 지도 교수들에 대한 학점 인정, 인사 평가 점수 부여 등을 생각해볼 수 있으며 나아가 교원 승진 시 교육성과를 적극 반영해야 한다. 현재 교원 창업에 대한 업적을 인정하는 분위기가 조성되고 있는데 구체적인 법인 설립이나 특허 같은 성과를 만들어내기 힘든 사회과학의 한계를 고려해 문제해결 중심의 랩 운영 및 창업 전 단계의 인벤션 창업 등의 기초 단계에 대한 교육 투자에 대해서도 학교 또는 사회적 차원의 인정을 받아야 한다.

둘째, 지속 가능한 재원 확보다. 한양대학교에서는 교육부 지원 사업인 CK2 프로그램을 통해 BIBE 기반의 교육과정을 개발하고 실험 실습 기반의 랩 운영에 대한 재원을 공급받았다. 그러나 CK2 사업이 종료되고도 지속적으로 현재의 개혁을 이어가려면 본부 및 교육 제도 차원의 재정적인 관심이 있어야 한다.

셋째, 적극적인 외부 인사와의 교류다. 교육과정 개혁의 근본 이유는 산업계가 요구하는 인재 양성에 있다. 따라서 교육과정 변화의 과정에 보다 많은 외부 인사가 참여해 자문 및 조언을 할 수 있도록 해야 한다.

한양대학교 사례에서는 외부 인사가 참여하는 자문단을 구성해 정기 회의를 개최하고 있으나 이 자문단이 깊숙하게 학제 개편 및 교육에까지 도움을 줄 수 있도록 해야 할 것이다. 학제 개편의 주체는 교수가 주가 되어서는 곤란하며 대학의 방향 설정에 많은 전문가가 참여할 수 있도록 문호를 넓히는 개방적인 자세를 취해야 한다.

### 참고문헌

- 장석권 외, '수도권 대학 특성화 사업 종합평가 보고서', 비즈니스랩 기반의 빅 인텔리전스 경영교육사업단, 2018.
- 장석권, 《데이터를 철학하다》, 흐름출판사, 2018.

1  이순룡·이영면, '한국 경영학도입기의 재조명', 〈경영학연구〉 27(3), 1998, pp.709~727.

2  Walker, K.B. & E. L. Black (2000), Reengineering the undergraduate business core curriculum: Aligning business schools with business for improved performance. Business Process Management Journal 6(3), pp.194-213.

3  박창언, '수요자 중심 교육의 관점에서 본 대학의 융합교육과정 편성·운영의 방향', 〈예술인문사회융합 멀티미디어〉 6, 2016, pp. 241~251.

4  한양대학교 경영대학의 빅 인텔리전스 교육혁신 사례는 한양대학교 경영대학 교수님들의 적극적인 참여를 통해 구체화되었다. 특히 이 사업을 기획하고 총괄한 장석권 교수와 프로그램 운영을 맡아주신 강형구, 김종우, 김치성, 배경훈, 송창준, 신현상, 오세형, 이상용, 이준구, 정석윤 교수(가나다 순)께 감사드린다.

## 06

# 기업가정신을 가진 실천적 인재 양성

이무원, 김도윤
연세대학교 경영대학

대한민국 경영학 교육은 심각한 위기에 처해 있다. 지난 100년 동안 대한민국이 전 세계에서 전례 없는 고도화된 성장을 하는 데 산업에 필요한 인재를 양성하는 것으로 경영대학이 공헌해왔음에도 불구하고, 4차 산업혁명과 21세기 글로벌 경영환경의 변화를 맞이한 현재, 경영학 전공자는 기업에서 외면받고 있으며, 경영대학은 스타트업의 시대를 이끌어갈 인재를 배출하지 못하고 있다. 이러한 위기의 원인은 다음과 같다. 첫째, 글로벌 경영환경이 변하고 있는데도 불구하고 경영교육은 변하지 못하고 있다. 둘째, 변하는 경영 패러다임에 대응해 새로운 혁신과 가치를 창조하는 인재를 양성하지 못하고 있다. 셋째, 기업가정신을 가르칠 수 있는 교원을 선발하거나 효과적으로 활용할 수 없는 대학의 구조적인 문제가 있다. 6장에서는 대한민국 경영교육이 당면하고 있는 문제와 원인들을 분석하고, 연세대학교 경영대학의 '연세창업혁신프로그램' 사례를 통해 대한민국 경영교육의 새로운 패러다임을 제시하고자 한다.

## 대한민국 경영교육의 당면 과제

"우리 사회는 고용 사회의 종말과 저低성장을 한꺼번에 맞이했다. 열심히 경기를 준비한 축구선수가 경기장에 들어선 순간 야구장으로 경기장이 바뀐 것을 상상해보라. 이것이 바로 우리 사회가 직면한 상황이다."[1]

대한민국 경영학 교육은 큰 위기에 처해 있다.

대한민국 경영대학은 지난 100년 동안 근대화, 산업화, 민주화를 거치며 역사의 중심에 서 있었다. 대한민국의 경영대학은 일제 식민지라는 어둡고 척박한 환경에서도 서양에서조차 생소했던 상학, 즉 경영학을 교육받은 선각자들은 대한민국 개발의 시대에 조국 근대화의 역군이 되어 산업화를 주도했고, 자유를 향한 함성으로 민주화 시대를 이끌었다.[2]

대한민국이 한국전쟁의 폐허에서 한강의 기적을 만들어내고, 전 세계에서 전례 없는 고도화된 성장을 할 수 있었던 배경에 선진 경영학 교육을 신속하게 수용해 산업에 필요한 인재를 길러냈던 경영대학의 공헌이 있었음을 부인할 수 없을 것이다.

새로운 100년을 맞은 지금, 대한민국의 경영교육은 큰 위기를 겪고 있다.

첫째, 경영학 전공 졸업생들이 기업들로부터 외면받고 있으며, 기업 관계자들은 입을 모아 경영대학이 기업이 필요로 하는 실무적 역량을 갖춘 인재를 양성하지 못하고 있다고 지적하고 있다.

둘째, 전 세계적 경영환경의 변화, 즉 스타트업의 시대를 맞이해 많은 기업가가 전에 없던 새로운 시장을 창조하고 있는 데 비해 경영대학은 경영학 전공자를 이러한 기업가로 양성하지 못하고 있다.

이제 대한민국의 경영대학은 지난 100년 동안 대한민국의 변화를 선도했던 것처럼 4차 산업혁명, AI 같은 기술 환경의 변화를 맞아 21세기 인류 공동체가 당면한 문제를 해결하고 인류의 삶을 근본적으로 바꿀 수 있는 인재를 양성해야 한다는 새로운 도전과 과제를 안고 있다.

6장에서는 대한민국 경영교육이 당면하고 있는 문제의 원인을 꼼꼼하게 분석하고, 이를 해결하기 위해 여러 실험을 하고 있는 연세대학교 경영대학(학장 엄영호)의 '연세창업혁신프로그램' 사례를 소개하는 함으로써 대한민국 경영교육의 새로운 패러다임을 대한민국의 경영대학과 경영교육을 담당하고 있는 동료 교수들에게 제언하고자 한다.

## [그림 1] 연세대학교 경영대학 수강편람 일부 발췌(2005)

| 학년 | 종별 | 단위 | 학정번호-분반(-실습) | 학점 | 교과목명 | 담당교수 | 강의시간 | 강의실 | 유의사항 | 국외교환학... |
|---|---|---|---|---|---|---|---|---|---|---|
| 2 | 학기 | | UCA1103-03-00 | 0 | 채플(3) | 박형세 | 수2 | 대강당 | | X |
| 2 | 전기 | 1000 | BIZ1101-01-00 | 3 | 회계원리(1) | 정종암 | 화2,3,목1 | 상본115 | | O |
| 2 | 전기 | 1000 | BIZ1101-02-00 | 3 | 회계원리(1) | 정종암 | 화5,6,목4 | 상본112 | | O |
| 2 | 전기 | 1000 | BIZ1101-03-00 | 3 | 회계원리(1) | 최원욱 | 월5,6,수6 | 상본B112 | ② | O |
| 2 | 전기 | 1000 | BIZ1101-04-00 | 3 | 회계원리(1) | 김지원 | 월1,2,수3 | 상본B120 | | O |
| 2 | 전기 | 1000 | BIZ1101-05-00 | 3 | 회계원리(1) | 김지원 | 월9,10,수10 | 상본B110 | | O |
| 2 | 전기 | 1000 | BIZ1101-06-00 | 3 | 회계원리(1) | 최원욱 | 월7,8,수8 | 상본113 | ② | O |
| 2 | 전기 | 1000 | BIZ1101-07-00 | 3 | 회계원리(1) | 곽병진 | 월3,4,수4 | 상본115 | | O |
| 2 | 전기 | 1000 | BIZ1101-08-00 | 3 | 회계원리(1) | 오원봉 | 수3,금3,4 | 상본B121 | | O |
| 2 | 전기 | 1000 | BIZ1101-09-00 | 3 | 회계원리(1) | 박애영 | 화4,목5,6 | 상본B112 | | O |
| 2 | 전기 | 1000 | BIZ1102-01-00 | 3 | 조직행동론 | 박헌준 | 화5,6,목4 | 상본B121 | | O |
| 2 | 전기 | 1000 | BIZ1102-02-00 | 3 | 조직행동론 | 신동엽 | 화4,목5,6 | 상본112 | | O |
| 2 | 전기 | 1000 | BIZ1102-03-00 | 3 | 조직행동론 | 신동엽 | 화8,9/목7 | 상본B120/상본112 | | O |
| 2 | 전기 | 1000 | BIZ1102-04-00 | 3 | 조직행동론 | 장은미 | 화7,목8,9 | 상별108 | | O |
| 2 | 전기 | 1000 | BIZ1102-05-00 | 3 | 조직행동론 | 오기석 | 화4,목5,6 | 상본B110 | ② | O |

1-15 of 98

## [그림 2] 연세대학교 경영대학 수강편람 일부 발췌(2010)

| 학년 | 종별 | 단위 | 학정번호-분반(-실습) | 학점 | 교과목명 | 담당교수 | 강의시간 | 강의실 | 유의사항 | 국외교환학... |
|---|---|---|---|---|---|---|---|---|---|---|
| 2 | 전기 | 1000 | BIZ1101-01-00 | 3 | 회계원리(1) | 정종암 | 화6,9,목7 | 상별103 | ③ | X |
| 2 | 전기 | 1000 | BIZ1101-02-00 | 3 | 회계원리(1) | 주인기 | 월7,8,수8 | 상본115 | ③③ | X |
| 2 | 전기 | 1000 | BIZ1101-03-00 | 3 | 회계원리(1) | 김지홍 | 월5,6,수6 | 상본115 | ③③ | X |
| 2 | 전기 | 1000 | BIZ1101-04-00 | 3 | 회계원리(1) | 김지홍 | 화5,6,목4 | 상본115 | ③③ | X |
| 2 | 전기 | 1000 | BIZ1101-05-00 | 3 | 회계원리(1) | 손성규 | 월5,6,수6 | 상본13 | ③③ | X |
| 2 | 전기 | 1000 | BIZ1101-06-00 | 3 | 회계원리(1) | 장영 | 수7,금7,8 | 상본B110 | ②③ | O |
| 2 | 전기 | 1000 | BIZ1101-07-00 | 3 | 회계원리(1) | 이원창 | 월1,2,수2 | 상본121 | ③ | X |
| 2 | 전기 | 1000 | BIZ1101-08-00 | 3 | 회계원리(1) | 엄지연 | 수3,금3,4 | 상본B110 | ③③ | X |
| 2 | 전기 | 1000 | BIZ1101-09-00 | 3 | 회계원리(1) | 엄지연 | 수5,금5,6 | 상본115 | ③ | X |
| 2 | 전기 | 1000 | BIZ1101-10-00 | 3 | 회계원리(1) | 이호영 | 수1,금1,2 | 상별B103 | ③ | X |
| 2 | 전기 | 1000 | BIZ1102-01-00 | 3 | 조직행동론 | 정승화 | 월5,6,수6 | 상본B112 | ② | O |
| 2 | 전기 | 1000 | BIZ1102-02-00 | 3 | 조직행동론 | 신동엽 | 화1,목2,3 | 상본115 | ③ | X |
| 2 | 전기 | 1000 | BIZ1102-03-00 | 3 | 조직행동론 | 장은미 | 수1,금1,2 | 상본113 | ③ | X |
| 2 | 전기 | 1000 | BIZ1102-04-00 | 3 | 조직행동론 | 장은미 | 수3,금3,4 | 상본113 | ③ | X |
| 2 | 전기 | 1000 | BIZ1102-05-00 | 3 | 조직행동론 | 이기현 | 월3,4,수4 | 상본B110 | ③ | X |

1-15 of 118

## [그림 3] 연세대학교 경영대학 수강편람 일부 발췌(2015)

| 학년 | 종별 | 단위 | 학정번호-분반(-실습) | 학점 | 교과목명 | 담당교수 | 강의시간 | 강의실 | 유의사항 | 국외교환학... |
|---|---|---|---|---|---|---|---|---|---|---|
| 2 | 전기 | 1000 | BIZ1101-01-00 | 3 | 회계원리(1) | 주인기 | 수7,8,9 | 상본B120 | ②② | O |
| 2 | 전기 | 1000 | BIZ1101-02-00 | 3 | 회계원리(1) | 김지홍 | 화7,목8,9 | 상본115 | ③② | X |
| 2 | 전기 | 1000 | BIZ1101-03-00 | 3 | 회계원리(1) | 이호영 | 월1,2,수2 | 상별103 | ③② | X |
| 2 | 전기 | 1000 | BIZ1101-04-00 | 3 | 회계원리(1) | 가말언드레스 | 월1,2,수2 | 상본B110 | ①②② | O |
| 2 | 전기 | 1000 | BIZ1101-05-00 | 3 | 회계원리(1) | 가말언드레스 | 월3,4,수4 | 상별B110 | ①②② | O |
| 2 | 전기 | 1000 | BIZ1101-06-00 | 3 | 회계원리(1) | 이재홍 | 월3,4,수4 | 상별108 | ③② | X |
| 2 | 전기 | 1000 | BIZ1101-07-00 | 3 | 회계원리(1) | 이재홍 | 월5,6,수6 | 상별108 | ③② | X |
| 2 | 전기 | 1000 | BIZ1101-08-00 | 3 | 회계원리(1) | 조은정 | 화1,목2,3 | 상별103 | ② | X |
| 2 | 전기 | 1000 | BIZ1101-09-00 | 3 | 회계원리(1) | 이재홍 | 수3,금3,4 | 상별103 | ④② | X |
| 2 | 전기 | 1000 | BIZ1102-01-00 | 3 | 조직행동론 | 신동엽 | 월1,2,수2 | 상본13 | ③ | X |
| 2 | 전기 | 1000 | BIZ1102-02-00 | 3 | 조직행동론 | 문혜림 | 화5,6,목4 | 상본115 | ③ | X |
| 2 | 전기 | 1000 | BIZ1102-03-00 | 3 | 조직행동론 | 장은미 | 화2,3,목1 | 상별103 | ③ | X |
| 2 | 전기 | 1000 | BIZ1102-04-00 | 3 | 조직행동론 | 정승화 | 화2,3,목1 | 상본113 | ①② | O |
| 2 | 전기 | 1000 | BIZ1102-05-00 | 3 | 조직행동론 | 오광석 | 월3,4,수4 | 상본B120 | ③ | O |
| 2 | 전기 | 1000 | BIZ1102-06-00 | 3 | 조직행동론 | 김혜연 | 수3,금3,4 | 상별103 | ③ | X |

1-15 of 121

# 대한민국 경영교육 무엇이 문제인가

## 변하는 환경, 변하지 않는 경영교육

글로벌 환경의 변화는 새로운 경영 패러다임으로의 전환을 요구하고 있다. 코닥, 모토롤라, 노키아 등 한때 세계 경제를 선도했던 초우량 기업들은 기존의 경영 패러다임을 더 강화하는 방향으로 대응하다 몰락하고 말았다. 그렇지만 같은 기간 동안 끊임없는 혁신으로 클라우드 서비스, 전기자동차, 우주개발, 스마트폰 등 존재하지 않았던 새로운 시장을 창출한 아마존, 테슬라, 애플, 페이스북, 구글 등의 기업들은 새로운 패러다임으로 신속하게 전환해 현재 세계 경제를 선도하고 있다.[3]

전문가들은 2020년에는 경영현장에서 필요한 직무 역량의 35%가 바뀔 것이고(WEF, 2016)[4], AI의 발전은 현존하는 직무(820개)의 60%에 해당하는 직무들을 자동화할 것이며(McKinsey, 2017)[5], 4차 산업혁명 시대에는 Complex Problem Solving, Critical Thinking, Creativity 같은 새로운 역량이 필요할 것이라고 제안하는 등(WEF, 2016) 21세기 경영환경의 변화를 예고하고 있다.

이러한 시대적 요구에 대응해 기업들이 생존의 문제로 인지하고 신속하게 패러다임을 전환했던 반면, 경영현장에 필요한 인재를 교육하는 경영대학들은 일부 교과목을 개설하는 정도의 소극적인 대응에 그쳤다. 이 대응은 해외 대학과 비교하면 더 대비가 된다. 미국 스탠퍼드대학교가 20년 동안 약 10%의 교과목을 제외하고 나머지 교과목을 개설하거나 폐지한 반면, 대한민국의 많은 경영대학은 10% 정도의 교과목을 개설하는 수준에 그치고 있다.

대한민국의 경영대학은 이제 새로운 패러다임의 전환의 순간을 맞이하고 있다. 대한민국 경영교육 또한 근본적으로 재설계해야 한다.

## 기업가를 기르는 교육과 종업원을 기르는 교육

난세에 영웅이 탄생하듯, 기업가Entrepreneur들은 위기에서 등장한다. 대한민국의 경영교육이 지난 20년 동안 의미 있는 큰 변화를 보이지 않았음에도 불구하고, 대한민국 경영대학은 많은 기업가를 배출했다. 하지만 이 결과는 기업가를 양성하고자 정교하게 기획된 경영교육 덕분이 아닌, 자연 발생적이거나 기업가 개인의 특별한 자질에 의한 것이라고 보는 것이 타당할 것이다.

대한민국이 산업혁명이 시작된 미국과 유럽보다 100여 년 이상 늦은 1960년대에 이르러서야 산업화를 시작했음에도 불구하고, 전 세계에 전례 없는 고도성장과 산업화를 이뤄낸 요인은 대기업을 중심으로 한 세계 최고 수준의 속도를 가진 빠른 추격자 전략Fast-follower Strategy과 전 세계에서 가장 긴 근무 시간으로 경제를 발전시킨 한국인 특유의 근면성을 뽑을 수 있다. 이 과정에서 대한민국의 경영대학 또한 미국 중심의 선진 경영교육을 신속하게 도입해 기업에 필요한 인재를 양성하는 것으로 공헌했다고 할 수 있다.

하지만 변화하는 글로벌 경영환경에서 빠른 추격자 전략과 더 열심히 일하는 것Working hard은 유효하지 않다. 4차 산업혁명과 21세기 글로벌 초경쟁 환경에서는 선두를 빠르게 그리고 열심히 추격하는 기업보다는, 가장 먼저 새로운 혁신과 가치를 창조하는 기업들이 시장을 독식Winner-takes-it-all하는 것을 구글, 애플, 페이스북, 테슬라 등의 사례를 통해 확인할 수 있다.

　대한민국의 경영교육 역시 변화하는 경영 패러다임에 발맞춰 구조화된 조직에 소속되어 근면성실하게 일하는 인재뿐만이 아니라 창의성과 문제해결 능력을 기반으로 새로운 가치를 창조하는 인재를 양성하는 교육으로 패러다임을 전환해야 한다.

### 기업가정신을 가르칠 수 있는 교원의 부재

　대한민국 경영대학이 급변하는 경영환경에 대응해 신속하게 경영교육의 패러다임을 변화하지 못한 이유는 대한민국 대학의 2가지 구조적 원인이 있다.

　첫째, 대한민국 경영대학의 연구중심교원Research Track 운영정책은 경영학 교육을 혁신하는 데 경직성을 갖게 한다. 대다수의 경영대학은 정년트랙Tenure-track의 교원을 임용하고, 승진시키는 데 '연구실적'을 업적평가의 기준으로 활용한다. 교원 업적평가의 기준은 경영대학 교수들의 행동에 영향을 끼친다. 경영대학 교수들은 신규 과목을 개설하고 강의하는 데 역량을 쏟기보다는 연구 활동에 많은 시간과 노력을 쏟을 수밖에 없다. 연구할 시간도 넉넉하지 않은 교수들에게 '기업가정신', '창업', '혁신' 등을 새롭게 학습해 신규 교과목을 강의할 것을 요구하는 것은 결코 쉬운 요구사항이 아니다.

　둘째, 대한민국 경영대학은 비정년트랙/비전임교원을 잘 활용하지 못하고 있다. 대학 외부 사람들에게는 생소하겠지만 대한민국의 많은 대학은 정년트랙-비정년트랙, 전임교원-비전임교원 두 축으로 교원을 선발하고 운영한다. 이 두 축의 조합을 통해 정년-전임, 정년-비전임, 비정년-전임, 비정년-비전임 같은 다양한 정체성을 갖는 교원을 임용할 수 있다. 일반적으로 교수라고 부르는 사람들은 정년트랙의 전임교원일 가능성이 높다.

와튼스쿨이나 하버드대학 같은 해외 유수의 경영대학들은 설립 당시부터 실용 학문Applied Science으로써 경영학을 강조해왔던 전통의 연장선상에서 경영전문대학원, 법학전문대학원, 의학전문대학원 같은 프로페셔널스쿨로 기능하기 위한 제도들을 마련하고 있다. 교원 임용도 연구중심교원뿐 아니라 경영현장 전문가를 외래교수 Clinical Professor, 초빙교수Invited Professor 등 비정년-비전임 등 다양한 트랙의 교원을 적극 학교에 위촉함으로써 경영현장과 대학의 간극을 줄이기 위해 노력하고 있다. 대한민국의 경영대학은 이 같은 사례들을 주목해야 한다. 경영학 교육의 위기를 한 번에 해결할 수 있는 만병통치약은 없다. 하지만 언급한 대한민국 경영교육이 가지고 있는 문제들을 다양한 실험과 도전을 통해 해결하고자 시도한 연세대학교 경영대학의 연세창업혁신프로그램의 사례를 소개함으로써 대한민국 경영교육혁신의 패러다임을 제언하고자 한다.

## 창업, 앙트프러너십과 혁신을 위한 새로운 실험들

 연세대학교 경영대학은 '탁월한 교육과 선도적 연구를 통해 세계적 시각을

가진 창의적이고 윤리적 리더 육성'이라는 미션Mission과 'Creativity, Integrity, Global Perspective'라는 핵심가치Core-value를 내세워 1915년 설립된 대한민국의 가장 오래된 경영교육 및 연구기관이다. 연세대학교 경영대학은 창립 100주년을 맞은 2015년, 창업혁신을 중요 교육 방향으로 설정하고, 새로운 가치를 창조하고 혁신하는 데 필요한 지식과 네트워크, 영감을 제공함으로써 세상을 변화시킬 창업가를 육성하는 경영교육기관으로 자리매김하는 것을 목표로 연세창업혁신프로그램YVIP: Yonsei Venture, Innovation and Startup Program을 시작했다.

**Yonsei Venture, Innovation, and Startup Program**

YVIP는 이 같은 연세대학교 경영대학의 미션을 실천하기 위해 ㈜아모레퍼시픽의 후원 협약을 기반으로 2017년 시작한 프로그램이다. 이후 연세대학교 경영대학은 YVIP를 통해 창업과 혁신에 관한 지식을 연구Research하고, 이를 교육현장에 접목해 실천적 인재를 교육Education하며, 경영혁신을 위한 영감과 지식을 제공하는 지식플랫폼 네트워크Network를 구축해, 혁신적인 대학으로서의 기능을 실천Practice하는 '21세기 창업혁신 지식플랫폼의 글로벌 허브'로 발전시키고자 하는 비전을 추구하고 있다.

1년 동안 연세대학교 경영대학은 대한민국 창업혁신 생태계와 글로벌 지식플랫폼에 기여하기 위해, 지속적이고 다양한 실험과 도전을 해왔다. 인류의 삶을 근본적으로 바꿀 혁신적 기업들의 창업과 성장에 관한 지식을 연구하고, 교육하며, 창업혁신 지식플랫폼을 구축하기 위해 다음과 같은 일들을 실천했다.

첫째, 교과과정에 창업혁신과 기업가정신에 관한 다양한 교과목을 신설했다. 둘째, 이 주제에 대한 교수들의 연구가 활성화되도록 데이터베이스 구축 등을 비롯한 연구지원 정책을 수립했다. 셋째, 세계 거장들을 한자리에 모아 글로벌 기업가정신 컨퍼런스를 개최했다. 창업혁신 생태계의 기업가들을 초청해 통찰력과 영감을 공유하고 교류하는 YVIP 콜로퀴엄 시리즈Colloquium Series, YVIP 클래스 토크 시리즈Class Talk Series, YVIP 글로벌 CEO 포럼을 개최했다.


## 미래를 선도하는 창업혁신교육

연세대학교 경영대학은 변화하는 경영환경에 대응하기 위해 교과과정/비교과과정을 혁신했다. 첫째, 창업심화 커리큘럼을 정비해 창업심화전공을 개설했다. 둘째, 사회현장 문제해결 교과목을 개설했다. 셋째, YVIP 클래스 토크 시리즈를 통해 현업 전문가들의 경험과 직관을 공유하는 교육의 장을 마련했다.

### 창업심화 커리큘럼

창업심화 커리큘럼을 개편하기 위해 연세대학교 경영대학이 가장 먼저 한 일은 경영대학을 비롯해 공과대학, 생활과학대학 등 개별 단과대학에 개설된 창업 관련 교과목을 파악하고 구조화하는 것이었다. 그다음으로 교내에 개설된 모든 창업 관련 교과목을 Opportunity & Ideation, New Product Development/Technology Venture, Entrepreneurship/Social Venture, Innovation Management 4개 영역으로 나누었다. 4개 영역에 개설된 총 47개 과목 중 12학점을 이수하고, 교내외 창업경진대회에 참가하거나 사회현장 문제해결 프로젝트 수행 과목을 추가로 이수하면 경영학 창업심화 전공자로 인정하는 것으로 창업심화전공을 정비했다. 2017년 한 해 동안 창업심화전공은 26개 과목이 개설되었고, 1,069명이 수강하는 등 창업 관련 교과목에 대한 학생들의 적극적인 수요를 확인할 수 있었다.

'창업303: 창업하기' 교과목을 들여다보자. 경영 전공학생들이 타 전공학생들과 팀을 구성하고, 여러 전공의 팀 티칭 교수들과 현업의 창업가들 멘토링을 받으며, 창업 단계까지의 모든 과정을 학습하고 실천하는 과정이다. 수업 설계 단계부터 경영대학 전임교원뿐 아니라 현업 전문가 Advisory 3인, 시니어 멘토 5인, 주니어 멘토 5인이 참여하는 등 기업가정신과 창업혁신을 강의할 수 있는 교원의 부족 문제를 해결하고, 현업의 전문가들과 네트워크를 구축함으로써 창업 활동이 강의실 내에 머무르지 않고 실천으로 이어질 수 있도록 교과목을 설계했다.

**기술 환경 변화에 대응하기 위한 창업혁신 신규 개설 교과목**

그동안 기술 환경의 변화를 이해하고 기술 창업을 교육하는 것은 주로 공과대학에서 주도해왔다. 연세대학교 경영대학은 경영학 전공자들이 기술과 관련된 배경지식을 학습하기 어려웠던 문제를 해결하고, 디지털 혁명과 기술 트렌드에 부합하는 기업가정신을 배양하고, 창의적이고 혁신적인 인재를 양성하기 위해 기술 변화와 관련된 다양한 신규 교과목을 개설했다.

먼저 '최첨단 기술 트렌드와 기술경영(BIZ3196)'이 있다. 이 과목은 최신 기술에 대한 이해를 더하고 창업 및 혁신에 관심 있는 학생들에게 경영학 외의 기술적인 부분에 대학 지식을 쌓을 수 있는 기회를 제공한다. 최첨단 기술을 다루고 있는 현장 전문가 강의에 더해 기술경영학을 전공한 학자로서 기술경영 이론과 케이스 등을 통해 첨단기술 진보에 대한 이해를 돕는다.

다음으로 '경영환경의 최신 동향: 디지털 혁명과 사회변동(BIZ 2125)'이 있다. 디지털기술 혁명과 가능성과 위협을 산업 영역별로 살피는 수업이다. 디지털기술 혁명의 가능성과 위협을 산업 및 시장 영역별로 살펴보고, 시장 변화의 흐름을 해석할 수 있는 이론과 프레임워크를 함께 배운다. 디지털 변동을 비판적으로 해석하고 이에 대한 합리적 대응 방법을 모색한다.

### 창업혁신 실천적 문제해결 프로그램: uGET, uCAN, uSEE

연세대학교 경영대학은 경영교육의 방향성으로 '사회 현장의 문제를 해결하는 실천적 인재 양성'으로 정하고, 강의실을 벗어나 실제 현장의 문제들을 해결하는 기업가정신을 가진 인재를 양성하는 커리큘럼을 마련했다. 특히 uGET<sub>Undergraduate Global Experience Team Project</sub>, uCAN<sub>Undergraduate Creativity Networking</sub>, uSEE<sub>Undergraduate Social Enterprise and</sub>

**[표 1] uGET 프로젝트(2008~2017)**

| 기수 | 연도 | 프로젝트 | 참여 인원 |
|------|------|---------|----------|
| 1기 | 2008 여름 | 10 | 32 |
| 2기 | 2009 여름 | 14 | 56 |
| 3기 | 2009 겨울 | 10 | 40 |
| 4기 | 2010 여름 | 13 | 52 |
| 5기 | 2010 겨울 | 12 | 48 |
| 6기 | 2011 여름 | 11 | 44 |
| 7기 | 2011 겨울 | 8 | 32 |
| 8기 | 2012 여름·겨울 | 11 | 44 |
| 9기 | 2013 여름·겨울 | 11 | 39 |
| 10기 | 2014 여름·겨울 | 11 | 41 |
| 11기 | 2015 여름 | 7 | 26 |
| 12기 | 2016 여름 | 8 | 32 |
| 13기 | 2017 여름·겨울 | 11 | 38 |
| **누적** | | 137 | 524 |

**[표 2] uCAN 프로젝트(2015~2017)**

| 연도 | 프로젝트 | 참여 인원 | 프로젝트 결과 / 대상 기업 |
|------|---------|----------|------------------------|
| 2015 | 6 | 18 | 창업기업 컨설팅: 블루골드, 리뷰머스, PlayPlay, 위션, 카야다미, 플래스프렙 |
| 2016 | 4 | 29 | 창업기업 컨설팅: AFI, I Tech U, TNDN, April Skin |
| 2017 | 7 | 38 | 창업기업 컨설팅: 플라이앤컴퍼니, 잼팩토리, 위플래시, 동동, 코멘토, 리뷰머스, 스캐터랩 |
| **누적** | **17** | **85** | |

[표 3] uSEE 프로젝트(2015~2017)

| 연도 | 프로젝트 | 참여 인원 | 프로젝트 결과 / 대상 기업 |
|---|---|---|---|
| 2015 | 6 | 19 | 서울시 지역자활사업단 컨설팅: 씽씽자전거, 맛드림사업단, 더마실카페, 구수미누룽지, 다솜도시락, 핸드메이드사업단 등 |
| 2016 | 5 | 32 | 소셜벤처 비즈니스모델 수립: 지음, 주렁주렁, 와신상담(상담 서비스), 온다(웨딩 솔루션), 공유 플랫폼 |
| 2017 | 9 | 47 | 서울시 지역자활사업단 컨설팅, 소셜벤처 비즈니스모델 수립: 신규자활사업모델, 한땀봉제, 우리동네공유마을센터, 더치숲카페, 자전거재활용사업단 등 / Green Cycle, 갤러웨어 |
| 누적 | 20 | 98 | |

Engagement 등의 과정을 통해 직접 소셜벤처를 창업하기도 하고, 서울시 지역자활사업단 컨설팅 등 지역 사회의 문제들을 해결하기도 하며, 교육이 실천으로 연결될 수 있는 다양한 프로그램을 강화했다.

### YVIP 클래스 토크 시리즈

YVIP 클래스 토크 시리즈는 경영학 교육에 적극적으로 경영현장 실무자들의 경험을 담아내기 위해 연세대학교 경영대학이 기획한 교과과정이다. 융합과 통섭을 통한 창업혁신을 위해 YVIP 클래스 토크 시리즈는 개별 교과목 단위로 진행되지만, 모든 연세대학교 재학생, 졸업생, 대학원생, 교수들에게 개방하고 창업혁신 생태계의 직관과 창조성을 공유하는 장이기도 하다. 또한 다른 창업심화 교과목과 마찬가지로 2017년 한 해 동안 28회를 개최하는 동안 1,121명이 참석하는 등 창업과 혁신에 대한 높은 수요를 확인할 수

**[표 4] YVIP 클래스 토크 시리즈(2017)**

| 수업명 | 일자 | 초청 연사 | 강연 주제 |
|---|---|---|---|
| 창조성 | 2017.09.14 | 문훈숙(유니버설 발레단장) | 발레에서 배우는 창조성의 원리 |
| 창조성 | 2017.09.21 | 차진엽(콜렉티브 A 예술감독) | 현대무용과 안무의 창조성 |
| 창조성 | 2017.09.28 | 니키 리(아티스트) | 모던 아트에서의 창조성 |
| 창조성 | 2017.10.12 | 이병우(작곡가 겸 기타연주가) | 클래식과 영화음악의 창조성 |
| 창조성 | 2017.10.26 | 황두진(건축가) | 창조적 공간 설계 |
| 창조성 | 2017.11.02 | 이상훈(ABL Bio CEO) | 창조적 벤처기업가의 길 |
| 창조성 | 2017.11.09 | 김유곤(tvN PD) | 예능 프로그램의 창조성 |
| 창조성 | 2017.11.16 | 김병찬(플럭서스뮤직 대표) | 연예 기획과 음반사의 창조성 |
| 창조성 | 2017.11.23 | 노희영(YG Foods CEO) | 음식 문화의 창조성 |
| 창조성 | 2017.11.30 | 유영식(한국영화아카데미 원장) | 한국 영화 제작의 창조성 |
| 창조성 | 2017.12.07 | 김인숙(소설가) | 문학과 창조성 |
| 창업하기 | 2017.09.28 | 최형섭(SKT 팀장) | 벤처 펀드의 구조와 펀딩 전략 |
| 창업하기 | 2017.09.28 | 이민석(TNDN 대표) | 창업 초기 팀빌딩과 펀딩 과정 |
| 창업하기 | 2017.10.26 | 전세준(제하 대표변호사) | 스타트업이 겪는 법률 문제와 해결 방안 |
| 창업하기 | 2017.10.26 | 김동호(한국신용데이터 대표) | 스타트업 트렌드 변화에 따른 발전 전략 |
| 창업하기 | 2017.11.02 | 임진석(옐로모바일 CSO) | 공동창업의 새로운 형태: 기업연합모델 |
| 창업하기 | 2017.11.02 | 김광현(디캠프 센터장) | 기업가정신 |
| 창업하기 | 2017.11.09 | 박은관(시몬느 회장) | 선순환적 부가가치 창출 사례 |
| 창업하기 | 2017.11.16 | 송은강(캡스톤파트너스 대표) | 스타트업 생태계 변화: 린 스타트업 |
| 창업하기 | 2017.11.23 | 이상현(에어비앤비 정책총괄) | 에어비앤비의 성장 배경 |

있었다. 연세대학교 경영대학은 YVIP 클래스 토크 시리즈를 연간 28회 진행하던 것에서 대폭 확대 발전시켜 2018년 2학기 한 학기

에만 63회의 토크 시리즈를 진행할 예정이다.

교육은 단기간에 성과를 보이기 어려운 분야다. 2015년 이후 시작된 연세대학교 경영대학의 경영교육혁신 시도들은 성과를 논하기에 아직 이르다. 그러나 다양한 창업혁신 신규 교과목과 사회 문제해결 교과목을 수강했던 학생들이 직접 창업을 하거나, 사회적 기업을 설립하는 사례들이 관측되고 있다는 점에서 조심스럽지만 긍정적으로 평가하고 있다. 연세대학교 경영대학은 이 같은 커리큘럼의 혁신이 경영학 전공자들의 기업가정신 배양에 끼치는 영향에 대해 연구해 효과성을 검증할 계획이다.

## 창업혁신 연구를 위한 도약

연세대학교 경영대학이 4차 산업혁명 시대를 맞아 미래의 경영학 연구, 경영교육이 나아가야 할 방향으로 제시한 주요 방향성 중 하나는 '창업혁신 연구를 통한 경영교육의 질적 향상'이다.

대한민국 경영교육의 위기는 본질적으로 경영학 연구의 위기와 매우 밀접한 관계가 있다. 경영교육의 주체인 경영대학 전임교원들의 연구가 교육으로 연결되지 못하고 있다는 점에서 대한민국 경영학 연구가 당면한 과제에 대해서도 살펴봐야 한다.

경영학 연구가 맞이하고 있는 문제는 대한민국 경영대학만의 문제가 아니다. 메릴랜드대학 샤피로Shapiro 교수와 노스캐롤라이나주립대학 커크먼Kirkman 교수가 주장하듯, 경영학을 연구하는 과정에서 현업 실무자들의 의견이 반영되지 않아 실무와 큰 간극<sub>Gap between</sub> Theory and Practice이 발생한다. 이 간극은 점차 벌어지고 있다.

창업혁신 분야의 경영학 연구로 좁혀 생각해보자. 이 문제는 더욱 심각해지는데, 창업혁신 생태계의 특성상 연구 대상이 되는 기업들이 데이터를 수집하기도 전에 사멸하는 경우가 빈번해 창업혁신 연구에는 어려움이 많다. 결국 창업혁신 연구의 어려움으로 인해 경영교육의 주체인 경영대학 교수들이 본인들의 연구를 강의에 반영하기 어렵다는 점에서 경영학 연구의 문제는 경영교육의 문제로 연결될 수밖에 없다. 따라서 창업혁신 경영교육의 질적 향상을 위해서 창업혁신 연구에 대한 어려움을 제거하고 지원해야 한다.

### 창업혁신 연구지원, 창업혁신 데이터베이스 구축 지원

연세대학교 경영대학은 위의 문제를 해결하기 위해 연구자들이 창업, 혁신, 스타트업 등에 관심을 가지고 연구할 수 있도록 재정적으로 지원했다. 그리고 학내의 다양한 연구자가 접근할 수 있는 연구 인프라를 구축하는 방식으로 창업혁신 연구를 지원했다.

첫째, YVIP는 '기업가정신', '벤처와 스타트업', '창조성과 혁신', '4차 산업혁명과 기술혁신' 등 4가지 대주제를 연구의 아젠다로 선정했다. 이 아젠다를 연세대학교를 넘어 글로벌 스타트업 생태계에 기여할 수 있는 지식 창출의 장으로 만들고자 노력했다. 이러한 노력의 결과, 2017년 이후 연세대학교 경영대학 연구진은 세계 최고 수준의 권위가 있는 학술지인 〈Organization Science〉, 〈Strategic Management Journal〉 등에 10편의 논문을 게재 신청

해 심사 중이다. 2018년은 질적인 면에서나 양적인 면에서 괄목할
만한 성과가 있을 것으로 기대하고 있다.

둘째, 창업혁신과 관련된 연구를 위한 데이터 수집의 어려움을
극복하고자, YVIP는 Eikon for Students, T1.com Foundation
Asia, T1.com Private Equity Data 등 데이터베이스를 구독하고
연구를 하는 데 지원하고 있다. 이 데이터베이스는 연세대학교 교
수진, 대학원생, 학부생 모두 활용할 수 있다. 이 데이터베이스를
통해 글로벌 금융 시장에 대한 분석 리포트와 예측 자료, 스타트업
생태계의 기업 인수합병 동향, 펀드 성과, 출자 약정액 등의 정보를
탐색할 수 있다.

## 한국 기술벤처기업 현황조사 연구사업

대한민국 스타트업 생태계가 글로벌 수준으로 성장하면서 과학
적이고 학문적으로도 이에 대한 연구가 진행되어야 하는 시대적 필
요에도 불구하고 국내 벤처기업 관련 연구, 특히 기술벤처기업들에
대한 연구는 대단히 부족하다.

연세대학교 경영대학은 이러한 시대적 요구에 부응하고 미래의
기술벤처기업 연구에 기여하기 위해 '한국 기술벤처기업 현황조사
연구사업'을 시작했다. 이 연구를 통해 연세대학교 경영대학은 대
한민국 기술벤처기업에 대한 데이터베이스를 구축해 창업혁신에
대한 글로벌 최고 수준의 지식과 아이디어·기회·자원·영감·조언
을 가진 다양한 해외 학자와 교류하고, 창업혁신과 관련된 연구 주
제들, 자신의 연구 결과를 교육에 반영할 수 있도록 꾸준하게 지원

할 계획이다.

경영학 연구는 경영학 교육과 더불어 경영대학이 연구기관으로서 수행해야 하는 가장 근본이 되는 활동이다. 앞에서 언급했듯 경영교육의 위기를 논할 때 경영학 연구의 위기를 떼어놓고 생각할 수 없는 만큼, 연세대학교 경영대학은 교육을 담당할 교원들의 연구를 다양한 방식으로 지원함으로써 경영교육을 질적으로 향상시키고자 한다.

## 글로벌 창업 생태계 지식의 허브

연세대학교 경영대학은 대한민국 스타트업 생태계와 글로벌 창업혁신 생태계에 기여하기 위해 창업혁신 공동체를 형성하는 것을 주요한 방향성으로 한다. 교육, 연구와 같이 대학이 수행해왔던 영역을 넘어 창업혁신과 관련된 지식의 네트워크를 구축함으로써 4차 산업혁명 시대를 맞은 대한민국에 기여하고자 한다. 이를 위해 창업혁신에 대해 영감과 지식을 가진 연구자, 실무자, (예비) 창업가들이 교류하는 네트워크를 구축하고 대한민국을 넘어 21세기 인류가 당면한 과제를 해결하고자 한다.

### 스타트업 생태계 활성화를 위한 정책 컨퍼런스

스타트업 생태계 활성화를 위한 정책 컨퍼런스는 단과대학과 대학교의 울타리를 넘어 '창업혁신 공동체'를 통해 문제를 해결하기 위한 연세대학교 경영대학이 기울인 노력의 일환이다. 상반기와 하반기 각 1회 개최되는 컨퍼런스에서는 한국 벤처창업 생태계 활성화를 위해 정부, 기업, 대학이 각각 어떤 역할을 해야 하는지 발표와 토론을 진행한다.

앞서 제기했던 기존의 경영학 연구와 경영교육이 가졌던 한계점, 즉 창업혁신 생태계 실무자의 의견이 반영되는 채널의 부재를 극복하기 위해 연세대학교 경영대학은 창업혁신에 관련된 주관 부처인 중소벤처기업부의 벤처혁신정책국장의 발언에 귀 기울인다. 또한 타 경영대학에서 창업혁신을 연구하는 경영대학 교수들의 의견에 집중함으로써 실질적으로 스타트업 생태계를 활성화하기 위한 지식과 경험을 교류하는 장을 마련했다.

### 글로벌 앙트프러너십 컨퍼런스

연세대학교 경영대학이 창업혁신 프로그램을 기획하고 실행하는 데 중요한 기준 중 하나는 '세계적 시각'을 가진 인재를 양성하고, 대한민국을 넘어 21세기 인류 공동체가 당면한 과제를 해결하는 것이다.

글로벌 앙트프러너십 컨퍼런스Global Entrepreneurship Conference는 이 같은 목적으로 글로벌 경영의 패러다임 전환기를 맞아 벤처창업과 혁신을 이끄는 기업가정신Entrepreneurship에 대해 살펴보기 위해 세계적 거장을 초청해 연 1회 개최하는 행사다.

2017년 개최한 1회 글로벌 앙트프러너십 컨퍼런스에는 세계 최고 학술지인 〈Administrative Science Quarterly〉의 현 편집위원장이며 혁신 연구의 대가 헨리 그레베Henrich Greve INSEAD 교수, 미국 기업가정신에 대한 생태학적 연구의 거장 하워드 알드리치Howard Aldrich 노스캐롤라이나대학 교수, 세계 각국의 벤처창업 생태계에 대한 글로벌 연례 패널 조사를 총괄하는 폴 레이놀즈Paul Reynolds 애스턴대학 교수, 영국의 기술 창업에 대한 석학 히람 사멜Hiram Samel 옥스퍼드대학 교수, 싱가포르의 기업가정신 교육 권위자 왕포캄Pho Cam Wong 싱가포르국립대학 교수 등이 발표했다. 그리고 김영규(고려대), 김지현(연세대), 박상찬(KAIST), 박선현(서울대), 배종훈(서울대), 이무원(연세대) 등 국내 경영학계를 대표하는 세계적 학자들이 토론자로 나서서, 기업가정신 함양을 위한 교육의 역할Education, 정책적 관점Policy, 연구Research 측면에서 통찰들을 나누었다.

### YVIP 콜로퀴엄 시리즈

YVIP 콜로퀴엄 시리즈는 월 1회 진행되는 비교과과정 네트워킹 시리즈다. 전 세계의 창업혁신 연구자와 실무자들을 초빙해 그들의 인사이트와 최신 기술 트렌드 등을 공유하는 행사다. 2017년 이후 총 9회의 콜로퀴엄 시리즈를 진행했다. 이 행사에서 빅데이터-머신러닝 기반 투자, 실리콘밸리의 투자 동향, 디지털 이코노미, 구글의 혁신 전략, 3D 프린팅의 생태계, 4차 산업혁명에 대응하는 인재상에 대해 소통하는 등 교과과정인 수업에서 다루기 어려운 깊이의 심도 있는 주제에 대해 토론하고 글로벌 최고 수준의 전문가의 생생한 경험을 공유하는 네트워크의 장을 마련했다.

"경영대학이 연구와 교육을 넘어 네트워크까지 구축해야 하는

**[표 5] YVIP 콜로퀴엄 시리즈(2017~2018)**

| 일자 | 초청 연사 | 강연 주제 |
|---|---|---|
| 2017.04.24 | 백영재(구글코리아 글로벌 디렉터) | The Google Way: 구글의 창조와 혁신 전략 |
| 2017.06.09 | 애럭 린드플래시(일리노이대학 교수) 고희동·유병현(한국과학기술원 연구원) 이인덕(LOCOOP CEP) | 3D Printing Ecosystem— Bridging Academics and Industry |
| 2017.07.28 | 벤캇 벤카트라만(보스턴대학 교수) | 4차 산업혁명과 디지털 매트릭스 |
| 2017.10.13 | 이민화(창조경제연구회 이사장) | 혁신과 기업가정신 |
| 2017.10.25 | 가빈 스타크(Open Data Institute CEO) | Data and Humanity |
| 2018.04.20 | 로버트 팔마티어(워싱턴대학교 교수) 이주연(아이오와주립대학교 교수) | Why is Amazon's Jeff Bezos Obsessed with Customer Centricity? |
| 2018.04.25 | 윤일석(삼성벤처투자 전무) | 한국 벤처캐피탈 생태계 현황과 삼성의 벤처캐피탈 투자 기준 |
| 2018.05.28 | 민원기(OECD Digital Economy 정책 위원회 의장) | Understanding Digital Economy |
| 2018.06.12 | 김성찬(Black Rock 자산운용 전무) | Man and Machine — How Big Data and Machine Learning are shaping the future of investing |

가?"라는 질문을 할 수 있다. 경영대학은 본질적으로 교육기관이자 연구기관이기 때문이다. 그럼에도 불구하고 초연결Hyper connect과 개방형 혁신Open Innovation의 시대를 맞이해 국내외 정부기관, 기업, 다른 대학교 등 생태계의 다른 플레이어들과 교류하지 않는 대학은 경영학 연구와 교육에서 도태될 수밖에 없다.

21세기 창업혁신 생태계에 교육기관이자 연구기관으로써 더욱 효과적으로 기여하기 위해 창업과 혁신에 관련된 네트워크를 구축하는 것은 경영대학의 필수 선택이다.

## 글로벌 창업을 향한 도전

연세대학교 경영대학이 창업혁신 프로그램을 기획하며 중요하게 생각한 또 다른 방향성 중 하나는 연구와 교육이 '실천'으로 연결되어야 한다는 것이다. 경영대학 교수들이 창업혁신에 대해 연구해 창조한 지식이 학생들에게 교육되며, 학생들의 다양한 활동을 통해 실천되는 것이 연세대학교 경영대학이 그리는 비전이다. 이를 위해 연세대학교 경영대학은 'YSB 글로벌 창업 챌린지Challenge'를 통해 진정성을 가지고 실제 창업하고자 하는 학생 창업팀을 발굴하고, 경영대학에 창업팀을 입주시켜 보육할 수 있는 공간(i.e. 아뜨리움)을 마련해 창의와 혁신에 대한 도전이 실천으로 연결될 수 있도록 지원했다.

### YSB 글로벌 창업 챌린지

창업과 관련된 여러 지표를 통해 확인할 수 있듯 학생 창업은 일반 창업에 비해 성공률이 낮으며, 기술 창업이나 제조 기반 창업이 아닌 서비스 영역의 창업이 주를 이룬다. 그리고 글로벌 마켓을 타깃으로 하기보다는 로컬 마켓 또는 지역적 특성에 의존하는 비즈니스 모델을 수립하기가 쉽다. 다른 창업자들에 비해 부족한 경험, 빈약한 재무 자원, 전문성 부족이 이 같은 학생 창업의 특징으로 이어지는 것이다. 연세대학교 경영대학은 학생 창업의 특이성을 고려해, 글로벌 창업을 준비하는 팀들에게 보다 많은 기회를 제공하는 차원에서 모든 과정을 영어로 진행한다. 그리고 선발된 팀이 실제로 해외 스타트업에서 경험을 쌓을 수 있도록 글로벌 스타트업 엑셀러레이터 'XnTree-Level 39'와 협업해 인턴십을 지원했다.

## 아뜨리움 인큐베이션

연세대학교 경영대학은 연세창업혁신프로그램을 통해 1년 동안 9팀의 학생 창업팀을 발굴해, 창의와 혁신을 실제로 경험할 수 있는 공간(아뜨리움)을 지원하고 인큐베이팅했다. 미래의 기업가들은 학교라는 보호 장치 아래 성공과 실패, 시행착오를 겪으며 세상에 나아갈 수 있는 기업가정신을 함양했다.

창업혁신에 대한 연구와 교육이 실천으로 연결되어야 한다는 원칙을 수행하기 위해 다양한 프로그램을 마련했음에도 불구하고, 공간을 마련하고 창업팀들을 지원하는 것은 경영대학 입장에서 예상보다 많은 인적자원, 재무자원, 공간자원을 요구하는 사업이다.

경영교육의 교원 문제에서 언급했듯, 현업 경험이 있는 외래교수, 초빙교원이 아닌 연구중심으로 선발된 전임교원들에게 창업 보육을 일임하거나, 담당 인력 없이 공간만 제공해 창업팀을 입주시키는 것은 가시적인 실적에는 도움이 될 수 있으나 장기적인 관점에서 바람직한 실천 방향은 아니다.

연세대학교 경영대학 역시 이러한 고민의 결과 창업지원의 영역

[표 6] 아뜨리움 인큐베이션

| 팀명 | 사업 아이템 |
|---|---|
| 팀플래닛 | 1인 가구에게 신선한 과일을 합리적 가격으로 제공하는 서비스 '프레디' |
| E-bul | 한 지역에 살고 있는 이웃이 서로 협력하고 신뢰를 쌓을 수 있도록 하기 위한 공유경제 플랫폼 |
| piqob | 예술을 통해 지금보다 더 재미있고 상상력 넘치는 세상을 꿈꾸는 문화예술 스타트업 |
| 와이오엘오 | 합리적 가격에 해외 상품을 구매하고자 하는 고객, 혹은 해외로 물품을 배송하고자 하는 고객들을 현지 여행자들과 매칭해주는 공유경제 서비스 |
| 지음 | 대학생의 자주적 불평등 해결을 위한 다양한 활동 |
| 건물주 | 특정 시간에 같은 활동을 하고 싶어 하는 사람과의 만남을 위한 소셜 매칭 앱 '프렌팅(Frienting)' |
| 코드잇(CodeIt) | 온라인 코딩 교육 서비스 |
| 위플래시(WeFlash) | 자영업 매장 아르바이트 관리 솔루션 앱 '위대한 체크비' |
| 프리즘(FRISM) | 시각장애인의 의류 쇼핑을 위해 색상 기호를 보급하는 서비스 |

은 교내 창업지원단 같은 유관기관과 긴밀하게 협조하는 것으로 사업 방향을 조정하고 있다.

### 새로운 가치창조의 밑거름이 될 연세창업혁신프로그램

변화와 혁신에 정답이 없듯 대한민국 생태계와 글로벌 지식플랫폼에 기여하기 위해 시작한 연세창업혁신프로그램 역시 지속적으로 실험하고, 시행착오를 겪고, 도전하는 과정에 있다.

대학이라는 기관의 특성상 연구, 교육 외에 새로운 프로그램과 사업을 운영하는 것은 대학본부, 유관 부처, 행정팀 교직원 선생님들의 협조가 없다면 현실적으로 불가능하다. 그리고 이러한 부분에서 많은 시행착오가 발생하는 것 또한 피할 수 없다.

그럼에도 불구하고 경영교육 현장에서 젊은 학생들이 무한한 가능성과 창조적인 상상력, 도전과 용기를 가지고 실행하는 것을 응원하고 지원하는 것은 연세대학교 경영대학이 존재하는 이유이자 창업혁신프로그램을 실행하는 이유가 된다.

10년, 20년 뒤 연세대학교 경영대학이 연세창업혁신프로그램이라는 실험을 통해 양성한 학생들과 연구자들이 창업혁신을 통해 세상을 변화시키려는 비전과 열정을 갖고 전 세계의 기업가, 실천가들과 함께 모여 서로가 가진 다양한 지식과 역량, 자원, 경험, 아이디어들을 결합해 이제까지 존재하지 않았던 새로운 가치를 끊임없이 창조하기를 희망한다.

마지막으로 연세경영의 도전과 시행착오들이 유사한 고민을 가지고 있는 대한민국의 경영대학들과 동료 교수들에게 도움이 되길 희망한다.

## 주

1 김범수 카카오 의장, '청년들이여, 직장 아닌 업(業) 찾아라', 〈조선일보〉, 2016. http://biz.chosun.com/site/data/html_dir/2016/05/26/2016052601363.html

2 '인사말', 연세대학교 경영대학 홈페이지, 2018. https://ysb.yonsei.ac.kr/contents.asp?mid=m01_05

3 신동엽, 〈한국 기업경영 패러다임을 다시 설계하라〉, 한인구 외, 《직각혁신이 답이다》, 매일경제신문사, 2017.

4 "The Future of Jobs, Employment, Skills and Workforce Strategy for the Fourth Industrial Revolution," World Economic Forum, 2016.

5 "McKinsey Global Institute: Artificial Intelligence The Next Digital Frontier?," McKinsey & Company, 2017.

07

# 창업지원 사례와 교훈, 스타트업 스테이션

**김희천, 신호정, 유시진, 박대윤**
고려대학교 경영대학

7장에서 다룰 고려대학교 경영대학 스타트업 연구원(스테이션)은 교우들의 기부금으로 2016년 9월에 설립되었다. 산하에 입주기업을 육성하는 역할을 하는 '일진창업지원센터'와 창업 관련 교육을 담당하는 '승명호 앙트프러너십에듀케이션센터'가 있다. 자체 창업경진대회를 통해 선발된 입주기업들은 데모데이인 '츄츄데이'에서 비즈니스모델과 미래 청사진을 공개한다. 학생 창업을 지원하면서 배운 중요한 교훈과 향후 과제는 다음과 같다. 첫째, 다양한 전공과 배경을 가지고 있는 학생들이 모일 수 있는 공간과 열린 문화가 중요하다. 둘째, 학생들이 마음의 벽을 허물고 개방성을 가지도록 유도해야 한다. 셋째, 창업에 대한 여학생들의 관심과 참여를 높여야 한다. 넷째, 초기 단계의 스타트업들에 대해 교육기관의 장점을 활용해 육성함으로써 창업 생태계의 발전에 공헌해야 한다. 다섯째, 교내 창업지원 조직은 외부 스타트업 생태계와 연결되어 있어야 한다.

## 첫발을 내디딘 스타트업 스테이션

고려대학교 경영대학 스타트업 연구원(원장 김희천 교수)은 학생들 스스로가 기업가 DNA를 채굴하는 과정을 돕는 창업보육 및 교육 기관이다. 창업을 통해 자수성가한 일진글로벌 이상일 회장(상학과 57학번)과 동화그룹 승명호 회장(무역학과 74학번)을 비롯한 교우들의 기부금으로 2016년 9월에 설립되었다. 스타트업 연구원은 아이디어와 열정으로 도착arrival한 학생 창업가들이 스타트업의 모습을 제대로 갖춰 세상으로 출발departure하는 기차역을 모티브로 해 조성되었다. 그래서 대외적으로는 '스타트업 스테이션KUBS Startup Station'으로 알려져 있다.

언론에 그려지는 대학의 창업보육 활동에 대한 사회적 시선은 그리 곱지만은 않다. 대학이 대책 없이 창업을 권유해 신용불량자 학생들이 속출한다는 언론보도도 있다.[1] 정부의 청년창업지원정책은 혁신적인 스타트업을 일궈내기는커녕 각종 지원금을 노리는 '지원금 사냥꾼'들을 만들어내고 있으며, 일부 대학생들은 창업활동을 대기업 입사를 위한 스펙으로 이용한다고 한다.[2]

정치 지도자들의 창업에 대한 생각은 어떨까? 한 정치인은 창업이 "'성장의 사다리'로 청년의 혁신적 아이디어가 창업으로 꽃피우고 성공으로 열매 맺을 때 그 사회는 성장하게 되고 일자리로 저절로 창출된다"면서, "4차 산업혁명으로 없어질 일자리 대신 새로운 많은 일자리를 만드는 일, 그것은 바로 청년들의 창업 열기가 있어야 가능하다"고 강조한다.[3]

문재인 정부의 창업에 대한 시각도 정치인들의 생각과 별반 다르지 않다. 정부는 청년 일자리 문제를 해결하기 위한 4대 분야 중점 추진 과제 중 두 번째로 '창업 활성화'를 채택했다. 이를 위해 각종 지원책과 더불어 2조 6,000억 원 규모의 혁신모험펀드를 조성하고, 이 자금이 소진되면 추가 재원을 확보해 지원한다는 계획이다. 동시에 34세 이하 청년이 창업한 기업은 5년 동안 법인세와 소득세 100%를 감면하겠다는 정책도 수립했다.[4]

표면적으로는 국가의 장래를 위해 건실하고 혁신적인 청년창업이 매우 중요하다는 공감대가 기성세대들 사이에 형성되어 있는 것으로 보인다. 또한 청년창업을 북돋기 위해 재정적 지원을 아끼지 말아야 하지만, 이로 인해 발생하는 청년들의 희생과 사회 문제에 대해 우려 섞인 목소리도 공존한다.

교육현장의 최전선에서 대학교 창업보육의 표준모형을 제시하겠다는 비전으로 출범한 고려대학교 경영대학 스타트업 스테이션에서, 학생들과 눈높이를 맞추고 호흡을 같이하는 우리 교수들로서는 기성세대가 바라보는 학생 창업기업에 대한 시각이 종종 당혹스럽다. 우리를 더욱 당황케 하는 것은 학생 기업가들과 투자자들의 미팅에서 자주 등장하는 다음과 같은 질문이다. "학생의 아이디어는 현실적으로 실현 가능성이 없어 보입니다. 대체 수익 모델이 뭔가요?" 이 질문의 행간에는 학생들이 발표한 아이디어가 돈벌이도 안 될뿐더러 일자리 창출에도 전혀 보탬이 안 될 것 같다는 복선이 깔려 있다.

정리해보면 우리나라의 언론, 정부, 기성세대가 제시하는 학생 창업의 키워드들은 경제성장, 일자리 창출, 실업 문제해결, 고부가가치 창출이라는 경제 중심주의 내지는 배금주의를 지나칠 정도로 지향하고 있다. 단언하건대 이 중 어떠한 논리로도 학생들을 창업으로 유도할 수 없고, 학생 창업을 정당화할 수도 없다. 일자리 창출과 실업 문제를 해결하기 위해 창업으로 국가에 기여하겠다는 순진(?)한 청년들도 그리 많지 않다.

그렇다면 오늘날의 세계적인 창업 열기는 어떻게 설명할 것인가? 테크크런치<sub>TechCrunch Disrupt</sub>[5]와 슬러시<sub>Slush</sub>[6] 같은 글로벌 스타트업 컨퍼런스는 경제 현상을 넘어선 문화 현상으로 자리매김하고 있으며, 스스로 독립된 산업으로 성장해가고 있다.

힙합 공연장에서 팬들이 열광하며 쏟아내는 것과 동일한 형태의 열기와 에너지를 수천 명의 젊은이들이 모인 글로벌 스타트업 컨퍼런스에서도 똑같이 느낄 수 있다. 처음부터 끝까지 박수와 환호성의 파티다. 다른 나라의 청년들은 실패율이 높디높은 스타트업을 선택하면서 불안하기는커녕 왜 이리 열광하는 것일까? 왜 스타트업을 인생의 기회로 여기는 것일까?

우리는 그 원인을 다음의 3가지에서 찾고 있다. 첫째, 청년들은 기성세대가 보지 못하는 사회적 문제점들을 인식하며, 이를 해결하고 싶어 한다. 다시 말하면 기성세대가 만들어놓은 세상에는 너무나 많은 사회적·기술적 문제들이 존재하며, 많은 청년은 이 문제들을 해결해야겠다는 동기로 스타트업을 시작한다. 2017년 베를린 테크크런치에서 우승한 리아LIA팀이 주목한 문제는 가임 여성들의 필수품인 임신 테스트기가 플라스틱 재질로 만들어져 있고 재활용조차 어려워 환경 파괴의 주범이 되고 있다는 것이었다. 기존의 임신 테스트기 제조업체들은 이런 고민을 별로 하지 않았을 것이다. 고려대학교 학생 창업기업인 아이오펫팀이 발견한 문제는 반려견이 질병에 걸리면 진료비가 비싸 보통의 견주들이 이를 감당하기 어려운 나머지 반려견을 버려서 해마다 유기견이 증가하는 사실이었다. 환경 파괴가 걱정인 리아는 환경 친화적인 종이로 임신 테스트기를 만들고 싶었고, 동물 애호가들이 모인 아이오펫은 치료보다 훨씬 저렴한 건강검진 프로그램을 만들어 반려견의 질병을 예방하고 싶었다. 이것이 리아와 아이오펫이 창업을 원했던 이유고, 문제해결을 도와줄 투자자들을 기다리는 이유다. 우버는 비싸고 불친절한 기존의 택시 서비스 문제를 해결하고 싶었고, 에어비앤비는 유명 컨퍼런스마다 천정부지로 치솟는 호텔비를 이해할 수 없었다. 그래서 창업했고, 당당하게 유니콘으로 성장했다.

둘째, 문제해결을 위해 창업을 선택한 세계의 젊은이들은 이 과정에서 재미를 추구하는 동시에 자아를 실현한다. 공평하게 주어지는 단 한 번의 소중한 인생이다. 누군가의 지시를 받으며 평생직장 생활을 할 것인가, 아니면 내가 흥미롭다고 느끼는 일을 수행하며 주체적으로 인생을 살아갈 것인가를 선택하는 문제에서 창업은 아주 매력적인 옵션이다. 문제해결 과정에서 접하게 되는 재미 요소들은 창업을 선택한 청년들이 밤낮을 가리지 않고 보람을 느끼며 일하게 하는 원동력이 된다. 이와 더불어 창업 활동을 통해 삶을 지탱할 수 있는 경제적 이득도 얻게 된다면 금상첨화다.

셋째, 창업의 '시의적절성'이다. 경제가 지속적으로 성장하면서 세계적으로도 잉여 투자자금을 가진 개인과 기업의 수가 기하급수적으로 증가했다. 자금의 흐름은 가능성 있는 기업들을 끊임없이 찾고 있으며, 창업 관련 우리 정부의 예산도 확장일로에 있다. 2018년 현재 'K-스타트업'에 공시된 직접 지원금은 총 7개 부처에 7,500억 원 규모이고 간접지원금까지 합하면 전체 예산이 1조 6,000억 원을 훌쩍 웃돈다는 통계도 있다. 이러한 민간 및 정부의 투자자금과 지원금은 학생 창업가들의 이상을 구조적으로 실현 가능케 하는 자원이고 수단이다.

언론에 보도된 것처럼 때로는 창업지원금을 획득하는 것이 주된 목표이거나, 대기업 취업을 위해 소위 '스펙 쌓기'의 일환으로 창업을 경험하고 싶은 학생들도 분명히 존재한다. 스타트업 스테이션은 엄정한 선발 과정 및 입주 이후의 쉼 없는 평가와 밀착 관리를 통해 창업놀이를 하는 팀들을 가려낸다. 하지만 앞서 언급한 것처럼 우리는 학생들에게 내재되어 있는 기업가정신을 이끌어내는 교육자로서의 역할도 매우 중요하게 받아들이고 있다. 따라서 비즈니스 아이디어의 참신성과 현실성도 중요한 선발기준이지만 때로는 구성원들의 능력, 성장 가능성, 상호 보완성이 탁월하다면 비즈니스 모델이 상대적으로 빈약하더라도 입주를 허용한다. 이들의 창업이 설사 실패하더라도 그 과정과 경험이 미래의 성공 가능성을 제고할 것이라는 신념과 판단 때문이다. 또한 스타트업 스테이션에 입주한 기업들은 다양한 공동체 활동을 통해 기업의 사회적 책임과 의무를 깨닫고 이에 합당한 소양과 자질을 갖춰간다.

스타트업 스테이션은 숨 가쁘게 돌아간다. 스타트업 스테이션에 참여한 교수들 또한 입주기업들의 성공적인 출발을 도우려고 희생을 아끼지 않고 있다. 하지만 우리는 입주기업들의 구성원 대부분이 아직도 사회적으로 보호를 받아야 하는 성장기의 학생들임을 늘 명심하고 있다. 특히 스타트업 스테이션은 무한한 가능성을 지닌 학생 기업가들의 꿈과 이상이 기성세대의 차갑고 근엄한 경제적 논리에 의해 일순간에 멍들고 파괴되기를 바라지 않는다. 이것이 스타트업 스테이션이 창업보육기관으로서 경쟁력을 제고해가면서도, 따뜻한 보호자 및 지지자로서 학생 기업가들의 버팀목이 되어야 하는 당위성인 것이다.

## 스타트업 스테이션 조직과 프로그램

참신한 사업 아이디어를 가진 학생들이 스타트업 스테이션에 도착해 체계적으로 마련된 보육과 교육과정을 거치면, 이들의 아이디어느 보다 구체적인 비즈니스모델로 진화하고 기업의 모습을 갖추게 된다. 이들 기업은 액셀러레이터accelerator, 마이크로 벤처투자가 혹은 엔젤 투자자들과 연결되어 스타트업 스테이션을 떠나게 된다. 2년 동안(2016~2018) 17개 기업이 성공적인 첫발을 세상에 내디뎠다. 2018년 8월 말 현재 14개의 기업이 스타트업 스테이션에서 출발을 뜨겁게 준비하고 있다.

스타트업 스테이션에는 입주 스타트업에 대해 밀착 멘토링을 제공해 육성 역할을 하는 '일진창업지원센터Iljin Center for Startup Incubation, 이하 일진센터'와 기업가정신 함양과 창업 관련 교육을 담당하는 '승명호 앙트프러너십에듀케이션센터Seung Myung-Ho Center for Entrepreneurship Education, 이하 승명호센터'가 있다.

일진센터에서는 창업경진대회나 수시면담을 통해 입주한 학생 창업팀들이 제대로 된 스타트업의 모습을 갖추고 시장에 나아갈 수 있도록 비즈니스모델에 대한 조언, 투자 유치를 위한 발표 역량 함양, 스타트업 생태계 내에서의 네트워킹 기회 부여 등을 제공하고 있다. 이 과정을 통해 선발된 입주기업들은 1년에 2회 개최되는 자체 데모데이인 '츄츄데이Choo Choo Day'에서 투자자와 언론에게 자신들의 비즈니스 모델을 설명하고 미래에 대한 청사진을 공개하게 된다.

승명호센터에서는 기업가정신과 창업과 관련된 다양한 교육을 입주기업 및 미래 창업가들에게 제공하고, 우수한 사업 아이디어와 열정을 갖춘 팀을 경진대회를 통해 선발함으로써 일진센터에 입주할 기업을 공급하는 역할을 한다. 이외에도 스타트업과 관련된 학술 연구 등을 통해 학내에서 창업에 대한 관심을 높이는 역할을 수행하고 있다.

　스타트업 스테이션이 운영하고 있는 주요 창업교육 및 보육 프로그램들은 다음과 같다.

### 스타트업 익스프레스

　스타트업 스테이션은 창업경진대회에서 수상을 목표로 하는 창업 동아리가 모여 있는 곳이 아니다. 스타트업 스테이션에 입주한 기간 동안 반드시 기업을 설립하고, 이를 통해 자아를 실현하고 세상을 바꾸겠다는 동기부여가 되어 있는 학생 창업가들이 모인 커뮤니티다. 각종 창업경진대회에서 학생들을 입상시키기는 것을 목적으로 창업교육을 강조하는 몇몇 보육기관과는 달리, 스타트업 스테이션의 창업보육 프로세스는 '스타트업 익스프레스Startup Express'라는 경진대회가 그 시발점이다. 이러한 자체 경진대회를 통해 창업놀이를 희망하는 학생들을 걸러내고, 진정으로 창업을 하고자 하는 가능성 있는 원석들을 가려낸다.

　스타트업 익스프레스는 고려대학교 경영대학의 재학생(학부, 일반대학원, 경영전문대학원 구분 없음)이거나 학위를 수여받은 지 5년 이내의 졸업생을 한 명 이상 포함한 창업팀이면 누구나 지원할 수 있다. 팀 구성원을 고려대학교 경영대학 출신만으로 제한하지 않는 이유는 구성원의 다양성을 확보하는 것이 창업기업을 배출함에 있어서 보다 현실적이고, 스타트업의 시너지를 창출하는 데 효과적이라는 신념 때문이다.

　예를 들어 고려대학교 경영대학생이 기획하고 홍익대학교 미술대학생이 디자인한 제품을 연세대학교 공과대학생이 개발해 출시 가능한 통로를 열어놓고 싶은 것이다. 이러한 문호개방 정책에 기인해 현재 졸업 및 입주기업 구성원의 약 40%가 다른 대학교 출신들이고, 고려대학교 경영대학생은 22%에 지나지 않는다. 이런 다양성 확보가 스타트업 스테이션이 다른 대학교의 창업보육기관들과 차별화되는 점이다.

2016년 1학기 첫 대회를 시작으로 2018년 1학기까지 총 5회의 행사를 개최했다. 이 대회에 6개국 42개 대학에서 총 162팀이 참여했고, 29팀을 선발해 입주 기회를 부여했다.

## 츄츄데이

6개월에서 1년 동안 다양한 교육과정과 멘토링, 집중적인 보육과정에서 최종적으로 살아남은 기업은 데모데이에서 투자자들을 포함한 스타트업 생태계 관계자들에게 비즈니스 모델과 성과를 발표하는 기회를 얻는다. 스타트업 스테이션의 데모데이는 '츄츄데이'라고 일컫는다. 이는 과거 산업혁명 시기의 핵심 동력원인 증기기관차가 출발할 때 힘차게 내는 신호음의 의성어를 차용한 이름이다.

2017년 봄 학기를 시작으로 스타트업 스테이션에서는 한 학기에 한 번씩 총 3회의 츄츄데이를 개최했고, 총 21팀이 발표했다. 처음에는 100여 명이 참석한 조촐한 행사로 출발했지만, 2018년 봄 츄츄데이에서는 150여 명의 투자자를 포함해 300명 이상의 내외빈이 모이는 등 괄목할 만한 신장세를 보였다. 특히 이날은 카카오, 네이버, SK텔레콤, 롯데 액셀러레이터, 한국투자금융그룹 같은 대

기업의 투자 부문과 소프트뱅크, 스파크랩, 은행권청년창업재단 디캠프, 500스타트업코리아 같은 대표 액셀러레이터들도 참여했다. 이 자리에서 우트, 유엑스큐레이트, 웨일컴퍼니, 디앤아이파비스, 로보트리, 아이오펫, 드리머리 등 7개 입주팀이 성공리에 발표를 마쳤고 대부분이 투자를 유치하거나 지원금을 확보하게 되었다.

### 앙트프러너십 아카데미

승명호센터에서는 다양한 교육 프로그램을 마련하고 있다. 먼저 '스타트업 에센셜Startup Essential'은 입주가 확정된 기업들에게 제공하는 일종의 기본 교육이다. 예를 들어 2018년 8월 실시된 스타트업 에센셜 교육에서는 '기업가정신과 혁신', '스타트업 마켓 인사이트', '스타트업 비즈니스모델', '스타트업 HR', '스타트업 투자유치 전략', '회사 설립', '계약서 작성', '특허 실무', '스타트업 마케팅' 등 학생 창업가들이 반드시 알아야 할 필수 지식에 대한 교육을 제공했다.

매월 개최하는 '렉처 시리즈Lecture Series'에서는 성공한 창업가나 벤처캐피털리스트 등을 초청해 기업가정신과 창업에 대한 경험담을 공유하고, 이미 창업했거나 창업을 생각하는 학생들에게 비전을 제시하고 있다. 우아한형제들의 김봉진 대표, 500스타트업코리아의 임정민 대표 파트너, 넥스트엔터테인먼트 서동욱 부사장 등이 강의했는데 많은 학생과 활발하게 질의응답하는 시간이 이어졌다.

수시로 개최하는 '렉처온디맨드Lecture On-Demand'에서는 입주기업들이 원하는 창업실무 교육을 맞춤형으로 실시하고 있다. 법률, 세무, 노무, 홍보 등 스타트업을 설립하고 키워가는 데 꼭 필요한 지식과 기술들을 업계 전문가를 초청해 제공하고 있다. 법무법인 세움, 아이디어 오디션, 삼정KPMG, SK행복나눔재단 등에서 스타트업들이 꼭 알아야 할 실무 지식에 대해 강의를 제공했다.

### 미래 기업가 인증

고려대학교 학부 재학생을 대상으로 운영하는 창업 관심도 제고 프로그램이다. 기업가정신을 함양하는 교내의 교과목을 Intro 〉 Fundamental 〉 Advanced 〉 Launch a Venture 등 4단계로 지정하고 단계별로 1개 과목 이상을 이수하면 '미래 기업가 인증서'를 스타트업 연구원 명의로 수여한다. 인증을 받은 학생들은 향후 창업경진대회인 스타트업 익스프레스나 고려대학교 장학금 프로그램의 하나인 '진리장학금' 지원을 할 때 가산점을 부여받을 수 있다.

### 스타트업 서베이

스타트업의 성공/실패 요인을 탐색하고, 최적의 지원 프로그램을 도출하기 위해 모든 입주사 및 졸업사에 대해 '스타트업 서베이KUBS Startup Survey'라는 패널 조사를 실시하고 있다. 입주 시점에 회사 기본 정보, 창업 준비 과정, 제품 및 서비스, 경쟁 환경, 기술 및 프로세스, 시장 및 고객, 성과 및 재무지표, 기업 가치, 자금 조달, 대표자 및 직원 정보, 창업 환경, 네트워크 등 창업 및 기업 운영과 관련된 방대한 조사를 실시한다. 그 후 성장 과정에서의 변화들을 추적 조사함으로써 창업 관련 학술 연구에 활용할 수 있는 데이터베이스를 구축하고 있다.

**보육 지원 파트너십**

입주기업에 대해 외부 전문가의 조언과 창업 및 성장을 위해 필요한 인프라를 원활히 제공하려고 스타트업 스테이션은 삼일회계법인(회계 및 세무), 김앤장법률사무소(법률), 크라우디(크라우드 펀딩), 아마존 웹서비스(웹호스팅) 등과 업무 제휴를 맺고 있다. 이 전문가 그룹들은 스타트업 스테이션 내 입주기업들이 성장해가는 데 내부적으로 해결하기 어려운 문제 관련 조언을 제공하고 필수적인 창업 환경을 구축하는 데 도움을 주고 있다.


## 스타트업 스테이션 창업 사례

스타트업 스테이션은 2016년 2학기부터 2018년 1학기까지 총 17개의 졸업사를 배출하고, 2018년 2학기 현재 14개의 스타트업을 보육하고 있다. 졸업사 중 80% 이상이 입주 기간 중 법인으로 등록하고 실질적인 사업체로 성장했으며, 창업 활동에 참여한 학생 수는 250여 명에 이른다.

우수한 예비 창업가들을 입주시켜 6개월에서 1년 동안 보육하는 일진센터는 매우 짧은 기간에 학내외에서 창업 활동 환경이 좋은 곳으로 자리매김했는데, 이는 체계적인 보육 시스템과 교육 프로그램, 엄격한 입주사 관리 정책이 주효했던 것으로 평가되고 있다. 일진센터에서는 입주사들을 독립적인 기업들로 존중하고 대우하지만, 대다수가 사회 경험이 없는 학생들이라는 점을 감안해 원만한 공동체 생활 속에서 창업 활동에 몰입할 수 있도록 지도하고 있다. 예컨대 입주 기간 동안 입주사들을 대상으로 한 출석 체크, 월간 보고서 제출, 3개월 단위의 입주 연장 여부 심사 등을 운영하고 있다. 입주사들은 연구원이 제공하는 다양한 보육 서비스 및 교육 프로그램에 성실하게 참여해야 한다. 기업가로서 지켜야 할 기본 덕목으로 팀원들과 반드시 고용계약서를 작성하고 정당하게 급여를 지급하라고 주문하고 있다. 마지막으로 여러 입주사와의 공동체 생활을 저해하는 불미스러운 행동이 적발될 경우에는 이유를 막론하고 즉시 퇴출시키는 원칙을 고수하고 있다. 그 결과 입주사들이 각자의 창업 활동에 열정을 쏟고 몰입할 수 있게 되었다.

스타트업 스테이션에서 성장하는 스타트업들 대부분은 입주 시점에 창업 관련 교과목이나 동아리, 학회 활동 등을 통해 도출한 창업 아이디어에서 출발한다. 일진센터에서 지원하는 정기 멘토링, 다양한 창업 관련 교육, 전문가 네트워킹 등을 거쳐서 아이디어를 현실적인 사업모델로 구체화한다. 더 나아가 시제품 제작 및 출시 과정을 통해 시장의 가능성을 파악하는 단계까지 사업을 성장시켜 졸업한다.

스타트업 스테이션의 졸업사 및 입주사 현황을 살펴보면 매우 다양한 형태의 사업들이 진행되고 있음을 알 수 있다. 학생들이 친숙할 수 있는 소비재 업종뿐 아니라 기업들을 주 고객으로 하는 B2B 업종에서 직접 기업 고객사들을 만나며 사업을 확장하고 있다. 또한 B2C와 B2B를 연계하는 플랫폼 비즈니스를 전개하며 한 축으로는 사용자를, 다른 한 축으로는 기업 고객사들을 확보하려고 고군

분투하고 있다.

냄새의 근원을 탈취하는 향수 제품을 개발하는 '웨일컴퍼니(대표 강성우, 안승재)'는 소비자를 대상으로 제품을 판매하는 대표적인 B2C 기업이다. 머신러닝 기법으로 변리사의 특허출원 업무를 효율적으로 지원하는 소프트웨어를 개발하기 위해 수십 명의 변리사와 특허법인, 특허청 관계자들을 만나고 있는 '디앤아이파비스(대표 박상준)'는 대표적인 B2B 기업이다. 사용자에게는 소규모 공연과 전시 일정 정보를 제공하면서, 공연기획사들과는 제휴를 통해 광고를 유치하는 '팔레타(대표 강상윤)'는 B2C와 B2B가 연계된 플랫폼 비즈니스를 만들고 있다.

지금까지 우리가 경험하지 못했던 새로운 제품이나 서비스를 선보이는 스타트업들의 행보도 주목할 만하다. '소브스(대표 박조은, 소수영)'는 촬영 부탁용 카메라 구도 앱을 개발해 출시 8개월 만에 앱 스토어 기준 17개국 유료 앱 분야 1위를 달성하며 새로운 카메라 앱 시장을 리드하고 있다. '히든트랙(대표 오정민)'은 사용자 각자가 관심을 갖고 있는 특정 브랜드나 스포츠 구단, 연예인 등의 관심 일정을 제공하는 서비스인 '린더'를 개발했다. '일정'이라는 기존에 없었던 무형의 구독subscription 서비스를 시장에 선보인 결과 기업과 사용자들로부터 호평을 받고 있다.

스타트업 스테이션의 학생 창업보육 사업이 대학교육 측면에서 의미를 띠는 것은 모든 팀이 저마다의 뚜렷한 목적의식을 갖고 창업과정에 몰입하고 있으며, 각자가 지향하는 삶의 가치와 문제의식을 반영한 다양한 비즈니스모델을 만들어가는 과정에서 많은 배움을 얻고 있다는 점 때문일 것이다.

잉여탈출을 뜻하는 '탈잉(대표 김윤환)'은 그것이 무엇이든 대부분의 사람은 각자 고유의 재능이 있고, 누군가는 그 재능을 필요로 할 것이라는 가설을 실험하고 비즈니스모델로 구현하고 싶었다. 그래서 재능 있는 사람과 그 재능을 필요로 하는 사람을 수업으로 연결하는 P2P Person to Person 재능 공유 플랫폼 '탈잉'이 탄생하게 되었다. 탈잉은 재능을 키워드로 하는 독특한 공유경제 모델을 제시한 것으로 평가받고 있다.

지금까지 개설된 수업 수가 200여 개를 넘는데 프로그래밍, 다이어트, 요리, 헬스, 주식투자 등 분야 또한 폭넓다. 튜터의 70%가 일반인이다. 취업준비생이 아르바이트 삼아 시작했다가 본업으로 자리를 굳힌 경우도 적지 않고, 수업에 참여한 사용자들도 수업 만족도가 높다.

연애, 결혼, 출산을 포기한 3포세대로 불리며 각박하게 살고 있는 2030세대의 1인 가구들에게 따뜻한 이웃의 정을 불어넣고 싶다는 '우트(대표 박준혜)'는 같은 단지 내 오피스텔에 살고 있는 2030세대들이 여가 시간을 함께 나눌 수 있는 커뮤니티를 개발하고 있다. 1,000세대 규모의 문정동 오피스텔 단지 3곳을 대상으로 시장 테스트를 했다. 그 결과 회원 모집 3개월 만에 입주민 중 30% 이상이 가입하고, 자발적으로 모임이 활발하게 생성되는 등 시장의 가능성을 확인하고 커뮤니티의 서비스 내용을 정교화하고 있다.

'드리머리(대표 심건우, 이태훈)'는 헤어, 네일, 애견, 제빵 등의 업종에서 꿈을 키우고 있는 견습생들이 전문가로 성장하려면 수백 번의

견습 기회를 거쳐야 하는데, 견습 대상을 찾기 쉽지 않다는 문제를 해결하고자 탄생했다. 처음 진출한 영역은 '헤어디자이너'다. 따뜻한 시선과 격려가 필요한 헤어숍 견습생들인 '막내'들에게 연습할 기회를 제공하고 이들로부터 합리적인 가격에 서비스를 받고자 하는 소비자를 연결하는 플랫폼을 개발하고 있다.

창업 초기의 아이디어를 시제품으로 개발하는 과정에서 요구되는 경영자금을 조달하기 위해 스타트업 스테이션의 스타트업들이 입주 기간 동안 유치한 정부지원금은 약 24억 6,000만 원, 기술/신용보증기금은 약 8억 5,000만 원, 투자유치 금액은 약 12억 원에 이른다. 때로 정부지원금 따기, 스펙 쌓기의 일환으로 각종 창업경진대회에 참여하는 대학생들에 대한 부정적인 시각도 있지만, 적어도 스타트업 스테이션의 입주사들은 사업을 성장시키는 데 반드시 필요한 시제품을 개발하고 인건비를 지급하기 위해 각종 정부지원 사업에 서류를 제출하고 있다.

외부의 전문 투자기관들은 이들의 기업가치를 총 232억 원 수준으로 평가하고 있다. 그러나 스타트업 스테이션은 이런 수치적 성과를 핵심 성과라고 보지 않는다. 다수의 기업체를 배출하거나 높은 기업가치 평가액도 의미 있지만, 그보다는 학생들이 아이디어를 실질적인 제품이나 서비스로 만들어내는 과정을 경험하는 데 가치가 있다. 또한 직접 운영자금을 조달하기 위해 고군분투하면서 이론으로만 배웠던 인사노무, 재무, 회계, 법무, 지식재산권의 관리, 마케팅 등 경영활동에 포함되는 다양한 영역을 압축적이고 실질적으로 경험하는 것도 의미가 있다. 더불어 직면한 문제들을 직접 부

## [표 1] 스타트업 스테이션 출신 스타트업 현황

| 일련번호 | 구분 | 회사명 | 회사 개요 |
|---|---|---|---|
| 1 | 1기 | 두닷두 | 스마트워치를 활용한 호텔 업무용 통합 커뮤니케이션 솔루션 |
| 2 | 1기 | 씨세론 | 딥러닝과 AI 기술을 활용한 기계 번역 전문 서비스 |
| 3 | 1기 | 탈잉 | 일대일 / 그룹별 재능 수업 매칭 서비스 |
| 4 | 1기 | 키돕 | 영유아동을 위한 일대일 맞춤형 방문 교육 서비스 |
| 5 | 1기 | 레드로켓 | 대학생을 위한 크라우드 펀딩 플랫폼 서비스 |
| 6 | 1기 | 씨디에프브로스 | 셀럽을 활용한 마켓 플레이스 |
| 7 | 2기 | 캔버스컴퍼니 | 3D 프린팅 기술 기반 생산 및 판매 플랫폼 |
| 8 | 2기 | 블로거 | 영상으로 삶을 공유하는 소셜미디어 |
| 9 | 2기 | 스티팝 | 글로벌 이모티콘 오픈마켓 |
| 10 | 2기 | 솔깃 | 게임 부문 글로벌 광고 마케팅 기업 |
| 11 | 2기 | 히든트랙 | 캘린더 기반 일정 구독 서비스 |
| 12 | 3기 | 디앤아이 | AI 기반 변리사 업무 지원용 소프트웨어 개발 |
| 13 | 3기 | 소브스 | 스마트폰 촬영 부탁 앱 서비스 |
| 14 | 3기 | 코스메테우스 | 빅데이터 기반 성인 아토피 제품 정보 서비스 |
| 15 | 3기 | 닥터테디 | 동물병원 정보 제공 서비스 |
| 16 | 3기 | 돈많은백수들 | 새는 돈을 막아주는 스마트 지출 큐레이션 서비스 |
| 17 | 3기 | 웨세어케이 | 중국에서 유학온 학생들에 대한 어학 교육과 정착 지원 서비스 |
| 18 | 4기 | 드리머리 | 견습생과 소비자를 합리적인 가격에 연결하는 플랫폼 |
| 19 | 4기 | 분바른선비 | 남성용 K-뷰티 시장을 개척하는 화장품 제조사 |
| 20 | 4기 | 스튜디오 링크 | 동남아시아 대상의 모바일 영상 콘텐츠 기획사 |
| 21 | 4기 | 팔레타 | 소규모 공연 전시를 추천해주는 웹/앱 서비스 |
| 22 | 4기 | 피카소 | 1인 크리에이터 랭킹 정보를 제공하는 빅데이터 서비스 |
| 23 | 4기 | 우트 | 거주지 기반의 1인 가구 커뮤니티 |
| 24 | 4기 | 퍼플고릴라 | 단백질 음료 제조 및 판매 |

| 25 | 4기 | 클린포펫 | 반려동물 제품 및 IoT 기반 소비자–동물병원 연계 서비스 |
|---|---|---|---|
| 26 | 4기 | 웨일컴퍼니 | 혁신적인 향수/방향제 제조 및 판매 |
| 27 | 5기 | 호모루덴스 | 스타트업을 위한 UI/UX 테스트 서비스 |
| 28 | 5기 | 스카이랩엔터테인먼트 | 모바일 기반 인터랙티브 비디오 게임 개발 |
| 29 | 5기 | 인조잉라이온즈 | Infused Vodka 키트 개발 |
| 30 | 5기 | 위키나비 | 집단 지성을 활용한 릴레이 생활 웹툰 플랫폼 |
| 31 | 5기 | 인스파이어 | 재한 중국인 대상 증상별 의료 시설 검색 서비스 |

딪치고 해결하는 과정에서 많은 것을 배울 수 있다는 데 더 큰 가치가 있음을 발견하고 있다.


## 창업교육의 교훈: 협업, 참여, 관심, 공유

창업은 학생들이 4차 산업혁명 시대에 필요한 주요 역량을 실전을 통해 학습할 수 있는 장을 제공한다. 주변의 불편함과 문제점을 인지해 이에 대한 창의적인 해법을 발견하고 비즈니스모델로 발전시키려면 문제해결 능력, 비판적 사고력, 창의성이 요구된다. 다양한 전공과 경험이 풍부한 창업 파트너들과 함께 일하면서 시너지를 창출하려면 상대방을 존중하는 방식으로 자신의 의견을 표현하고 상대방의 말을 경청하는 방법을 배우게 된다. 또한 투자자를 설득하려면 아이디어 자체도 중요하지만 이를 신뢰성, 논리, 감성에 담아 소통하는 법을 배워야 한다. 경우에 따라서는 함께 시작한 친구와 결별하고 새 멤버를 영입하는 등 개인적으로 어려운 결정을 해야 한다. 사업이 처음에 생각한 대로 진행되지 않는 경우도 많고 생각지 못했던 문제가 발목을 잡기도 하지만, 끈기를 가지고 문제를 해결해야 할 사람이 자기 자신이라는 것을 배운다. 문제해결 능력, 비판적 사고력, 창의성, 협업, 소통, 결단력, 끈기, 리더십 모두 교과서에 나오는 개념이지만 창업하는 학생들은 이 개념들을 실제 상황에서 깊이 고민하고 경험하면서 배운다.

2년여 동안 스타트업 스테이션을 통해 학생 창업을 지원하면서 배운 중요한 교훈과 향후 과제를 공유하고자 한다. 첫째, 학생 창업이 성공하려면 다양한 전공과 배경을 가지고 있는 학생들이 모일 수 있는 공간과 열린 문화가 중요하다. 일진센터에서는 입주기업을 선발할 때 경영대학 재학생 또는 졸업한 지 5년 이내의 경영대학생이 한 명만 있으면 입주자격을 제공한다. 일진센터 입주기업 구성원의 전공별 분포를 살펴보면 경영, 공학, 디자인 전공 학생이 가장 많다. 이는 스타트업이 성공하려면 본인들의 아이디어를 공학적으로 구현할 수 있는 개발자, 제품 또는 앱의 디자인을 담당할 디자이너, 비즈니스모델을 구축하고 경영 전반을 책임질 수 있는 경영자가 기본적으로 필요함을 반영한다.

교내 창업 생태계의 저변을 확대하고 다양성을 확대하려면 경영대학에서 제공하는 창업 관련 과목에 다양한 전공의 학생들이 참여해야 한다. 고려대학교는 법학대학, 경영대학, 문과대학 등이 있는 본교 캠퍼스와 이공계 캠퍼스가 물리적으로 떨어져 있어서 다양한 전공의 학생을 창업 관련 과목에 모으는 데 어려움이 있다. 이 문제점을 극복하려고 경영대학에서 제공하는 창업 관련 과목의 일부 분반을 오후 5시 수업으로 개설했는데 결과적으로 비경영 전공 학생들의 수강이 증가했다. 또한 아이디어를 가지고 있는 학생들이 경영대학에서 제공하는 창업 관련 과목에서 다양한 전공의 학생과 팀원이 되어 아이디어를 구체화하고, 그 후 경진대회를 통해 일진센터에 입주한 다음 자신들의 아이디어와 비즈니스모델을 더욱 발전시키고 투자자를 만나는 프로세스를 정착시키려고 많은 노력을 기울이고 있다. 이 외에도 스타트업 스테이션에서는 경영대학, 공과대학, 인문대학, 디자인학부 등 배경이 다양한 학생들이 한 울타리에서 시너지를 낼 수 있도록 동아리 활동 지원, 교내 스테이션 홍보 등에 많은 노력을 기울이고 있다.

둘째, 전공과 배경이 다양한 학생들 간의 협업을 유도하려면 학생들이 전공 공부를 하면서 자신들도 모르게 구축한 마음의 벽을 허물고 개방성을 가지도록 해야 한다. 학문 분야 간에 존재하는 벽이 학제 간 소통을 어렵게 하듯 전공별 학생들 간에는 어쩔 수 없는 관점의 차이가 존재하고, 이는 협업을 어렵게 한다. 이중전공, 복수전공, 융합전공 등이 학생들의 시야를 넓히는 데 도움이 된다. 예를 들어 고려대학교 정보대학에는 소프트웨어벤처융합전공 프로그램이 있는데, 다양한 전공의 학생들에게 소프트웨어 기술을 배울 기회를 제공한다. 복수의 스타트업이 이 프로그램을 이수한 경영대학 학생에 의해 시작되었다. 경영학을 이중전공으로 선택한 타 전공 학생들도 본 전공과 경영학을 아우를 수 있는 중요한 인재다.

어쩌면 우리 사회는 학생들의 시각과 역량을 너무 좁게 정의하고 있는지 모른다. 고등학교부터 문과와 이과로 구분하고, 대학에 입학하면 전공 중심의 교육을 받는다. 이는 4차 산업혁명 시대가 필요로 하는 인재의 모습과는 거리가 있다. 변화와 혁신을 통해 새로운 가치를 창출할 수 있는 기회가 전공별로 존재하지 않기 때문이다. 고등학교 때 문과와 이과로 구별되어 교육받은 학생들이 대학에 들어오면 문과 학생의 탈문과화와 이과 학생의 탈이과화가 필요해 보인다.

예를 들어 신입생 대상 과목을 다른 단과대학과 공동으로 디자인하고, 다양한 전공의 학생들이 팀이 되어서 우리 사회가 가지고 있는 문제점과 그 해결책을 제시하게 한다면 학생들의 관점과 인적 네트워크의 다양성을 넓히는 데 도움이 될 것이다.

셋째, 창업에 대한 여학생들의 관심과 참여를 높여야 한다. 지금까지 31개 기업이 스타트업 스테이션을 졸업했거나 현재 입주 중에 있는데 이 중에 여성이 대표인 기업은 8개에 불과하다. 고려대학교 경영대학 재학생 중에 절반 정도가 여학생임을 고려할 때 창업에 대한 여학생들의 관심과 참여가 부족함을 반영한다. 여성 대표와 창업 멤버들은 여성의 시각에서 문제점과 기회를 파악할 가능성이 높기 때문에, 여성인력의 참여를 높이는 것이 스타트업 생태계와 사회에 도움이 된다. 이를 위해서는 대학에서 여학생들의 창업에 대한 관심을 높이고 여성 대표의 성공 사례를 구축해야 한다.

넷째, 스타트업 스테이션은 민간 액셀러레이터, 엔젤 투자가, 마이크로 벤처투자자가 관심을 가질 수 있는 초기 단계 스타트업 보육을 목적으로 한다. 마치 메이저리그에 계속 훌륭한 선수들을 공급해주는 마이너리그처럼 초기 단계의 스타트업들에 대해 교육기관의 장점을 활용해 육성함으로써 전체 창업 생태계가 발전하는 데 대학이 공헌할 수 있을 것이다. 직장 경험이 없는 대학생으로 구성된 팀을 멘토링하는 것은 노동 집약적이고 지식 집약적인 과정이다. 단순히 공간만 제공하는 것을 넘어서 실질적인 도움을 줄 수 있는 프로그램을 갖춰야 한다.

다섯째, 교내 창업지원 조직은 외부 스타트업 생태계와 연결이 되어 있어야 한다. 그러나 통상적으로 학교 행정조직은 순환 근무를 원칙으로 하므로 창업 전문 인력을 확보하기 쉽지 않다. 창업에 대한 지원이 제대로 되려면 창업지원 담당 직원의 전문화가 필요하고 교내외 유관기관들과 정보 교환, 노하우 공유 등이 유연하게 이뤄져야 한다.

## 주

1 〈서울경제신문〉, 2017. 11. 20. www.sedaily.com/NewsView/1ONNJYLNZI

2 〈아시아타임즈〉, 2017. 5. 11. www.asiatime.co.kr/news/articleView.html?idxno=149621

3 〈연합뉴스〉, 2016. 10. 9. http://news.hankyung.com/article/2016100992258

4 정책브리핑, 2018. 3. 22. www.korea.kr/jobinfo/workPlaceView.do?newsId=148848964&call_from=rsslink

5 Disrupt-TechCrunch, https://techcrunch.com

6 www.slush.org

# 08

# 경영학
# 교수법의
# 혁신,
# 플립러닝과
# 문제중심학습

**박찬수**

고려대학교 경영대학

**류수영**

충남대학교 경영학부

4차 산업혁명의 대두로 고등교육 변화의 필요성은 더욱 커지고 있다. 오늘날의 대학 졸업생들은 대학에서 배운 전공 분야의 지식만으로 급변하는 세상과 고용 시장의 요구에 대처하기 어렵기 때문이다. 4차 산업혁명 시대에는 새로운 지식과 기술을 능동적으로 학습하는 능력, 즉 자율학습의 '근육'을 갖춰야 한다. 그러므로 교수의 일방 강의에 의존하는 전통 교수법은 시급히 바뀌어야 한다. 8장에서는 능동적 학습을 촉진할 수 있는 2가지 대표 교수법인 플립러닝과 문제중심학습을 소개하고, 우리나라 경영학 교육에 성공적으로 도입되기 위한 방안들을 제안한다.

## 경영학 교육에서 교수법 혁신의 필요성

오늘날의 고등교육이 변모해야 한다는 요구는 새삼스러운 것이 아니다. 기업을 비롯한 고용주들은 대학 졸업생들이 지식만이 아니라 그 지식을 실전에 활용해 문제를 해결할 수 있는 문제해결 능력을 갖춰야 하고, 상호 존중, 이해, 설득 등의 커뮤니케이션 스킬과 리더십 등의 소프트 스킬도 가질 것을 요구해왔다.

고등교육 현장에서도 이에 부응하기 위해 많은 교수가 주입식 교육의 비중을 줄이고 학생들의 토론, 프로젝트 수행, 발표 등을 포함하는 능동적 학습active learning의 비중을 높여왔으나, 문제해결 능력과 소프트 스킬 등을 함양하는 데 충분한 시간이 할애되고 있는지는 불확실하다. 실제로 능동적 학습과 학업 성취도 사이에 강력한 관계가 있다는 수많은 연구 결과가 존재하므로(예: Freeman et al., 2014) 교수의 일방 강의에 의존하는 교수법이 시대에 뒤떨어졌다는 것은 분명하다.

4차 산업혁명의 대두로 고등교육 변화의 필요성은 더욱 커지고 있다. 오늘날의 대학 졸업생들은 대학에서 배운 전공 분야의 지식만으로 급변하는 세상과 고용 시장의 요구에 대처하기 어렵다. 예를 들어 자율주행기술을 생각해보자. 자율주행차가 등장하면 학교 버스 운전기사는 운전할 필요는 없어지지만, 그렇다고 학교 버스를 완전히 무인으로 운행할 수는 없다. 버스에 탑승한 학생들을 감독할 사람은 여전히 필요하다. 그러므로 버스 운전기사는 실직을 하지 않으려면 새로운 역할을 수행해야 하며, 이를 위해 새로운 지식과 스킬을 스스로 배워야 한다.

이처럼 4차 산업혁명 시대에는 평생학습이 중요한데, 학습을 하려면 전통적인 교실에서 교수가 있어야 한다는 고정 관념에 젖은 사람은 그렇지 않은 사람보다 뒤처질 수밖에 없다. 오늘날의 고등교육은 학생들에게 자율학습의 '근육'을 키워줄 수 있는 새 교수법을 필요로 하고 있다.

8장에서는 이 같은 문제를 해결할 수 있는 접근법으로 플립러닝FL과 문제중심학습PBL을 소개하고 이를 효과적으로 경영학 교육에 도입할 수 있는 방법과 동료 교수들을 위한 제언을 담고자 한다.

FL과 PBL은 원래 별개의 교수법으로 개발되었으나, 최근 이 둘을 상호 보완적으로 사용하는 사례가 늘고 있으므로 하나의 장으로 다루는 것은 의미가 있다. 편의상 FL을 먼저 다룬 다음 PBL을 다룰 것이다.

# 플립러닝[1]

## 플립러닝의 개념

FL의 개념을 이해하기 위해 전통적인 고등교육의 모형부터 살펴보자. 전통적으로 수업 시간은 대부분 강의라는 교수법을 통해 학생들에게 새로운 지식을 소개하는 데 할애된다. 응용, 종합, 평가, 창의성을 요하는 높은 수준의 학습은 수업이 끝나고 나서 학생 혼자 또는 그룹으로 하곤 한다. 이 단계에서 전문가, 즉 교수 또는 조교의 지도는 거의 제공되지 않으며 있다 하더라도 실시간으로 제공되는 경우는 거의 없다.

이러한 전통 모형의 가장 큰 문제점은 학생들이 겪는 인지적인 어려움과 교수가 제공하는 도움 사이에 역의 관계가 형성된다는 점이다. 즉 심화학습을 할 수 있는 좋은 여건을 갖춘 수업 시간을 교수의 일방 강의에 할애하므로, 정작 어려운 심화학습은 학생 스스로 교수의 도움 없이 수행되어야 한다. 또한 학생들이 교수에게 지적으로 의존하는 바람직하지 않은 관계가 형성되고, 학생들은 학습을 하려면 반드시 교수가 필요하다는 그릇된 믿음을 갖게 되어 자율학습의 습관 형성이 저해된다.

이 같은 문제점들은 특정한 교수법의 문제가 아니라 수업 설계, 즉 공간, 시간, 활동이 계획되고 실행되는 방식의 문제다. 따라서 공간, 시간, 활동이 사용되는 방식을 완전히 반대로 하면 이 문제점들을 완화시킬 수 있다는 점에 착안한 것이 FL이다.

FL의 정의에는 여러 종류가 있으나 비교적 최근에 나온 탈버트

(Talbert , 2017)의 정의를 소개한다.

"플립러닝은 새로운 개념에 대한 최초의 노출이 집단 공간group space이 아니라 개인 공간individual space에서 구조화된 활동의 형태로 일어나고, 집단 공간은 교수의 지도 아래 학생들이 주어진 주제에 대해서 학습한 개념을 응용하고 창의적으로 참여하는 동적이고 상호작용적인 학습 환경으로 변모하는 교육 방법을 가리킨다."

FL의 기존 정의들은 흔히 집단 공간 대신 수업 시간을, 개인 공간 대신 방과 후 시간이라는 용어를 사용해왔지만, 탈버트(2017)는 점차 그 비중이 높아지고 있는 온라인 수업과 블렌디드 수업blended class을 포괄하기 위해서 집단 공간과 개인 공간이라는 용어를 도입했다. FL에서는 개인 공간에서의 학습이 교수가 아니라 학생의 책임 아래 수행된다. 즉 학생 스스로 학습을 위한 계획, 실행, 통제를 수행한다. 집단 공간에서는 동적이고 상호작용적인 학습 환경 아래 교수와 동료 학생들의 피드백을 받아가면서 더 어려운 수준에서 자율학습을 한 번 더 수행하므로 자율학습 '근육'의 형성이 촉진된다.

### 플립러닝의 기원

FL은 1990년대 후반 미국의 여러 대학교에서 동시다발적으로 시작되었다. 하버드대학의 에릭 마주르Eric Mazur가 물리학 수업에 도입한 Peer Instruction, 시더빌대학교의 웨슬리 베이커J. Wesley Baker가 컴퓨터 스크린 디자인 수업에 도입한 Classroom Flip, 마이애미대학의 머린 레이지Maureen Lage, 글랜 플래트Glenn Platt, 마이클 트레글리아Michael Treglia가 경제학 수업에 도입한 Inverted Classroom 등이 FL의 기원으로 알려져 있다. 이들과는 별도로 고등학교 교사였던 존 버그맨Jon Bergmann과 아론 샘즈Aaron Sams는 2007년 화학 수업에 결석한 학생들을 위해 파워포인트 슬라이드에 음성을 녹음한 비디오 파일을 제공하기 시작했다. 학생들이 큰 호응을 보였고 언론에 보도되어 이 둘이 FL의 창시자인 것처럼 종종 잘못 알려져 있다. Flipped Classroom이라는 용어는 2010년에《데일리 텔레그래프The Daily Telegraph》신문 기자 댄 핑크Dan Pink가 쓴 기사에서 비롯되었다.

## 플립러닝의 효과

FL은 1990년대 후반에 시작되었으나, 이를 학술적으로 다룬 최초의 논문은 2000년에야 나오기 시작해[2] FL의 효과에 대한 학술 연구는 초기 단계라고 할 수 있다. FL의 효과를 다룬 논문들은 대부분 실험 집단(즉 FL을 사용한 클래스)과 통제 집단(즉 전통 교수법을 사용한 클래스) 간 시험 점수, 중도 포기 비율, 만족도 등을 비교해 한 개 이상의 기준에서 향상된 결과를 보고하고 있다. 그러나 일반화하기에는 논문 편수도 부족한 데다 교수법의 효과를 분석하는 연구들이 대부분 그렇듯 엄격한 실험 계획법을 사용하기 어려운 한계점이 있다.

그러나 이와 관련해 주목할 것은 프리맨(Freeman et al., 2014)의 연구다. 이들은 STEMScience, Technology, Engineering, and Mathematics 교과목에서 능동적 학습의 효과를 다룬 225개의 연구 결과들을 메타 분석meta-analysis했다. 시험 성적이 평균 6% 상승하고, 중도 탈락률은 평균 33% 낮아졌다는 결과를 보고했다. 게다가 이 결과는 교과목의 종류나 실험 통제의 유무에 상관없이 일관되게 나타났다. 예를 들어 수강생들을 랜덤하게 실험집단과 통제집단에 할당했는지 여부, 동일한 교수가 두 집단을 담당했는지 여부에 상관없이 말이다. FL을 채택하면 자연히 능동적 학습 시간이 늘어나는 것이므로 이 결과는 FL 역시 효과적이라는 것을 간접적으로 보여준다.

**플립러닝에 기반한 과목 설계**

탈버트(2017)는 FL에 기반한 과목 설계를 위한 7단계 프로세스를 제안했다. 아래에서는 이를 단축한 6단계 프로세스를 소개한다. 여기서 주의할 점은 이 프로세스의 기본 단위는 교과목 전체가 아니라 교과목을 구성하는 개별 레슨이라는 점이다.

예를 들어 16주를 한 학기로 하는 과목에서 시험 기간을 제외하고 14주 동안 수업을 한다고 치자. 매주 한 개씩 총 14개의 주제 또는 교과서의 챕터를 다룬다고 가정하면 이 과목은 총 14개의 레슨으로 구성되는 것이다. 그러므로 아래에 소개된 6단계 프로세스를 14번 반복해야 하는 셈이다.

**플립러닝에 기반한 과목 설계 6단계 프로세스**

**1단계: 학습 목표 나열**

자율학습이 성공하려면 학습자가 자신의 학습이 충분했는지 판단할 수 있는 명확한 기준을 제시해야 한다. 학습 목표는 구체적이고, 명확하고, 측정 가능해야 한다. 그러려면 학습자의 내적인 상태(예: know, understand, appreciate)가 아니라 행동(예: list, outline,

**[그림 1] FL에 기반한 과목 설계 6단계 프로세스**

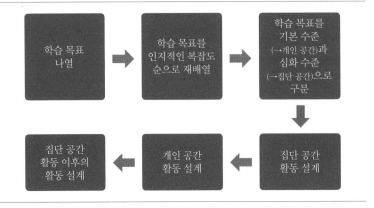

explain, categorize, create, debate)에 초점을 맞춰야 한다. 또한 학습 목표는 소수이면서도 학습 내용을 포괄할 수 있어야 한다. 이 기준에 맞춰서 마케팅 원론 중 시장 세분화 세션의 학습 목표를 세워보면 다음과 같다.

① 시장 세분화가 언제 필요한지 설명할 수 있다.

② 실제 브랜드의 마케팅 활동을 관찰하고 나서 해당 브랜드가 시장을 어떻게 세분화했고 그중에서 어느 세분 시장을 표적으로 삼았는지 도출할 수 있다.

③ 위 브랜드의 시장 세분화와 표적 시장이 어떤 측면에서 효과적이고 어떤 측면에서 효과적이지 않은지 평가할 수 있다.

**2단계: 학습 목표를 인지적인 복잡도 순으로 재배열**

앞에서 설정한 학습 목표를 인지적인 복잡도에 따라 낮은 것부

## [그림 2] 블룸의 분류 체계

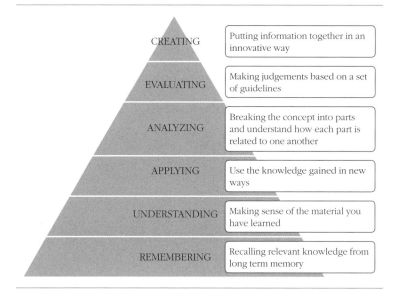

| | |
|---|---|
| CREATING | Putting information together in an innovative way |
| EVALUATING | Making judgements based on a set of guidelines |
| ANALYZING | Breaking the concept into parts and understand how each part is related to one another |
| APPLYING | Use the knowledge gained in new ways |
| UNDERSTANDING | Making sense of the material you have learned |
| REMEMBERING | Recalling relevant knowledge from long term memory |

터 높은 것으로 재배열할 수 있다. 이를 위해 가장 널리 쓰이는 틀은 블룸의 분류 체계(Bloom's taxonomy, Bloom, Krathwohl, and Masia, 1956)이다.

앞에서 예를 든 시장 세분화 세션의 학습 목표 3개는 인지적 복잡성 순으로 배열되었음을 알 수 있다. 즉 ①의 목표는 understand, ②는 apply, ③은 evaluate에 해당되므로 재배열할 필요는 없다.

### 3단계: 학습 목표를 기본 수준의 목표와 심화 수준의 목표로 구분
앞 단계에서 인지적인 복잡도 순으로 재배열한 학습 목표들을 크게 두 그룹으로 양분한다. 기본 수준과 심화 수준으로 말이다. 즉 학습 목표들 사이에 줄을 긋는 것이라고 비유할 수 있다. 기본 수준과 심화 수준의 차이는 기본 수준의 목표는 학생들이 개인 공간에서 달성해야 하는 반면, 심화 수준의 목표는 집단 공간에서 달성해야 한다는 점이다. 예를 든 3개의 학습 목표 중 ①은 개인 공간에서 달성될 수 있는 목표이므로 기본 수준 ②와 ③은 개인 공간에서는 달성되기 어렵고 집단 공간에서 달성되어야 하므로 심화 수준으로 분류할 수 있다.

### 4단계: 집단 공간 활동 설계

FL의 핵심은 집단 공간 활동이므로 집단 공간 활동을 설계하는 데는 심혈을 기울여야 한다. 집단 공간 활동은 기본 수준의 목표를 달성하는 데 쓰여서는 안 되고 심화 수준의 목표를 달성하는 데 쓰여야 한다. 집단 공간 활동은 아래와 같이 세 부분으로 나눠서 구성하는 것이 바람직하다.

'초반부(5~10분)'에는 학생들 사이에 집단 공간 활동에 대해 준비된 정도가 다를 수 있으므로, 학생들이 어려워하는 부분을 파악해야 한다. 온라인 퀴즈에서 많이 틀린 문제 파악, 개인 공간 학습 내용에 대한 Q&A 실시, Entrance Ticket[3] 수거, 클릭커Clicker[4]를 이용한 퀴즈 실시 등이 효과적이다. 필요할 경우 특정 부분에 대해 짧은 강의를 할 수도 있다.

'중반부'에는 다양한 활동이 가능하지만, 집단 공간에서 학생들은 대부분의 시간을 능동적인 학습 활동에 소비하는 것이 중요하다. 비록 집단 공간 활동 시작 시에는 학생들 간에 준비된 정도가 다를 수 있지만, 집단 공간 활동이 종료되는 시점에서는 학생들이 학습 목표를 달성해야 한다. 이를 위해 학생들은 동적이고 상호작용적인 환경 속에서 교수 및 다른 학생들로부터 충분한 도움을 받을 수 있어야 한다.

'종반부'에는 집단 공간 활동을 요약하고 종합하고 Q&A를 실시한다. One-minute paper[5]를 활용하는 것도 효과적이다.

집단 공간 활동을 해야 하는데 학생들 중 많은 수가 개인 공간 학습을 불충분하게 했음을 발견했다면 교수는 어떻게 해야 할까? 이런 경우가 학기 중에 처음이라면, 교수는 계획했던 집단 공간 활동 대신 개인 공간 학습 내용에 대해 학생들로부터 충분히 질문을 받고 설명을 해주어야 한다. 다만 이 경우에 온라인 강의 콘텐츠에 있는 내용을 다시 강의해서는 안 된다. 이렇게 되면 학생들은 개인 공간에서 학습을 하지 않더라도 교수가 강의해줄 것이라는 기대를 갖기 때문이다. Q&A 후 교수는 학생들에게 따끔한 경고를 하는 것도 잊지 말아야 한다. 이번 한 번은 넘어가지만 다음번부터는 반드시 상응하는 대가를 치르게 될 것임을 주지시켜야 한다.

다른 한편으로 학생들이 개인 공간 학습을 제대로 해오지 않는 것이 태만해서가 아니라 학습 내용을 따라가기 어려워서일 수도 있다. 교수는 개인 공간 학습 시 학생들이 어려운 부분에 대해 도움받을 수 있는 채널이 충분히 개설되어 있는지 점검한다. 필요하다면 추가 채널 즉, 온라인 게시판, 학생 면담 시간(오프라인 및 온라인), 스터디 그룹 편성 등을 열어주어야 한다.

앞에서 예로 든 시장 세분화에 대한 75분짜리 집단 활동은 다음과 같이 구성될 수 있다.

- 10분: Entrance Ticket을 이용해서 개인 공간 학습에 대한 Q&A를 실시한다.
- 45분: Think→Pair→Share Exercise[6]를 실시한다. 실제 브랜드의 광고 또는 홈페이지를 보여주고 해당 브랜드가 시장을 어떻게 세분화했고 어느 세분 시장을 표적으로 삼았는지 추론한 다음 시장 세분화와 표적 시장이 어떤 측면에서 효과적이고 어떤 측면에서 비효과적이었는지 평가한다.
- 10분: 교수의 wrap-up 및 Q&A
- 5분: one-minute paper로 오늘 수업에서 배운 점, 느낀 점, 여전히 남아 있는 질문 등을 작성한다.
- 5분: 여유 시간

### 5단계: 개인 공간 활동의 설계

개인 공간 활동의 목적은 집단 공간 활동을 위한 준비를 시키는 것이다. 개인 공간 학습 양은 너무 많아도 안 되고 너무 적어도 안 된다. 개인 공간 활동은 다음과 같은 특성을 갖춰야 한다.

- Minimal: 학습 목표 전부가 아니라 기본 수준의 목표를 달성하는 정도여야 한다.

- Simple: 이해하기 쉽고 명확해야 한다.

- Engaging: 학생들의 흥미를 유발해 끝까지 마칠 수 있도록 유도해야 한다.

- Productive: 집단 공간 활동을 위한 준비가 갖춰져야 한다.

- Failure-tolerant: 개인 공간 활동에서는 대부분 온라인 강의 콘텐츠를 수강하고 나서 온라인 퀴즈를 보도록 하는데, 이 단계에서 실수를 용인해야 한다. 이 단계에서의 실수는 교수에게 유용한 데이터가 되므로 실수를 오히려 환영해야 한다. 교수는 학생들에게 정답이 중요한 것이 아니라 기한 내에 제출되고 노력한 증거가 포함되어 있는 것이 중요하다고 이야기해야 한다. 물론 채점도 Pass/Fail로 너그럽게 하는 것이 바람직하다. 그러나 Fail이 몇 번 이상일 경우 해당 과목의 학점에 불이익을 줌으로써 학생들에게 개인 공간에서 부여되는 과제가 중요하다는 것을 인식시켜야 한다.

탈버트(2017)는 개인 공간 활동 설계를 위한 Guided Practice 모델을 제안했는데, 각각의 개인 공간 활동을 다음과 같은 5가지로 구성한다는 것이 핵심이다.

① 개관: 이번 세션에서 학습할 내용을 간략히 소개하고 이전에 배운 내용들과 어떻게 관련되는지 설명한다.

② 학습 목표: 앞에서 설정한 학습 목표, 즉 기본 수준 및 심화 수준을 제시한다. 학생들이 스스로의 학습 성과를 판단할 수 있는 기준을 갖고 있어야 한다는 것이 자율 학습의 기본 원칙이다.

③ 학습 자료: 강의 영상뿐 아니라 교과서(종이 또는 e-Book), 기

사, 동영상, 오디오, 블로그 등을 제공할 수 있다. 개인 공간 활동 중에 교수 또는 다른 학생에게 질문을 하고 도움을 받을 수 있는 길을 열어두어야 한다. 예를 들어 점수에 들어가지 않는 Q&A 게시판을 개설한다. 단, 베끼기 같은 부정행위와의 구분은 명확히 해두어야 한다.

④ 연습 문제

⑤ 문제 풀이 제출: Google Form을 이용하면 다양한 유형의 질문에 대한 답을 제출받을 수 있다. 학생들로 하여금 집단 공간 활동 시작 전에 답을 제출하도록 하고, 교수는 집단 공간 시작 전에 이를 훑어봄으로써 학생들의 준비 상태를 파악할 수 있다.


6단계: 집단 공간 활동 이후의 활동 설계

FL이라고 해서 추가 과제를 부과하지 않는 것은 아니며 개인 과제, 팀 프로젝트 등을 필요에 따라 부과할 수 있다.


**FL 도입 시 현실적인 고려사항**

필자가 FL을 실시한 경험과 다른 교수들의 경험을 종합해보면, FL을 성공적으로 도입하려면 다음의 사항에 대해 충분히 고려해야 하고 제도적으로 변화가 있어야 한다.

첫째, 학교마다 FL 규정이 다르므로 교수가 속한 학교의 규정을 숙지해야 한다. 예를 들어 미국 대학의 FL은 대부분 Web-enhanced course의 형태로 실시한다. 즉 온라인 활동이 교실 수업을 대체하는 것이 아니라 추가로 일어나는 형태로 실시되고 있다. 그러나 국내 대학은 대부분 Blended/Hybrid course 형태다. 즉 온라인 활동이 교실 수업의 일부를 대체하는 형태를 띠고 있다. 따라서 3학점 수업에서 몇 학점까지를 온라인 콘텐츠로 대체할 수 있는지, 1학점을 온라인 콘텐츠로 대체하는 경우 그 분량이 몇 분이나 되어야 하는지 학교에 따라 규정이 달라질 수 있다.

둘째, 언급한 것처럼 국내 대학에서 FL은 온라인 활동이 오프라인 수업 시간 일부를 대체하는 형태를 띠므로 파트타임 프로그램(예: evening MBA 또는 주말 MBA)에 도입 시 학생들의 큰 호응을 받을 수 있다. FL 수업의 비중이 높다면 파트타임 프로그램의 입학생 모집도 경쟁 학교 대비 우위를 누릴 수 있다.

셋째, FL은 국내 대학에서는 대부분 도입 초기이므로 교수 혼자의 열정만 갖고서는 성공하기 어렵다. 소속 학교가 온라인 학습관리 시스템을 운영해야 함은 물론이고 온라인 콘텐츠 제작에 관한 기본 지원을 제공해야 한다. FL을 도입해본 동료들로 이뤄진 커뮤니티가 있으면 바람직하다. 특히 같은 학과 내에서라면 말이다.

넷째, 교수들뿐 아니라 학생들도 FL에 생소한 경우가 많아서, 주입식 교육에 길들여진 학생들이 FL 수업 방식을 불편해하거나 불만을 표시하는 경우가 생길 수 있다. 그러므로 교수는 첫 수업 시간에 FL의 필요성 및 효과를 설명해야 하고, 학기 중에도 여러 번에 걸쳐서 학생들의 주의를 환기시켜야 한다.

다섯째, FL은 능동적 학습을 핵심으로 하므로 클래스 사이즈가 너무 크면 소기의 성과를 거두기 어렵다. 실제로 프리맨(Freeman et al., 2014)의 메타 분석에 의하면, 능동적 학습은 모든 클래스 사이즈에 걸쳐서 전통 수업 방식보다 효과적인 것으로 나타났으나, 50명 이하의 클래스에서 그 효과가 더 높았다.

여섯째, 언급한 능동적 학습을 효과적으로 수행하려면 교실 환경에도 변화가 필요하다. 집단 공간에서 소그룹 토론을 효율적으로 수행하려면 책걸상을 손쉽게 이동할 수 있도록 설계된 교실이 더 많이 만들어져야 한다.

일곱째, FL은 개인 공간과 집단 공간 활동을 통해 교수가 학생 개개인에게 더 많은 관심을 기울이고, 이를 통해 비록 학생 개개인의 출발점은 다를지라도 궁극적으로는 모든 학생이 학습 목표를 달성하도록 만드는 것을 지향한다. 그러므로 학생 평가 방법에서도 상대평가보다는 절대평가 방식이 FL의 취지를 살리는 데 적합하다.

끝으로, 모든 변화가 다 그렇듯 변화가 성공적으로 도입되려면 이해관계자들의 이해관계가 일치되는 것이 이상적이다. 일방적 강의를 오랫동안 해온 교수가 FL이라는 새 교수법을 받아들일 것인지, 주입식 교육에 길들여진 학생들이 능동적 학습에 순응할 것인지, 인구 감소 및 등록금 동결 등으로 어려움을 겪는 대학 당국이 새 교수법 도입에 적극 나설 것인지 의문을 제기할 수 있다.

그러나 한국에서 FL은 성공할 수 있는 유리한 조건들을 갖고 있다. 첫째, 교수 입장에서 FL은 수업 부담을 최대 절반까지 줄여주므로, 교수법 전환 초기에 투입되는 시간 및 노력 투자에도 불구하고 FL을 도입할 인센티브가 있다. 이는 국내 대학들이 미국 대학들과 달리 대부분 FL을 Blended/Hybrid course 형태로 도입하고 있기 때문이다. 둘째, 학생 입장에서는 FL 수업을 수강하면 출석이나 노트 필기 부담이 줄어들고 교수의 강의를 원하는 때 원하는 장소에서 들을 수 있으므로 FL 수업에 관심을 가질 만하다. 이는 파트타임 프로그램의 경우에 특히 효과가 클 것이다. 셋째, 대학 당국은 FL을 장려함으로써 졸업생들의 능력을 향상시킬 수 있을 뿐 아니라 대학의 비용 구조에서 큰 비중을 차지하는 교수 인건비를 장기적으로 절감할 수 있다. 지금까지 한국의 대학 교육에 도입된 크고 작은 변화 중에 실패한 것이 많지만, FL은 보기 드물게 성공적으로 안착할 수 있는 잠재력이 있다.

## 문제중심학습[7]

### 대두 배경

구성주의에서 안다는 것은 객관적인 사실의 단순 주입과 기억 과정이 아니라 지각하는 주체의 주관적인 사고 과정을 통해 해석하고, 의미 부여하는 일련의 인지 과정을 의미한다. 따라서 동일한 대상에 대해 저마다 다른 형태의 지식 체계가 구성되고, 동일한 개인도 경험과 인지 체계의 복잡성의 정도에 따라 지식의 구조 또한 달라진다. 이런 맥락에서 교육이란 학생들 스스로 지식을 구성해갈 수 있도록 기회와 동기를 부여하는 것을 의미한다(von Glasersfeld, 1998). PBL은 구성주의적 교수법의 대표적인 예이다.

PBL은 1970년대 의과대학 교육의 문제점을 개선하기 위해 개발된 교수−학습모형이다. PBL을 처음 소개한 배로우(Barrows, 1994)

는 의과대학 학생들이 오랫동안 매우 힘든 교육을 받으면서도 인턴이 되어 실제 환자들을 진단하는 데 어려움을 겪는 것을 발견했고, 그 원인을 전통 교육방식에 있다고 진단했다. 즉 다른 분야와 마찬가지로 전통적인 의과대학 교육 또한 기존 지식의 암기와 인출에 초점을 두고 있다. 이로 인해 인턴들은 기존의 엄청난 의료 지식들을 암기하는 데 많은 노력과 시간을 들임에도 불구하고, 환자마다 개인 차로 인해 상이한 경과가 진행되는 것과 같이 교과서에 제시되지 않은 문제에 직면할 때, 이에 관한 정보를 수집해 추론하고 적극 학습할 수 있는 자기주도학습 역량이 부진하다는 것을 발견했다. PBL은 실제 문제에 직면했을 때, 자기주도적으로 해결 방안을 모색하고 추론하는 능력을 함양하기 위한 일환으로 제안된 교육법 중 하나다(최정임·장경원, 2010).

비록 PBL은 의과대학의 독특한 교육적 요구 상황에 대응하기 위해 개발된 학습모형이지만, PBL에서 초점을 두고 있는 자기주도적 학습역량, 고차원적 추론능력과 문제해결 능력 등은 의학 분야뿐 아니라 공학, 경영, 교육, 법률 등 다양한 전문 영역에서 오늘날 공통적으로 필요로 하는 자질들이다(Duch, Groh, & Allen, 2001). 특히 21세기 현대 사회를 정의하는 대표 키워드인 복잡성과 불확실성은 한두 가지의 정답을 가정하고 이를 명료하게 전달하는 것을 중시하는 교수 중심의 교수법의 한계점을 드러내고, 다양한 관점에서 문제를 분석하고 대안을 살펴볼 수 있는 역량을 함양할 수 있는 구성주의에 입각한 교수법의 필요성을 제기한다.

국내외 경영학 분야에서 PBL을 활용한 경영수업을 운영하기 시작한 것은 2000년대 들어와서다. 의과대학 졸업생들이 직면한 문제와 동일하게 경영학과 졸업생들 역시 실무 현장에서 문제해결 능력이 부족하다는 문제제기와 대학교육의 실효성에 대한 의문제기, 교육 주체인 교수들의 이론과 실무 연계의 중요성에 대한 자각과 교육방식의 변화에 대한 필요성에서 비롯된 결과다(류수영, 2013).

### 정의 및 핵심 요소

PBL은 문제를 중심으로 학생이 자기주도적인 학습과정을 통해 궁극적으로 관계 추론능력을 함양할 수 있도록 교수가 수업을 설계해 운영하는 학습법이다. PBL을 구성하는 핵심 세 요소는 문제, 학생, 교수다. 순서대로 살펴보자.

### 문제 개발이 핵심

PBL은 문제를 매개로 교과목에서 다뤄야 할 개념들을 구성해가는 교수법이다. 따라서 관련성, 실제성, 복잡성, 비구조성을 갖춘 신뢰성과 타당성을 겸비한 문제를 개발하고, 이에 대한 피드백을 제공해줄 수 있는 전문가 혹은 준전문가 집단의 존재가 매우 중요하다. '관련성'은 문제가 수업에서 다뤄야 하는 주요 개념들을 포함하고 있어야 한다는 것을 의미한다. '실제성'은 현실적으로 일어날 수 있는 가공된 사실을 다룬다. 여러 사람의 협업을 통해서 해결해야 할 만큼 충분히 복잡한 관계, 즉 '복잡성'을 내포하고 있어야 한다. '비구조성'은 하나의 정답이 있는 것이 아니라 다양한 해석과 접근, 방안이 검토될 수 있는 문제여야 한다. 그 밖에 의미 있고 중요하며 학생들이 흥미를 느낄 수 있도록 문제를 구성할 필요가 있다.

### 학생의 역할

PBL은 기존의 교육방식과 달리 지식을 구성하는 주체가 교수가 아닌 학생 자신이다. 따라서 학생은 문제해결에 기꺼이 자발적으로 참여하려는 의지를 지닌 참여자를 가정하며, 협업 의지를 지니고, 동료들 간의 건설적인 비판과 커뮤니케이션 등에 능동적으로 반응해야 한다. 또한 학생은 기존 수업방식보다 더 많은 시간을 투입하고 몰입해야 한다. 지식을 스스로 구성하는 수업 방식에 의심과 불만을 갖지 않고 교수와 동료들을 신뢰하며 끝까지 수강하려는 의지가 있어야 한다.

### 교수의 역할

PBL 수업의 질, 학생들의 만족, 수업 목표 성취를 위해서 교수의 역할이 매우 중요하다. 교수는 수업의 설계자이자 멘토로서 개강 전 수업에 활용할 교구인 신뢰성과 타당성을 겸비한 비구조화된 문제를 개발해야 한다. 15~16주 차 수업을 어떻게 적용해 운영할 것인지 설계해야 하며, 학습 성과를 무엇으로 평가할지 사전 준비를 해야 한다. 또한 학생들이 익숙하지 않은 교수법에 좌절하거나 낙오하지 않도록 동기부여하고 멘토링하는 역할을 수행해야 한다. 이러한 역할을 성공적으로 수행하려면 교수가 수업에 대해 충분히 사전 준비를 해야 한다. 학생들의 불안과 의문에 너그럽고 포용적인 자세로 경청하고 피드백해주는 노력도 잊지 않고 해야 한다.

[그림 3] PBL 적용 절차

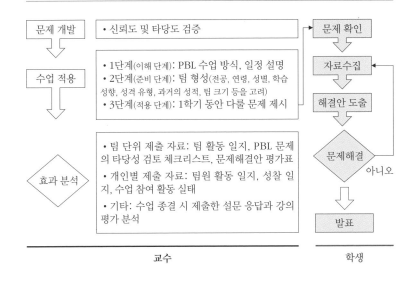

출처: 류수영, '경영수업에서 문제중심학습을 적용한 사례연구', 〈교육공학연구〉 29(1), 2013, p. 111 수정 보완

**적용 절차**

[그림 3]은 PBL 적용 절차를 도시한 것이다. PBL 방식으로 수업을 진행하기 위해 교수는 강의가 시작되기 전에 교과목의 교육 목표와 전달하고자 하는 교육 내용에 부합되는 신뢰성과 타당성을 겸비한 문제를 개발해야 한다. 그리고 개강 첫 주에 학생들에게 PBL 방식의 수업이 무엇인지, 어떻게 운영할 것인지, 요구되는 과제와 활동들이 어떤 것이 있는지, 구체적인 수업 일정이 어떠한지 상세히 설명한다. 그런 다음 학생들의 질문에 피드백해 교수와 학생의 기대와 목표를 일치시키도록 노력해야 한다.

학업 성취도 평가를 개별 또는 팀별, 또는 개별+팀별로 운영할 것인지 설명해 학생들을 PBL 수업에 참여에 혼란이 없도록 준비시킬 필요가 있다. 팀 형태로 PBL을 운영할 경우를 보자. 팀을 어떤 기준으로 몇 명으로 구성할 것인지 학생들에게 사전에 공지해야 한다. 이때 팀 구성에 대한 수용도를 높이기 위해 그 근거를 설명하는 것을 권장한다. 한 학기 동안 학생들이 다뤄야 할 문제 수와 유형도 설명하고, 어떤 식으로 문제를 배포할지 설명해야 한다. 예를 들어 학기 초에 15 또는 16주 동안 학생들이 풀어야 할 문제들을 일괄 배포할 수도 있고, 순차적으로 배포할 수도 있다. 개인적으로 순차적 배포를 권장한다. 학생들의 호기심과 흥미를 지속적으로 유발하기 위한 하나의 전략이 될 수 있기 때문이다.

한편 학생들 역시 PBL 수업 참여 시 전통 교수법에 의한 수업에서보다 많은 과제물 제출과 수업내외 활동들을 요구받는다. 예를 들면 PBL 수업이 팀별로 이뤄질 경우, 문제 타당성 검토 체크리스트, 팀 활동 일지 같은 서류들을 학기가 끝날 때 팀 단위로 제출해야 한다. 개별적으로 팀원 활동 평가표와 성찰 일지를 작성하고 제출해야 한다. 학생들은 처음 접하는 다양한 양식의 문서에 당황하고 불안해하므로 가능한 예시와 함께 작성 요령을 설명하고 배포하는 것이 좋다.

[그림 4]와 [그림 4-1]은 조직구조론 수업에 활용한 PBL 문제와 타당성 검토 결과 일부를 예시한 것이다. 수업 시작 전 한 학기 동안 수업 시간에 다룰 내용을 크게 3부분으로 나누고 3개의 문제를 개발한 다음 각각에 대해 문제의 타당성을 교육대학 대학원생들과 인사실 교육 담당자에게 각각 평가하게 했다. 수업 개시 후 문제가

**[그림 4] PBL 문제와 타당성 검토**

문제 ①

나는 A지역에 5대째 집안 대대로 내려오는 비법을 이용해 된장, 고추장, 간장을 만들어 판매하는 45세 김철수입니다. A지역은 청정 지역으로 공기가 깨끗하고 물맛이 좋으며 땅이 비옥해 장을 담그기에 최적의 장소로 예로부터 유명합니다. 처음에는 입소문과 지인을 통해 판매를 시작했습니다. 판매량이 많지 않아 가족들만으로 충분히 수요를 공급할 수 있었고 장을 담그는 데 핵심 재료인 고추와 콩은 100% 유기농 농법으로 직접 재배한 것으로 안정적으로 공급할 수 있었습니다. 좋은 재료로 전통 방식 그대로를 고수해 엄격하게 생산하고 품질 관리한 덕택에 점차 고객층이 늘어가기 시작하여 사업을 시작한지 7년이 된 지금은 된장, 고추장, 간장 항아리가 가각 100여 개가 넘는 규모로 성장했습니다. 이 과정에서 집 안 식구들만으로는 장을 담그고 이를 관리하는 것이 불가능하며 업무를 분장하고 전문 인력을 고용해 체계적으로 관리해야 할 필요성을 느끼기 시작했습니다. 예를 들면 된장, 고추장, 간장의 주원료가 되는 양질의 유기농 방식으로 재배된 고추와 메주콩을 싸게 안정적으로 확보하고, 소비자의 주문과 배송을 체계적으로 관리할 수 있는 시스템을 구축하고, 안정적인 제품 판로를 개척할 전문 부서가 필요함을 느끼기 시작했습니다. 여러분이 김철수 씨라면 어떻게 조직을 설계하시겠습니까? 그리고 그 근거는 무엇입니까?

(길 안내)
(1) 어떻게 부문화를 할 것인지 고민해보기 바랍니다.
(2) 수직적인 위계 계층과 커뮤니케이션 통로를 고려해보기 바랍니다.

출처: 류수영, '경영수업에서 문제중심학습을 적용한 사례연구', 〈교육공학연구〉 29(1), 2013, p. 111

종료될 때마다 팀별로 문제 타당성에 대한 평가서를 작성하고 제출하도록 했다.

[그림 5]는 팀 활동 일지 사례다. 학생들의 문제해결 과정을 구조화하고 실제 어떤 과정을 거쳐 해결 방안에 도달하는지 확인하기 위한 문서 작업이다. 많은 경우 학생들은 처음에 팀 활동 일지를 작성하는 데 당혹스러움을 호소한다. 특히 생각과 사실을 분리하는 것을 어려워한다. 생각은 문제를 읽고 나서 사실을 제외한 떠오르는 일체의 아이디어에 해당된다. 일종의 브레인스토밍이다. 반면 사실은 실제의 것에 해당된다. 학습 과제와 실천 과제는 문제해결

**[그림 4-1] PBL 문제의 타당성 검토 체크리스트**

| | 사례① | 사례② | 사례③ |
|---|---|---|---|
| 비구조화 | 3 | 4 | 5 |
| 실제성 | 5 | 5 | 5 |
| 관련성(맥락성?) | 2 | 5 | 5 |
| 복잡성 | 4 | 4 | 5 |

| 기준 | 응답 예 | 응답 아니오 | 비고 |
|---|---|---|---|
| ① 학습자의 경험과 배경으로부터 출발할 수 있는 수준의 내용인가? | △ | | 조직을 다뤄본 경험이 없는 학부생이 해결하기에 용이한 수준은 아니라고 생각됩니다. 단지 마케팅, OB, 경영관리 등 과목을 이수한 학생이 열심히 학습한다면 가능할 것 같습니다. |
| ② 학습자들의 흥미와 관심을 유발시킬 수 있는 문제인가?(적극적 참여를 위한 요소) | O | | 최근 전통식품에 대한 관심도 높고 다양한 브랜드의 전통 장류가 출시되고 있는 시점에서 흥미로운 문제가 될 것 같습니다.(실제성) |
| ③ 문제해결이 다양하게 제시될 수 있는가? | O | | 사례①은 비교적 정형화된 답이 도출될 가능성이 높으나 사례②와 ③은 학습의 방향에 따라 다양한 문제해결 방법이 제시될 수 있는 것으로 보입니다.(맥락성) '길 안내'가 적절한 조건을 제시하고 있는 것으로 보입니다. |
| ④ 실제 삶과 연계된 실제적인(authentic) 문제인가? | O | | 언급한 바와 같이 최근 기업현장에서 있을 법한 내용으로 실제성을 확보한다고 생각됩니다. |
| ⑤ 문제가 비구조적이며 복잡한가?(여러 요인을 복합적으로 고려해야 할 문제) | O | | 사례가 진행 될수록 여러 요인을 복합적으로 고려해야 하며 회사의 전략 방향 설정에 따라 다양한 해법이 나올 수 있다고 생각됩니다. |
| ⑥ 주어진 문제에서 주인공의 역할과 해야 할 과제가 분명히 명시되어 있는가? | O | | 최고 의사결정권자로서의 역할과 결정해야 할 내용이 분명히 제시되고 있습니다. |
| ⑦ 문제해결에 요구되는 사고 과정이 그 분야의 전문가나 직업인이 사용하는 것인가? | O | | 회사를 창업하고 성장시키는 CEO라면 한 번 겪어야 할 의사결정 과정이 제시되고 있는 것으로 판단됩니다. |
| ⑧ 주어진 수업 시간 안에 해결할 수 있는 문제인가? | △ | | 한 학기 분량으로 보자면 상당한 학습(수업 시간 이외의 자율학습)이 부가되어야 할 것으로 판단됩니다. |

전반적으로 도전적인 학부 수준의 PBL 학습으로 흥미로운 사례라고 생각됩니다. 내용을 보면 단순히 조직 관점에서만 보아야 되는 것이 아니라 경영학 일반(경영관리, 인사관리, 마케팅, OB 등)에 대한 이해가 적절히 상호작용되어야 원활한 학습이 가능한 것으로 보여 학부 3, 4학년 수준에 용이하게 다루기는 어려울 수 있다고 생각됩니다. 문제해결에 필요한 이론에 대한 부분적인 학습이 병행된다면 적절한 학습에 도움이 될 듯하며 특히 활발한 팀 학습(적절한 업무 분장과 충실한 학습)이 될 수 있도록 유인과 독려의 장치가 필요할 것으로 생각됩니다.

출처: PBL 문제 개발 당시 A사 인사 담당자로부터 받은 피드백

## [그림 5] 조직구조론 수업에 학생들이 작성한 팀 활동 일지 예시

### 첫 번째 미팅

| 팀명 | | 날짜 | ○○년 9월 28일 |
|---|---|---|---|
| 참석자 | | | |
| 회의 목표 | 문제해결을 위한 역할 분배를 하고 다음 약속장소를 정하자 | | |

| 문제해결안 | 수정된 문제해결안 |
|---|---|
| 우리는 먼저 조직구조를 짜기 위해 서로에 대한 공강 시간을 알아두고 다음 시간에 책을 참고해 조직구조를 설계하기로 한다. | |

| 생각 | 사실 | 학습 과제 | 실천 과제 |
|---|---|---|---|
| • 우리 조 이름은 무엇으로 할 것인가?<br>• 우선 가장 먼저 해야 할 것은 무엇인가?<br>• 역할 분배는 어떻게 할 것인가?<br>• 다음 주에는 각자 공강 시간이 어떻게 되나?<br>• 다음 주 모임까지 우리가 해야 할 일은 무엇인가? | • 조직구조 발표는 10월 12일이다.<br>• 다음 주에 적어도 2회 이상 만나야 한다.<br>• 조직구조론 책을 참고해 조직구조에 대한 전반적인 이해가 필요하다. | • 배우긴 했으나 정확한 조직구조에 대한 지식이 없다.<br>• 교수님께 조언을 듣기 위해 교수님의 괜찮은 시간은 어떻게 될까?<br>• 각자의 공강 시간 | • 신판 조직구조론 책에 나오는 조직구조 조직도를 보고 참고한다.<br>• 교수님께 언제 시간이 되는지 물어본다.<br>• 다음 약속 시간과 장소를 잡는다. |

### 두 번째 미팅

| 팀명 | | 날짜 | ○○년 10월 3일 |
|---|---|---|---|
| 참석자 | | | |
| 회의 목표 | 본격적으로 조직구조를 설계하기 위해 조직구조를 설계한다 | | |

| 문제해결안 | 수정된 문제해결안 |
|---|---|
| 우리는 먼저 조직구조를 짜기 위해 서로에 대한 공강 시간을 알아두고 다음 시간에 책을 참고해 조직구조를 설계하기로 한다. | 먼저 사례에서 필요한 부서의 이름을 정한 후(생산지원, 생산, 유통관리부, 영업부) 추가적으로 필요한 부서(기획획부, 총무부, 인사부)를 만들었다. 우리가 설계한 조직구조는 조직구조론 책에 있는 민쯔버그의 조직 유형론을 기본 구성으로 한다. |

| 생각 | 사실 | 학습 과제 | 실천 과제 |
|---|---|---|---|
| • 일단 조직화된 부서에 대한 이름을 명명하자.<br>• 사례에 적혀 있는 부서 이외에 추가해야 할 것은 무엇이 있을까?<br>• 조직구조 그림을 보고 조직구조를 설계해보자.<br>• 철수가 CEO인가?<br>• CEO는 필요한가?<br>• 철수가 CEO가 아니라면 철수의 직책은 무엇인가?<br>• 커뮤니케이션 통로 옛날에는 Face to Face(직접 보는 시스템)였다. | • 조직구조 그림을 알아야 한다!<br>• 전문가를 어디에 투입시켜야 하는가?<br>• 추가해야 할 부서는 무엇이 있는가? | • 재료 확보, 소비자 주문과 배송을 체계적으로 관리할 수 있는 시스템, 안정적인 제품 판로 개척 부서 이름을 찾아봐야 한다.<br>• 조직구조 그림에 대해 알아야한다. | • 인터넷을 검색해 부서 이름에 대해 명명한다.<br>• 큰 식품업체 기업 사이트에 들어가 그 기업의 조직구조를 찾아본다.<br>• 책을 통해 조직구조 그림을 찾아 적용한다. |

08 경영학 교수법의 혁신, 플립러닝과 문제중심학습

213

→학생들은 서로를 소개하고 팀명을 무엇으로 할 것인지, 역할과 협업을 위해 필요한 활동들을 구조화하기 시작했고, 담당교수와 면담 일정도 기획했다.

→전통적 수업 방식에서 일어나지 않는 활동들을 확인: 교과서를 자발적으로 검토하고, 교수와 상호작용을 시도했다.

→학생들은 문제해결을 위해 교과서뿐 아니라 그 외의 자료에도 관심을 가지고 적극적인 탐색 활동을 시작했고, 근본적인 질문(예를 들면 철수가 CEO인지 토의)을 주고받았음을 확인할 수 있다.

→PBL이 자기주도적 학습과 학생들 간의 상호작용을 촉진해 새로운 지식을 구성하는 데 효과적인 교수법임을 확인할 수 있다.

을 위해 스스로 학습해야 될 내용과 그것을 구체적으로 어떻게 실행할 것인가를 작성하는 것이다. 팀 활동 일지 작성은 학생들에게 문제해결을 위해 어떻게 체계적으로 접근할 것인지 스스로 생각하고 결정하게 하는 데 기여한다. 그러나 이 활동을 문서화하는 작업은 학생들에게 생소한 것이다. 따라서 학생들의 이해를 돕기 위해 작성 예시문을 제시하는 것이 도움이 된다.

[그림 6]은 문제해결 및 발표 단계에서 개별 학생들이 제출해야 하는 성찰 일지다. 학생들은 문제마다 무엇을 배우고, 어떤 과정을 통해 배웠으며, 학습한 지식은 어떻게 적용해볼 수 있는지 작성했다. 학생들은 팀 단위 문제해결 활동을 통해 교과서뿐 아니라 관련 자료들을 다양한 원천에서 적극 탐색하고 동료들과 활발하게 상호작용하며 커뮤니케이션과 리더십의 중요성을 체험했음을 보고하고 있다. 또한 학생 스스로 교과 범위 외의 다른 수업에서 체득한 지식들을 주체적으로 통합하는 과정을 경험했음을 확인할 수 있다.

**[그림 6] 조직구조론 수업에 대해 학생들이 작성한 성찰 일지 예시**

| | 무엇을 배우고 느꼈는가? | 어떤 과정을 통해 학습했는가? | 학습한 내용을 어디에 적용해볼 수 있는가? |
|---|---|---|---|
| 문제 1 | • 팀원들과의 대화를 통해 자신이 고려하지 못했던 문제들에 관해 생각해볼 수 있는 기회를 가지게 됨<br>• 자발적인 학습동기를 경험<br>• 브레인스토밍의 중요성과 효과성을 경험<br>• 커뮤니케이션의 중요성을 경험<br>• 문제해결을 위해 다른 팀원들이 어떻게 문제에 접근하는가를 보고 학습할 수 있는 기회를 가짐<br>• CEO 입장에서 생각하면서 조직의 효율성과 효과성에 대해 생각해봄<br>• 어떤 조직도 완벽하지 않으며, CEO 역량의 중요성을 깨달음<br>• 부문화의 의미와 종류, 장단점을 학습 | • 자기주도적 선행학습(수업 교재 외에 도서관에 방문해 조직구조와 관련된 서적뿐 아니라 커뮤니케이션 관련 서적 참조)<br>• 팀원들과의 지식공유<br>• 팀원들과의 커뮤니케이션을 통한 설득과 동의(agreement)<br>• 브레인스토밍을 통해 마인드맵을 도시한 후 정교화와 가지치기 과정을 통해 학습<br>• 모든 구성원의 참여와 협동<br>• 국내외 관련 실증 자료 조사와 전화 인터뷰 | • 활동 중인 동아리가 위계가 거의 없는 수평 구조라 걸리는 시간에 비해 커뮤니케이션의 만족도와 의사결정의 효율성이 떨어지는 문제를 수직 구조의 이점을 부분적으로 적용해 해결할 수 있을 것 같음<br>• 기업 조직을 분석할 수 있는 응용력<br>• 졸업 후 창업 시 조직 구조화에 도움<br>• 평소 이용하는 서비스 업체(예: 식당)와 가고 싶은 기업 분석에 활용 |

출처: 류수영, '경영수업에서 문제중심학습적용을 위한 사례연구'(2013)와 KBR포럼 발표 자료 발췌

## 문제중심학습 적용 범위

Q: 모든 교과목에서 PBL은 효과성이 발휘되는가?

A: PBL 교수법 적용을 고려하는 많은 교수가 자신의 전공과목에 PBL이 적용 가능한지 궁금해할 것이다. 또한 기존 연구에서 언급하는 바와 같은 효과성들이 그대로 적용될 수 있는지 궁금해할 것이다. 이에 대해 넬슨(Nelson, 1999)은 PBL이 발견적 과제, 개념적 이해, 인지적 전략(비판적 사고기술), 학습 전략, 메타인지 개발에 적

합하며 암기를 필요로 하는 사실적 정보나 절차적 과제의 경우에는 적합하지 않다고 설명한다. 그러나 넬슨의 설명은 조심해서 해석할 필요가 있다. 국내외 경영학 분야에 PBL 교수법이 적용된 실증 연구들은 전통 교육에서 암기와 정답 풀이가 강조되었던 운영/MIS와 회계 분야에서 이뤄졌다. 이는 기존 교육 현장에서 표준화된 교과서 내용을 주입식으로 전달하는 교육과 달리 실제 비즈니스 현장에서 개별 조직마다 처한 상황이 다르고 복잡해서 다양한 해결 대안들이 존재하기 때문에 PBL이 적용 가능한 것이다.

중요한 것은 무엇을 전달할 것인가에 따라 PBL 적용 가능 여부와 효과성이 결정된다고 생각된다. 즉 많은 양의 지식을 학생들에게 전달하고자 할 때는 PBL 방식은 적합하지 않을 뿐 아니라 기존 연구에서 언급된 학습 효과를 얻기 힘들 것이다. PBL은 교수가 학생들에게 자기주도학습과 협력학습 과정, 교수—동료들 간의 커뮤니케이션 활동 등을 통해 고차원적 사고 능력—건설적 비판 능력, 문제분석 능력, 해석 능력, 추론 능력 등을 함양하고자 할 때 시도해볼 수 있는 효과적인 교수법 중 하나다.

**Q: 대단위 강의에서도 PBL을 적용할 수 있는가?**

A: 적용할 수 있다. 다만 책상을 이동해서 팀별로 토의할 수 있는 넓은 강의실과 수업 조교의 도움을 얻을 수 있어야 소기의 학습 효과성을 얻을 수 있을 것이다. PBL은 소규모 수업에만 적용할 수 있는 교수법이라는 오해가 종종 있는 것 같다. 물론 규모가 20명 미만일 경우 교수 1인이 관리하기에 적정한 측면이 있다. 그러나 PBL에

서 학습이 교수의 강의가 아닌 학습자의 자기주도학습, 협업학습, 동료로부터의 학습임을 회상한다면 30~40명의 경우에 다양성의 효과성을 얻을 수 있다. 즉 규모가 커질수록 문제에 대한 다양한 접근과 해결책을 시도한 다양한 팀의 의견들을 상호 공유함으로써 학습 효과가 높아질 수 있다. 다만 PBL을 처음 시도하는 교수의 경우 이 정도 규모가 부담스러울 수 있다. 조교의 도움을 받을 수 있는 여건이 된다면 소규모 수업과 유사한 효과를 얻을 수 있을 것이다. 40명이 넘으면 수업 조교의 도움이 절실히 필요하다. 규모가 교수가 감당할 수 있는 수준을 넘으면 다양성의 긍정적 효과보다 관리비용이 더 커지기 때문이다.

Q: PBL적용을 위해 필요한 강의실 환경이 따로 있는가?

A: 가장 이상적인 것은 3~4명이 앉아 토의할 책상과 팀별 이용할 수 있는 미니 칠판이나 이동식 칠판이 비치되어 있는 경우다. 최근 유행처럼 리모델링되고 있는 고성능 빔과 스크린 장비를 장착한 계단식 강의실은 교수의 강의 중심으로 학습이 이뤄지는 공간에서 필요한 설비들이다. 학생들 간의 상호작용을 통한 학습이 강조되는 PBL은 럭셔리한 최첨단 강의실보다는 머리를 맞대고 토의할 수 있는 책상과 필기구, 자료 검색에 도움을 줄 수 있는 노트북 정도면 충분하다.

Q: PBL은 상대평가에서 효과성이 떨어지는가?

A: PBL은 상대평가보다는 절대평가 시스템에서 잘 적용할 수 있

는 교수법이다. 이유는 PBL이 협동학습 과정을 통해 학생들이 주체적이고 자발적으로 지식을 구성해가는 능력 함양을 지향하기 때문이다. 또한 협동학습 과정은 학생들로 하여금 수강과목에 대한 높은 수준의 몰입과 시간, 노력을 요구한다. 만일 평가 시스템이 상대평가일 경우, 학생들 간의 지식공유 같은 협동 활동이 위축될 수 있다. 타 과목에 비해 많은 노력과 시간, 정성을 들였고 실제 우수한 결과물을 제출했음에도 불구하고 상대평가로 인해 기대보다 낮은 학점을 받으면 학생들은 상대적인 박탈감과 불만을 경험하게 될 것이다. 이러한 부정적인 경험은 새로운 교육법에 동참해 모험을 즐기기보다는 기존의 교수 일방향의 강의방식 수업을 선호하도록 만들 것이다. 상대평가를 기본 학습평가 방식으로 채택하는 대부분의 대학교육 상황에서 PBL을 적용하려면 전체 학점에서 팀 과제 점수에 대한 비중이 학생들이 충분히 크다고 인식할 수 있을 정도가 되어야 소기의 협동학습의 이점을 얻을 수 있을 것이다.

## 성공적인 학생 중심 교수법을 향하여

교육 현장에 직접 있지 않아도 다양한 분야에서 21세기에 필요한 인재상을 자기주도학습이 가능하고, 비판적 사고능력과 문제해결 능력이 있으며, 우수한 커뮤니케이션 능력과 리더십, 협업 능력을 갖춘 사람으로 묘사하고 있다. 이러한 기대는 필연적으로 교육 주체들의 역할 변화와 교수법의 변화가 필요함을 피력한다. 즉 교

**[그림 7] 교수법의 변화 방향**

| 교수 중심 | 학생 중심 ⇒<br>교수와 학생이 함께 수업을 구성 |
|---|---|
| • 교수: 지식 전달자, 강의 의존<br>• 학생: 청자 | • 교수: 동기부여자, 촉진자<br>• 학생: 자기주도적 학습 주체 |

수 중심에서 학생과 교수가 함께 수업을 구성해가는 역할과 기능의 변화가 필요한 것이다([그림 7] 참조).

　FL과 PBL은 모두 학생과 교수, 학생들 간의 상호작용을 촉진하는 학생 중심의 교수법이다. 그런데 한 연구 결과에 따르면(서경혜, 2004), 좋은 수업에 대해 교사의 경우 교과 내용을 명확하고 효과적으로 전달하고, 학생과 활발한 상호작용을 통해 상호존중과 신뢰를 쌓아가는 수업이라 응답하는 반면, 학생들은 교과 내용을 명확하고 효과적으로 전달해주는 수업이라 응답했다. 즉 실제 학교 현장에서는 여전히 교수-학생 모두 지식의 생산자와 전달자로서의 교수와 수동적 소비자로서의 학생을 전형적인 역할 프로토타입으로 인식하고 있다.

　이러한 연구 결과는 최근 경영학계에서 일고 있는 학생 참여와 주도 과정을 통한 지식의 구성과 학습, 이를 지원하고 촉진하는 주체로서의 교수 역할 재정립 노력과 상당한 거리가 있음을 보여주는 대목이다. 이론과 실제의 차이를 냉정하게 바라볼 필요가 있다. 교수가 아무리 참신한 생각을 가지고 있고 굳은 개혁 의지와 열정으로 수업을 설계한다 하더라도 교육의 주요 주체인 학생들이 이를 공감하고 따르지 않으려 한다면 교육 현장에서의 개혁 노력은 실패로 돌아갈 것이다(서경혜 등, 2007). 학생 중심 교수법이 성공적으로 적용되기 위해 고려해야 할 것들을 열거하면 다음과 같다.

### 흥미롭고 도전적인 문제 개발

FL과 PBL은 모두 교과 내용을 적용할 수 있는 응용 문제가 필요하다. 따라서 교과 개념을 적용할 수 있는 흥미롭고 도전적인 문제 개발이 학생들의 수업에 대한 흥미와 몰입, 수강 지속을 위해 선결되어야 한다.

### 평가 체계

FL과 PBL 도입 목적이 자기주도 학습 능력, 추론 능력, 문제해결 능력 향상이 핵심이라면 학습평가 방식 역시 이러한 능력을 확인할 수 있는 방식으로 수업 시작 전에 설계해야 한다. 즉 새로운 교수법을 도입할 때 이를 통해 얻고자 하는 목적이 무엇인지, 어떻게 전달할지, 무엇으로 이것을 평가할지 사전에 설계해야 한다. 만일 수업 방식은 PBL로 하고, 학습 능력은 기존 방식인 교재 내용을 어느 정도 기억하는가로 평가할 경우 학생들은 교수법과 평가 체계 간에 불일치를 경험하게 될 것이다.

### 학급 및 팀 규모

수강생 수와 팀 규모의 적정성이 FL과 PBL 같은 학생 주도 참여형 수업의 성공에 중요한 영향을 끼친다. 교수-학생, 학생들 간의 상호작용을 높이려면 20~40명 이내의 학급 규모와 4명 이내의 팀

규모가 적합하다. 단, TA의 도움을 받을 수 있는가와 교수의 역량에 따라 학급 규모는 달라질 수 있다. 학급 규모가 너무 소집단일 경우, 학생들 간의 건설적인 긴장과 경쟁이 다소 떨어지게 되고, 이는 문제해결에 대한 새로운 접근법을 시도하기보다는 통상적인 방안들을 제시하는 경향성으로 나타나 학습 효과에 부정적인 영향을 끼칠 수 있으므로 긴장감을 떨어뜨리지 않는 노력이 필요하다.

### 제도적 요인들

국내 대부분의 대학들은 예산상의 문제를 이유로 분반과 폐강 기준을 강화시켜 중대형 강의를 교수가 받아들일 수밖에 없도록 제도적으로 조장하고 있다. 이러한 제도적 요인은 교수로 하여금 학생 주도의 참여형 수업 운영에 대해 회의적인 태도를 갖도록 하고, 교수 중심의 일방향 강의 방식을 채택하도록 구조적으로 조성shaping한다. 학령인구의 감소로 초등, 중등, 고등교육에서 한 반의 학생 수가 30~40명인 상황에서 대학에 진학하는 순간 학생들은 콩나물시루 같은 교육 현장에 내동댕이쳐진다. 분반 수를 줄이고 각 분반의 정원을 늘임으로써 인건비는 절감할 수 있을지 모르겠지만, 학생 주도의 학습과 교수-학생, 학생들 간의 상호작용은 현실적으로 거의 불가능하다. 또한 중대형 강의 운영은 과목당 가능한 최소한의 분반 수를 허용함으로, 매학기 수강 기간이 되면 학생들은 수강신청과의 전쟁을 경험하게 된다. 이런 중대형 강의의 경우 교수에게 학생평가 업무를 가중시키게 되고, 교수는 학습평가를 위해 강의 내용을 얼마나 기억하는지 확인할 수 있는 객관식/주관식 문제를 채택함으로써 강의 부담을 줄일 수밖에 없는 한심한 상황에 내몰리게 된다. 그야말로 암기력과 운筆 테스트로 학생들의 학습역량을 평가하는 것을 제도적으로 양산하고 있는 것이다. 대부분의 경우 중대형 강의 운영 체계는 대학 운영자를 제외하고 학생-교수 모두 행복하지 않게 만든다.

또한 학습평가 방식은 언젠가부터 강제할당식 상대평가 제도를 기본으로 채택하도록 학사 운영규정으로 제도화되어 있어 교수의 평가 권한은 매우 제한적이다. 강의 과목의 학습 내용과 기법에 따라 Pass 또는 Fail이나 절대평가를 원천적으로 선택할 수 없다. 설사 예외를 허용한다고 규정에 표기되어 있어도 본부의 허가가 필요하고, 본부는 교수 재량권을 인정하지 않는 방식으로 관리 효율의 극대화를 추구한다.

그리고 학생들이 한 학기 끝나고 성적 확인을 위해 의무적으로 포털사이트에서 평가해야 하는 강의평가 설문 문항들은 전통 교수법이 제대로 이행되었는지 확인할 뿐, '수업을 통해 학생들이 스스로 지식을 재구성 또는 재창조할 수 있도록 지원해주는 것이었는가'는 질문하지 않는다. 우리의 교육이 여전히 강의계획서를 충실하게 이행했는지, 교수가 명료하게 강의 내용을 잘 전달했는지에 관심이 있고, 그것으로 교수의 강의 역량을 평가하고 있음을 반영한 결과이다.

우리가 21세기에 필요한 고차원적인 추론 능력과 문제해결 능력, 커뮤니케이션 능력, 리더십, 협동 능력을 대학교육을 통해 함양하고자 한다면 제도적인 보완이 선결되어야 한다. 분반 및 폐강 기준을 현실적으로 완화해야 한다. 이를 위해서는 교육에 대한 투자 필요성에 대한 대학 운영자들의 교육철학과 이를 뒷받침해줄 교육 예산 확보가 전제되어야 할 것이다. 또한 교수에게 교육 목적에 따른 평가 방식을 자유롭게 선택할 수 있는 권한이 주어져야 한다. 마지막으로 좋은 강의 또는 바람직한 강의가 무엇인지 직접적인 이해 당사자인 학생-교수 간에 진지하게 논의하고, 그것을 반영한 평가 문항을 강의평가에 포함시키는 노력을 기울여야 한다.

끝으로 8장에서 살펴본 FL과 PBL 같은 학생 주도의 참여형 수업은 교수와 학생이 모두 새로운 생각과 실천을 이해하고 받아들일 자세가 되어 있지 않으면 학생과 교수 모두 좌절과 소진 현상을 경험하게 된다(서경혜 외, 2007). 학생 중심의 참여형 수업방식은 교수에게는 수업 설계와 문제 개발, 실행 과정에서 지속적인 모니터링과 피드백을 위한 시간과 노력을 요구한다. 학생에게는 교과 과정 외의 자료를 스스로 수집하고 또래들과 공유하면서 문제를 해결하는 고차원적인 추론 과정을 요구한다. 교수-학생 모두 전통적 수업 방식보다 많은 시간을 투입하고 몰입해야 한다. 이 과정은 교수에게는 상대적으로 강의에 대한 부담을 가중시키고, 학생들 또한 한 수업에 할당해야 하는 시간과 노력의 비중이 커지고 끊임없이 자신의 생각을 이야기해야 하는 부담감을 경험하게 만든다. 이러한 부담감은 자주 학생과 교수 모두에게 새로운 교수법에 대한 회의와 좌절감을 안겨주게 된다. 따라서 교수-학생, 행정 시스템 등의 교육 생태계에 포함된 모든 이해관계자의 구성주의 교수법에 대한 지속적인 관심과 노력, 지원이 필요하다.

# 참고문헌

- 류수영, 「경영수업에서 문제중심학습을 적용한 사례연구」, 《교육공학연구》 29(1), 2013, pp.1~29.
- 서경혜, 「좋은 수업에 대한 관점과 개념: 교사와 학생 면담 연구」, 《교육과정연구》 22(4), 2004, pp.165~187.
- 서경혜·이주연·현성혜·이자연·심수원·김지혜, 「교육과정 개혁과 학습문화」, 《교육과정연구》 25(3), 2007, pp.155~191.
- 최정임·장경원, 『PBL(Problem-based learning)로 수업하기』, 학지사, 2010.
- Bloom, Benjamin S., David Krathwohl, and Bertram Masia (1956), Taxonomy of Educational Objectives, vol. 1: Cognitive Domain. New York: McKay.
- Freeman, S., Sarah L. Eddy, Miles McDonough, Michelle K. Smith, Nnadozie Okoroafor, Hannah Jordt, and Mary Pat Wenderoth (2014), "Active learning increases student performance in science, engineering, and mathematics," Proceedings of the National Academy of Sciences of the United States of America, Vol. 111, No. 23 (June 10, 2014), pp. 8410-8415
- Nelson, L. M. (1999). Collaborative problem solving. In C. M. Reigeluth (Ed.), Instructional design theories and models: A new paradigm of instructional theory (pp.241-268). Mahwah, NJ: Lawrence Earlbaum Associates.
- Talbert, R. (2017), Flipped Learning: A Guide for Higher Education Faculty. Sterling, VA: Stylus Publishing, LLC.
- von Glasersfeld, E. (1998), "Cognition, construction of knowledge, and teaching," in M. R. Mathews (Ed.), Constructivism in Science Education, 11-30.

1  8장의 플립러닝에 관한 내용은 대부분 탈버트(2017)에 기초하고 있다.

2  머린 레이지, 글랜 플래트, 마이클 트레글리아의 2000년 논문이 플립러닝에 대한 최초의 학술지 논문으로 간주되고 있다.

3  Entrance Ticket은 학생들이 집단 공간에 도착하자마자 수행하는 짧은 활동이다. 대개 교수가 개인 공간에서 학습한 내용에 대한 한두 개의 질문을 내고 학생들은 그 답을 종이에 적어 제출한다. 이를 통해 학생들이 개인 공간 학습을 제대로 했는지 확인할 수 있고 출석도 확인할 수 있다.

4  클릭커는 학생들로 하여금 교수의 질문에 대해 투표로 답할 수 있게 해주는 시스템이다. 원래는 키패드가 달린 작은 장치 형태였으나 최근에는 휴대폰이나 노트북 PC에서 작동되는 소프트웨어의 형태로 발전되었다. 후자의 경우 사지 선다형의 질문뿐 아니라 복수 선택형이나 괄호 넣기 같은 형태의 질문도 사용할 수 있다.

5  entrance ticket이 집단 공간 시작 시에 작성하는 것인 반면, one minute paper는 집단 공간 종료 시에 작성한다. 종종 exit ticket이라 불리기도 한다. one minute paper를 통해 학생들로 하여금 집단 공간 활동을 요약하게 하거나, 여전히 이해가 되지 않는 부분에 대해 질문을 하게 할 수도 있다. 팀 프로젝트를 수행하는 경우에는 프로젝트의 진행 상황을 평가하고 다음 세션 때까지의 계획을 적게 할 수도 있다.

6  Think-Pair-Share Exercise란 학생들에게 질문 혹은 생각해볼 문제를 던지면서 시작된다. 학생들은 각자 짧은 시간 동안 주어진 질문에 대해 생각(think)한 다음 쌍(pair)을 이뤄 각자의 생각을 공유(share)한다. 이를 think-pair-share-square exercise로 확장할 수도 있다. 마지막 단계에서 2개의 '쌍'이 4인 그룹을 형성해 각 '쌍'이 토론한 내용을 다른 '쌍'에게 설명해주는 것이다. Think-Pair-Share Exercise는 소그룹 토론을 활성화시킬 수 있는 매우 효과적인 기법이다.

7  8장의 PBL에 해당하는 부분은 류수영, '경영수업에서 문제중심학습을 적용한 사례연구', 〈교육공학연구〉 29(1), 2013, pp.1~29 내용을 근간으로 했다.

# 경영교육혁신 이해당사자들의 유인 풀어내기

이태희

국민대학교 경영학부

경영학 교육이 위기를 맞았다고 언급하는 사람들이 많다. 많은 대학이 경영학 교육혁신의 중요성을 주장하고 실제로 교과과정의 변화를 추구하고 있지만 지속 가능하고 벤치마크를 삼을 만한 교육모델은 나타나지 않고 있다. 이유는 여러 가지가 있겠지만 정부의 재정지원 사업 등에만 의존해 변화를 추구하기 때문일 가능성이 크다. 정부 재정지원 사업에 의존한 교과과정 변화는 정부지원이 끊기면 교과과정의 혁신을 지속 가능하지 못하게도 하지만 교과과정 혁신과 관련된 이해당사자들의 이해관계를 더욱 왜곡시키는 문제도 불러일으킨다. 따라서 4차 산업혁명의 도래 같은 환경 변화에 걸맞는 새로운 경영학 교육 제도를 도입하려면 기업의 실무 책임자가 주체가 되는 산학협력 강의를 활성화해야 한다. 이를 위해서는 새로운 제도 도입도 중요하지만 산학협력 강의와 관련된 이해당사자들의 제약 조건을 파악하고 이를 해소해 유인을 일치시키는 일이 아주 중요하다. 9장에서는 이해당사자를 학생, 교수, 학교(직원), 기업으로 나눠 제약 조건을 파악하고 유인 해소 방안을 제안한다.

# 경영학 교육 문제의 인식

## 경영학 교육의 현황과 환경 변화

경영학 교육이 위기를 맞았다고 얘기하는 사람들이 많다. 그리 틀린 말도 아니다.

19세기 말 경영학의 화려한 등장에 일조했던 포드Ford, GMGeneral Motors, 월마트Walmart, GEGeneral Electric 같은 기업들이 페이스북Facebook, 아마존Amazon, 애플Apple, 넷플릭스Netflix, 구글Google 즉 FAANG 같은 기업들에게 세간의 관심을 빼앗긴 지 오래됐다. 최근에는 4차 산업 혁명의 도래와 함께 빅데이터, 기계학습Machine Learning, AI, 린경영Lean Management, 플랫폼Platform 비즈니스, 암호화폐Cryptocurrency와 블록체인 Blockchain 등과 관련된 내용들이 경제신문의 기업 관련 기사를 독점 하다시피 하고 있다.

세상은 이렇게 빨리 바뀌고 있는데 경영학 교육은 아직도 대량생 산Mass Production 시대의 기업 이론에서 벗어나지 못하고 있다. 단적으로 시중에 나와 있는 경영학 원론 서적들만 살펴봐도 이 우려가 기우가 아님을 알 수 있다. 대부분의 서적이 담고 있는 내용들도 유사하다. 계획—집행—통제, 리더십 이론, (대량생산 기업 체제에서나 적합한) 회계·생산·마케팅·인사 등에 대한 간략한 설명 등이 주를 이루는 것은 필자가 대학생이던 30여 년 전이나 지금이나 같다. 물론 책의 내용이 바뀌지 않는 것이 반드시 나쁜 것은 아니지만 그만큼 경영학 교육이 변하는 기업 환경을 쫓아가지 못했음을 나타내는 방증이기도 하다.

경영학 교육의 위기는 경영학 전공자에 대한 사회적 수요에서도 오래전부터 감지되어왔다. 한국교육개발원KEDI이 추계한 2013년 취업 통계에 따르면, 전국 대학의 전공별 취업률 중 경영학 전공자 취업률은 39위로 인문사회계열 중에서는 가장 높은 수준이나 이공계열 대부분의 전공 취업률보다 낮다. 이 같은 추세는 현재까지 지속되고 있다.[1]

경영학 전공자에 대한 미래 수요는 더욱 암울하다. 한국고용정보원KEIS이 2015년에 수행한 '2014~2024 전공별 인력 수급 전망'에 따르면 경영·경제 계열의 초과공급 인력은 12만 2,000명으로 조사 대상 전공 중 가장 많은 것으로 나타났다.[2]

대학들도 위기의식을 느끼고 경영학 교육에 대한 새로운 시도를 하고 있다. 미국의 경우, 경영대학원들은 MBA 프로그램에서 기능 간 사고cross-functional thinking를 통한 문제해결problem-solving을 강조하는 강의와 기업과의 협업을 통한 산학협력 강의를 지속적으로 개발하고 있다.[3] EU도 경영대학원들이 창업경영startup management, 플랫폼 비

[표 1] 고등교육기관 졸업자 건강보험DB 취업 통계(2013)

| | | | | | | | | | | | |
|---|---|---|---|---|---|---|---|---|---|---|---|
| 1 | 의학 | 86.1 | 31 | 금속공학 | 63.7 | 61 | 공학교육 | 54.5 | 91 | 교양경상학 | 46 |
| 2 | 치의학 | 83.8 | 32 | 지상교통공학 | 63.6 | 62 | 조경학 | 53.4 | 92 | 생물학 | 43.7 |
| 3 | 초등교육학 | 78.5 | 33 | 교양생활과학 | 63 | 63 | 도시·지역학 | 53.3 | 93 | 교양어·문학 | 43.4 |
| 4 | 유아교육학 | 78 | 34 | 동물수의학 | 63 | 64 | 체육 | 53.2 | 94 | 교육학 | 43.3 |
| 5 | 해양교육학 | 77.7 | 35 | 건축설비공학 | 62.5 | 65 | 기타디자인 | 52.8 | 95 | 사진·만화 | 43.2 |
| 6 | 한의학 | 76.6 | 36 | 의료공학 | 61.2 | 66 | 산업디자인 | 52.4 | 96 | 예체능교육 | 43.2 |
| 7 | 기계공학 | 75.4 | 37 | 토목공학 | 61.1 | 67 | 문화·민속·미술사학 | 52.3 | 97 | 교양자연과학 | 42.6 |
| 8 | 재활학 | 75.1 | 38 | 통계학 | 59.7 | 68 | 기타유럽어·문학 | 52.2 | 98 | 응용미술 | 42 |
| 9 | 자동차공학 | 74.5 | 39 | 경영학 | 59.4 | 69 | 중국어·문학 | 52.2 | 99 | 역사·고고학 | 41.6 |
| 10 | 기전공학 | 73.6 | 40 | 식품경영학 | 58.9 | 70 | 화학 | 52.1 | 100 | 공예 | 41.4 |
| 11 | 항공학 | 73.1 | 41 | 관광학 | 58.4 | 71 | 지구·지리학 | 51.9 | 101 | 철학·윤리학 | 41.4 |
| 12 | 전자공학 | 71.6 | 42 | 언어학 | 57.8 | 72 | 물리·과학 | 51.7 | 102 | 교양공학 | 41.2 |
| 13 | 에너지공학 | 68.4 | 43 | 가정관리학 | 57.6 | 73 | 영상·예술 | 51.7 | 103 | 국어·국문학 | 41.1 |
| 14 | 화학공학 | 67.2 | 44 | 특수교육 | 57.5 | 74 | 의류·의상학 | 51.7 | 104 | 법학 | 40.5 |
| 15 | 제어계측공학 | 66.9 | 45 | 무역·유통학 | 57.4 | 75 | 언론·방송·매체학 | 51.5 | 105 | 천문·기상학 | 40.1 |
| 16 | 재료공학 | 66.8 | 46 | 환경학 | 57.4 | 76 | 교양인문학 | 51.3 | 106 | 수학 | 40 |
| 17 | 전산학·컴퓨터공학 | 66.8 | 47 | 경제학 | 57.2 | 77 | 국제지역학 | 51.1 | 107 | 무용 | 37.8 |
| 18 | 응용공학 | 66.7 | 48 | 기타아시아어·문학 | 56.8 | 78 | 정치외교학 | 50.9 | 108 | 수산학 | 36.9 |
| 19 | 반도체·세라믹공학 | 66.4 | 49 | 도시공학 | 56.8 | 79 | 종교학 | 제외 | 109 | 조형 | 35.8 |
| 20 | 산업공학 | 66.4 | 50 | 산림·원예학 | 56.7 | 80 | 독일어·문학 | 50.5 | 110 | 연극·영화 | 35.5 |
| 21 | 신소재공학 | 66.3 | 51 | 러시아어·문학 | 56.4 | 81 | 디자인일반 | 49.1 | 111 | 자연계교육 | 34.5 |
| 22 | 간호학 | 66.2 | 52 | 농업학 | 56.2 | 82 | 시각디자인 | 48.9 | 112 | 언어교육 | 34.3 |
| 23 | 응용소프트웨어 | 66.1 | 53 | 자원학 | 56.1 | 83 | 사회학 | 47.9 | 113 | 순수미술 | 32.1 |
| 24 | 보건학 | 65.8 | 54 | 가족·사회·복지학 | 55.9 | 84 | 심리학 | 47.7 | 114 | 성악 | 31.6 |
| 25 | 정보통신공학 | 65.8 | 55 | 문헌정보학 | 55.9 | 85 | 패션디자인 | 47.6 | 115 | 작곡 | 31.1 |
| 26 | 전기공학 | 65.6 | 56 | 금융·회계·세무학 | 55.4 | 86 | 생명과학 | 47.5 | 116 | 국악 | 30.7 |
| 27 | 약학 | 65.3 | 57 | 국제학 | 55.2 | 87 | 일본어·문학 | 47.2 | 117 | 기타음악 | 29 |
| 28 | 섬유공학 | 65.2 | 58 | 교양사회과학 | 55 | 88 | 영미어·문학 | 46.7 | 118 | 음악학 | 28.9 |
| 29 | 광학공학 | 64.8 | 59 | 스페인어·문학 | 54.9 | 89 | 프랑스어·문학 | 46.6 | 119 | 사회교육 | 28.4 |
| 30 | 건축학 | 64 | 60 | 광고·홍보학 | 54.6 | 90 | 행정학 | 46.6 | 120 | 인문교육 | 28.4 |
| | | | | | | | | | 121 | 기악 | 26.3 |

출처: 교육부, KEDI

**[표 2] 전공별 인력 수급 전망(2014~2024)**

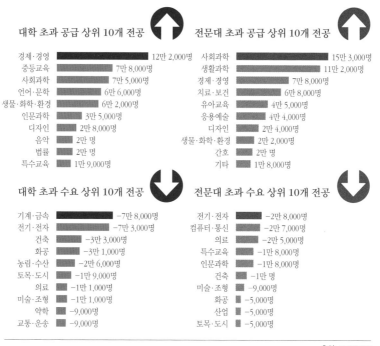

대학 초과 공급 상위 10개 전공 ⬆

| 경제·경영 | 12만 2,000명 |
| 중등교육 | 7만 8,000명 |
| 사회과학 | 7만 5,000명 |
| 언어·문학 | 6만 6,000명 |
| 생물·화학·환경 | 6만 2,000명 |
| 인문과학 | 3만 5,000명 |
| 디자인 | 2만 8,000명 |
| 음악 | 2만 명 |
| 법률 | 2만 명 |
| 특수교육 | 1만 9,000명 |

전문대 초과 공급 상위 10개 전공 ⬆

| 사회과학 | 15만 3,000명 |
| 생활과학 | 11만 2,000명 |
| 경제·경영 | 7만 8,000명 |
| 치료·보건 | 6만 8,000명 |
| 유아교육 | 4만 5,000명 |
| 응용예술 | 4만 4,000명 |
| 디자인 | 2만 4,000명 |
| 생물·화학·환경 | 2만 2,000명 |
| 간호 | 2만 명 |
| 기타 | 1만 8,000명 |

대학 초과 수요 상위 10개 전공 ⬇

| 기계·금속 | −7만 8,000명 |
| 전기·전자 | −7만 3,000명 |
| 건축 | −3만 3,000명 |
| 화공 | −3만 1,000명 |
| 농림·수산 | −2만 6,000명 |
| 토목·도시 | −1만 9,000명 |
| 의료 | −1만 1,000명 |
| 미술·조형 | −1만 1,000명 |
| 약학 | −9,000명 |
| 교통·운송 | −9,000명 |

전문대 초과 수요 상위 10개 전공 ⬇

| 전기·전자 | −2만 8,000명 |
| 컴퓨터·통신 | −2만 7,000명 |
| 의료 | −2만 5,000명 |
| 특수교육 | −1만 8,000명 |
| 인문과학 | −1만 8,000명 |
| 건축 | −1만 명 |
| 미술·조형 | −9,000명 |
| 화공 | −5,000명 |
| 산업 | −5,000명 |
| 토목·도시 | −5,000명 |

출처: KEIS, 2015

즈니스platform business 등의 내용들을 교과과정에 담으려는 시도를 하고 있다. 국내 대학들도 다른 단과대학들과의 융합교육, 플랫폼 비즈니스 중심의 창업교육, 기업과의 협업을 통한 산학협력 과목들을 경영학 교과과정에 수용하는 등의 노력을 통해 해외 대학들의 대응 방안과 결을 같이하고 있다. 정부도 ACE+(대학자율역량강화), CK(대학 특성화), LINC+(산학협력 선도대학 육성) 사업 등을 통해 경영학 관련 교육 사업을 포함시킴으로써 경영학 교육에 대한 대학들의 시도를 지원하고 있다.

## 경영학 교육혁신의 지속 가능성 문제

필자는 경영학 교육에 대한 국내 대학들의 혁신 노력에도 불구하고 가시적이고 지속적인 교육과정의 변화가 나타나지 않는 가장 큰 이유를 다음과 같이 보고 있다.

첫째, 경영학 교육혁신의 이해당사자들의 경제적 유인incentive을 도외시하고 교육과정의 내용에만 변화를 주는 시도를 반복하기 때문이다. 경영학 교육혁신을 담보하려면 교육과정의 내용 못지않게 노력을 투입해야 할 이해당사자들의 상충되는 이해interest를 인지하고 이를 해소시켜주는 방안을 마련해야 한다.

둘째, 거시적으로 제도를 기획하고 도입하는 것 못지않게 기존의 제도가 탄력적으로 운영되지 못하는 기술적·행정적 원인을 찾아내 제도가 탄력적으로 운영될 수 있는 근거를 마련해주는 미시적 접근을 해야 한다. 대부분의 경우 새로운 제도가 자리 잡지 못하는 이유는 이해당사자들이 위험을 감수하면서 새 제도를 받아들여야 할 이유가 없기 때문이다.

셋째, 정부지원 사업을 통해 교과과정을 개편하는 경우에는 거시적인 내용에 매몰돼, 몇몇 대학이 신규 교과목을 지나치게 많이 개설하거나 시장에서 특강이 가능한 강사들을 (정부 예산으로 확보한) 높은 특강료로 포획해 자원 배분을 왜곡시킬 수 있다. 이 경우 정부지원 사업이 종료되면 교과과정이 기존의 것으로 되돌아가는 것은 불문가지다.

# 경영학 교육혁신의 이해관계자와 경제적 유인의 불일치

## 경영학 교육혁신의 이해당사자

경영학 교육혁신의 이해당사자들은 크게 학생, 교수, 학교(직원), 기업이다. 아무리 바람직하고 혁신적인 경영학 교육과정을 대학이 도입한다고 해도 이해당사자들이 이에 비례하는 노력을 투입하지 않는다면 교육과정의 변화는 표면적으로만 이뤄지고, 정부지원 사업 같은 지원이 종료되면 교육과정은 이름만 남는 과정이 반복될 가능성이 크다.

설명을 용이하게 하기 위해 필자가 속해 있는 K대학의 사례를 소개한다. 최근 K대학은 전공별로 캡스톤 과목들을 개설하고 산학협력 강의를 시도한 바 있다.

마케팅 전공의 경우, '디자인경영'이란 캡스톤 과목을 개설하고, 매주 금요일 오후에 해당 디자인컨설팅회사(이하 회사)에 모여 5시간씩 수업을 진행했다. 교수와 회사 대표가 디자인 경영에 관해 번갈아가며 강의를 하고 교수, 회사 대표, 회사 선임연구원의 지도 아래 3개 팀으로 나눠 팀 프로젝트를 수행했다. 평가는 중간고사와 기말고사 때 팀별 발표를 중심으로 했다.[4]

결론적으로 K대학 입장에서는 적지 않은 예산 투입과 자랑할 만한 성과를 거두었음에도 불구하고 2학기 만에 캡스톤 과목 개설을 중지할 수밖에 없었다. 가장 큰 이유는 이해당사자들의 유인을 고려하지 못했다는 점이다.

[그림 1] 캡스톤 과목인 디자인경영의 진행 모습

## 이해당사자들 유인의 불일치

교과과정 개편의 의도가 아무리 좋다 해도 이해당사자들의 유인을 일치시키지 못한다면 노력을 투입하거나 헌신하지 않을 것이므로 신규 과목이 기존 교과과정에서 자리 잡을 가능성이 매우 적다.

가장 중요한 당사자인 학생들은 캡스톤 과목의 중요성과 유익함을 충분히 인지했음에도 불구하고 해당 과목을 '친구에게 추천하고 싶지 않은 과목'으로 선정했다. 이유는 성적 취득에 비해 투입 시간이 너무 많아 다른 과목 성적 취득에 영향을 준다는 것이다. 또한 수강생들은 (회사 인력이 참여가 가능한) 금요일 오후 또는 토요일 강의가 아르바이트나 학원 스케줄에 영향을 끼쳐 힘들다는 점도 강조했다.

교수의 경우에는 (학장의 부탁으로) 어쩔 수 없이 인맥을 동원해 회사를 수배하고 강의를 맡았지만, 투입한 노력에 비해 강의평가가 낮게 나오고, 연구나 승진에 보탬이 되지 않는다는 의견을 우회적

**[그림 2] 테이크아웃 커피 뚜껑 개선 프로젝트 발표 자료 일부**

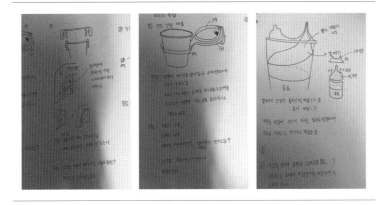

으로 표시했다. 또한 (특강료 형태로) 급여를 더 받거나 강의 시수 감면을 받을 수는 (대학 행정상 규정으로 인해) 더더욱 없었다. 결국 학장도 해당 교수에게 2학기 이상 해당 과목을 맡기는 것은 무리였다.

학교(교직원) 입장에서도 경영대학의 캡스톤 과목은 달갑지 않은 과목이었다. 잦은 특강으로 인한 특강료 지출과 특강 강사와 담당교수의 시수 조정 문제는 학교의 교무 운영지침을 위반하기 쉬운 사항이므로 지속적으로 운영을 용인하기가 쉽지 않았다.

어렵게 캡스톤 과목 지원을 결정해준 기업 입장에서도 난감하기는 마찬가지였다. 지인인 담당 교수가 부탁을 해 참여는 했지만 대표와 선임연구원이 반대급부 없이 15주 동안 매주 오후 시간을 할애한다는 것은 쉽지 않은 일이었다. 학생들의 참여로 프로젝트에 관한 신선한 피드백을 받은 것을 제외하고 특강료는 미미한 데 비해 강의 준비와 토론에 들어간 노력과 시간은 만만치 않았다.

[그림 3] 이해당사자들의 유인 불일치

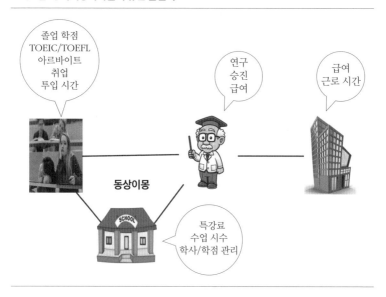

결과적으로 캡스톤 과목을 중심으로 한 교과과정 개편은 기획 측면에서는 매우 훌륭했고 의도했던 소정의 목적도 달성했음에도 불구하고 유지되지 못했다. 물론 가장 큰 이유는 이해당사자들의 유인의 불일치Incentive incompatibility를 해소하지 못했기 때문이다.


## 이해당사자 유인 불일치와 해소 방안


### 학생의 혁신 유인

개인적으로 그간의 경험을 바탕으로 판단한다면 학생들이 가장 중요시하는 것은 과목의 질이나 내용보다는 학점 내용과 학점 부여

경영교육 뉴 패러다임

236

의 객관성이다. 아무리 내용이 좋고 학생에게 도움이 되는 신규 과목이라 하더라도 투입해야 하는 노력이 너무 많거나, 좋은 학점을 딸 가능성이 낮고 평가가 주관적이라고 생각된다면 수강 신청을 주저할 수밖에 없다.

학생들의 우려를 해소시키는 가장 효과적인 방법은 아너 클래스Honor Class 제도를 도입해 해당 과목에 대해 절대평가를 실시하고, 아너 클래스를 차별화해 취업 시장에 신호 효과signaling effect가 나타나게 만드는 것이다.

아너 클래스에서 절대평가를 하려면 학칙 또는 학사 운영규정을 개정해야 한다. 상대평가에 대한 세부 교육부 지침은 없지만 '성적 평가의 엄정성'이라는 다소 주관적인 지침에 포괄적으로 포함된다고 교직원들은 인지해 아무 근거 없이 상대평가에 대한 예외 규정 두기를 주저하기 때문이다.

설명을 용이하게 하기 위해 상대평가에 대한 K대학 사례를 살펴보자.[5] K대학의 학사 규정을 살펴보면 상대평가를 원칙으로 하고 (제61조 ①항과 ②항), ③항과 ⑤항에서 제한적으로 예외 규정을 허용하고 있다. 대학마다 상대평가의 예외 규정을 두고 있기는 하나 매우 제한적으로 운영을 하므로 경영학 인증 범위에 아너 클래스를 포함시키고 상대평가에 대한 예외 규정에 아너 클래스 제도가 반영될 수 있게 만들어야 한다. K대학의 경우 경영대학의 캡스톤 과목을 제61조 ③항이나 ⑤항에 적용받을 수 있도록 근거조항을 마련해주는 것이다.

만일 학생이 산학협력 강의 수강에 과도한 노력이 투입된다고 생

**[표 3] K대학 학칙 제61조 성적의 평가 방법 및 등급 분포 비율**

제61조 (성적의 평가 방법 및 등급 분포 비율)
① 성적은 다음과 같이 등급을 정해 평가한다. 〈개정 2012.10.29., 2015.03.01.〉
② 성적의 평가방법은 상대평가를 하되, 성적의 등급분포 비율은 A등급(A+, A⁰)은 30퍼센트 이내, A등급(A+,A⁰)과 B등급(B+,B⁰)의 합은 70퍼센트 이내로 한다. 〈신설 2015.03.01.〉
③ 다음 각 호에 해당하는 교과목의 성적등급 분포 비율은 A등급(A+, A⁰)은 40퍼센트 이내, A등급(A+, A⁰)과 B등급(B+,B⁰)의 합은 90퍼센트 이내로 한다. 〈개정 2012.07.05., 2012.10.29., 2015.03.01., 2016.12.29.〉
   1. 상대평가 대상인원이 10명 미만인 과목
   2. 실험실습 비율 100%인 실험실습 및 실기과목
   3. 원어 강의
   4. 계약학과 개설 교과목
④ 위 제1항 및 제2항의 등급 이외에 P/N(합격/불합격) 및 I(유보)학점을 둘 수 있으며 이들 학점을 부과하는 경우에 대해서는 따로 정한다. 〈개정 2012.07.05., 2015.03.01.〉
⑤ 제1항 및 제2항에도 불구하고 교과목 특성상 교무처장이 필요하다고 인정하는 경우에는 성적 분포 비율을 별도로 정할 수 있다. 〈신설 2012.07.05.〉〈개정 2015.03.01.〉

각한다면 이를 상쇄시킬 만한 보상을 제공해야 한다. 첫째, 공학 인증처럼 경영학 인증 아래에서 산학협력 강의 수강 여부가 취업 시장에서 인정받을 수 있는 제도를 마련해야 한다. 공학 인증은 유수한 기업들이 서류전형에서 우대하는데, 경영학 인증의 산학협력 강의 수강 여부도 취업의 서류전형이나 면접 단계에서 우대를 받도록 환경을 조성해야 한다. 둘째, 학교가 장학생, 교환학생, 인턴, 취업 추천 등에 학생을 선발하는 경우 산학협력 강의 수강 여부를 평가에 포함시키도록 유도한다. 물론 산학협력 강의 제도를 도입한 학교가 자발적으로 평가에 반영할 수도 있지만 경영학 인증에서 해당 사항에 대한 노력을 평가함으로써 그 같은 노력을 촉진시킬 수

**[표 4] K대학 학칙 제32조의 2(대학원 교과목의 사전 이수)**

| 구분 | 이수 구분 | 이수 방법 |
|---|---|---|
| 대학원 교과목 사전 이수 | 대학원 진학 시 해당 이수 구분 | 1. 본교 대학원(전문, 특수대학원 포함)에서 개설된 교과목을 이수할 수 있으며, 이수한 학점은 해당 대학원 석사과정 이수 시 이를 취득한 것으로 인정함.<br>2. 수강신청 제한학점 범위 내에서 재학 중 6학점까지 이수할 수 있음. |
| 학·석사 연계 교과목(학부 성적 인정 선택 시) | 학부 제1/다전공 | 1. 본교 대학원에서 별도로 지정한 학·석사 연계 교과목을 이수한 경우에는 본인의 선택에 따라 이를 학부 또는 대학원 성적으로 인정할 수 있음. |
| 학·석사 연계 교과목(대학원 성적 인정 선택 시) | 대학원 진학 시 해당 이수 구분 | 2. 수강 신청 제한학점 범위 내에서 재학 중 6학점까지 이수할 수 있음.<br>※ 학·석사 연계 과정생은 제한학점 이외 3학점까지 이수 가능. |

있다. 셋째, 코드 셰어링code-sharing을 통해 산학협력 과목을 대학원의 사전 이수 과목으로 지정해 대학원 성적으로 인정받게 함으로써 '4+1 학석사 연계 제도'로 연계시킨다. 마찬가지로 이를 경영학 인증에서 독려하는 항목으로 지정해 단과대학이 학교 본부를 상대로 제도 도입 요청을 용이하게 만들어주어야 한다.

### 교수의 혁신 유인

교수의 의무는 원론적으로 교육, 행정, 연구 3가지지만 현실적으로는 연구의 중요성이 가장 크다. 대부분의 경우 연구실적이 승진·승급 또는 외부 과제 수주와 밀접한 관련이 있기 때문이다. 따라서 산학협력 강의를 맡는 교수에게 교육의 중요성을 강조하기보다 산학협력 강의의 결과물이 연구실적으로 연결될 수 있는 제도를 마련해주는 것이 중요하다.

산학협력 강의 결과물을 기업 사례 연구로 분류해 교수의 승진·승급에 필요한 점수로 인정받을 수 있도록 하는 노력을 기울여야 한다. 기존의 학술지가 기업 사례 연구를 매우 제한적으로 수용하는 점을 고려하면 한국경영학회 차원에서 새 학술지를 창간해 교수들의 산학협력 강의 결과물이 게재될 수 있는 통로를 마련해주어야 한다. 이는 하나 또는 소수의 대학이 추진하기 어려운 일이므로 학회가 주도해야 한다. 단기적으로 학술지 창간이 어렵다면 '경영학회/경영대학협의회/경영인증원'이 교육부와 협의를 통해 개별 대학교 차원에서 산학협력 강의 결과물을 연구로 인정받을 수 있도록 노력한다.[6]

교수 입장에서 기업과 협업을 하고 싶어도 실무 지식이 없다면 협업이 어려워진다. 실무 지식이 없거나 고갈되어가는 상황에서 인적 네트워크만으로 산학협력 강의를 진행하는 것은 지속 가능한 방법이 아니다. 이 같은 문제를 해결하려면 교수의 연구년 제도나 휴직 제도를 개선해야 한다.

기업과의 교류를 증대시키기 위해 현행 연구년 제도의 보완해야 할 부분은 크게 2가지다.

첫째, 대부분의 사립대학들은 연구년에 교수의 사기업 파견을 불허하고 있다. 근거는 '겸직' 조항에서 찾을 수 있다. K대학의 경우, '복무규정 제6조'에서 원칙적으로 겸직을 불허하고 있다. '교원인사규정 제57조 ②'에서 예외 규정을 두고 있으나 '공공단체·교육기관·연구기관'과 '기타 필요한 기관'으로 제한하고 있다. '연구기관'

**[표 5] K대학 연구년 관련 제도 ①**

| 규정 | 내용 |
|------|------|
| 복무규정 제6조 | (겸직금지) 교직원은 본직 외에 타 직업을 겸직할 수 없다. 그러나 타교 출강 또는 연구기관 등의 비상임직으로 위촉이 불가피할 때에는 교원인사규정 제57조 및 직원인사규정 제29조에 의한 사전허가를 얻어야 한다. |
| 교원인사규정 제57조 | (겸직) ① 교원은 법령이나 정관 또는 기타 제 규정에서 금지된 경우를 제외한 직무를 겸하고자 할 때에는 총장의 사전허가를 얻어야 한다.<br>② 총장은 국가적 사업의 수행이나 직무연구 또는 교수방법 개발 등 필요하다고 인정될 경우 교원을 국가기관이나 공공단체·교육기관·연구기관 기타 필요한 기관의 임직원으로 겸임 또는 파견근무토록 허가할 수 있다. |
| 교원연구년제에 관한 규정 제6조 | (연구년 기간 및 통산 허가학기) ① 제4조 제1항 제1호 내지 제3호 (단서조항 제외)에 대한 연구년 부여기간은 신청자의 원에 의해 한 학기 또는 1년으로 한다.<br>② 본교 재직기간 중 연구년 교수로서의 통산 허가학기는 여섯 학기를 초과할 수 없다. |

이나 '기타 필요한 기관'에 사기업이 포함되는지는 불분명하나 관례상 포함되지 않는다고 보는 것이 타당하다. 따라서 연구년에 (경영학) 교수가 사기업에 파견되어 실무를 익히려면 겸직 조항에 해당 근거를 마련하는 노력을 투입해야 한다.

둘째, 대부분의 사립대학은 연구년 제도의 상한을 6학기로 정하고 있다. 연구년 교수는 연구년 기간 동안 보수의 전액을 지급받는다. 상한을 넘는 연구년에 대해 무급으로 하고 교수 능력에 따라 기업으로부터 보수를 받는 것으로 제도를 개선한다면 재정적으로 학교는 무차별하거나 오히려 부담을 덜게 된다.[7] 이때 고려해야 할 또 하나의 사항은 전임교수를 시간강사로 대체함으로써 생길 '전임교수 강의 비율', '전임교수 비율' 등의 지표에서 보완이 가능하도록

**[표 6] K대학 연구년 관련 제도 ②**

| 규정 | 내용 |
|------|------|
| 정관 제2관 신분보장 제44조 | (휴직의 사유) ① 교원이 다음 각 호의 1에 해당하는 사유로 휴직을 원하는 경우에는 임용권자는 휴직을 명할 수 있다.<br>6. 국제기구, 외국기관 및 대학, 국내외 연구기관, 국가기관, 재외교육기관(〈재외국민의 교육지원 등에 관한 법률〉 제2조 제2호의 재외교육기관을 말한다) 또는 교육공무원임용령으로 정한 민간단체에 임시로 고용될 때<br>11. 사립학교교직원 연금법 제31조에 따라 계산한 재직기간이 10년 이상인 교원이 자기개발을 위해 학습·연구 등을 하게 된 때<br>12. 기타 정관이 정하는 사유가 있는 때 |

해야 한다. 물론 이 또한 경영학회/경영대학협의회/경영인증원이 해야 할 몫이다.

국내 대학은 교수의 휴직 제도를 매우 제한적으로 허용하고 있으므로 사기업과의 교류에 또 다른 장애가 되고 있다. K대학은 '정관 제2관 제44조'에서 교수의 휴직 제도를 규정하고 있다. 제44조 ①의 6에서는 국제기구, 외국기관 및 대학, 국내외 연구기관, 재외교육기관으로 제한하고 있어 사기업 파견으로 인한 휴직이 불가능하다. 다만 동항 11에서 "재직기간이 10년 이상인 교원이 자기개발을 위해 학습·연구 등을 하게 된 때"나, 동항 12에서 "기타 정관이 정하는 사유가 있는 때"에 휴직이 가능해 제도 보완의 가능성이 완전히 배제되어 있지는 않다. 따라서 경영학회/경영대학협의회/경영인증원이 노력해 사기업으로의 파견을 휴직 제도에 포함시키는 제도적 노력을 기울여야 한다.

## 대학(직원)의 혁신 유인

경영대학이 혁신을 추구해도 구현 단계까지 가지 못하는 가장 큰 경우가 단과대학(교수)이 기획한 안을 본부(교직원)가 행정상의 이유로 반대할 때다. 그러나 내막을 살펴보면 단과대학이 제시한 새 기획안을 불허할 만한 명백한 규정이 있는 경우는 많지 않지만, 이를 허용할 경우 '엄격하지 못한 교무행정'의 범주에 들어 후에 교직원들이 감사audit 대상이 되는 것을 직원들이 우려하기 때문이다. 표면적으로는 관성의 법칙이나 변화를 거부하는 것으로 보이나, 경제적 유인을 살펴보면 업무 책임에 따른 보상과 처벌의 정도가 비례하지 않아서 나타나는 결과다.

따라서 교직원들의 반대를 최소화하고 경영대학이 기획한 산학협력 강의 관련 제도를 구현하려면 제도 도입 또는 변화의 근거를 문서화해 교직원의 책임을 최소화시켜주어야 한다.[8] 앞에서 언급한 K대학의 사례를 들어 설명해보자.

예를 들어 아너 클래스의 절대평가 문제를 경영인증 범위에 포함시켜 총장 지시사항의 하나로 문서화시키거나, 교육부를 상대로 질의 회신을 통해 근거를 마련해준다면 해당 교직원이 이를 반대할 이유는 없다.

마찬가지로 특강료, 시수 문제, 주말 및 야간 강의 개설 문제도 산학협력 강의를 독려하는 차원에서 경영인증을 통해 경영대학이 이를 시행할 수 있는 근거를 문서화하면 많은 문제가 해결될 수 있다.

## 기업의 혁신 유인

산학협력 강의 성공의 핵심은 학교가 기업에게 어떤 경제적 유인을 제공할 수 있느냐다. 단순하게 교수와의 인적 네트워크에 기인한 산학협력 강의는 오래갈 수 없다. 기업 입장에서도 조직의 중추인 과장, 차장급을 대학 강의에 파견하는 것은 현실적으로 어렵다. 설사 기업이 파견을 결정한다 해도 이들이 대학에 와서 열심히 강의를 해야 할 유인은 매우 적다.

실무자급 강사에게 산학협력 강의에 대한 유인을 제공하려면 다음과 같은 대안들이 가능하다. 첫째, 새로운 근로기준법개정안인 '주 52시간 근무제'를 산학협력의 기회로 활용해 기업은 직원들의 사회 공헌 활동과 여가 활동으로 활용하고, 직원들은 경력 개발 및 추가소득의 기회로 활용하게 만드는 것이다. '주 52시간 근무제' 아래에서는 300인 이상 사업장에 근무하는 직장인들은 주 52시간을 넘겨 일할 수 없다. 기본 근로시간인 40시간을 초과하는 12시간에 대해서는 1.5배의 초과근로수당을 지급받고 일을 할 수 있지만 52시간을 넘겨서는 안 된다. 정부는 이 제도가 정착되면 직장인들이 퇴근 후 여가를 즐길 수 있는 '저녁 있는 삶'이 가능해지고, 소비도 진작될 것으로 예상했었으나 현실은 그리 녹록하지 않다. 소득 증대가 동반되지 않은 상황에서 직장인들은 집으로 바로 퇴근하거나 알바arbeit 또는 투잡two jobs을 뛰는 사람들도 늘어나고 있다. 이 같은 틈새를 고려해 대학이 기업과 연계해 실무자들의 경력 개발과 소득 증대를 달성시키는 방법으로 산학협력 강의를 만들어낼 수 있다. 물론 이 부분도 경영학회/경영대학협의회/경영인증원이 경제

**[표 7] K대학 비전임교원 임용에 관한 규정**

| 규정 | 내용 |
|---|---|
| 비전임교원 임용에 관한 규정 제5조 | (임용자격 및 제한) ① 초빙교원, 겸임교수, 객원교수, 석좌교수, 특임교수 및 산학협력교수는 연구·교육 경력 연수 4년 이상의 자격을 갖춘 자로 한다. 다만, 특정의 교과를 담당하거나 특수한 연구를 수행하게 하기 위해 필요한 경우에 총장은 상기 자격 기준에 해당하지 아니하는 자를 임용할 수 있다. <br> ② 겸임교수는 본직 기관에서 총 경력 3년 이상 정규직원으로 상시 근무하고 있는 현직자 중 담당할 교육 및 연구 내용이 본직 기관의 직무 내용과 유사하고 관련 분야에 전문지식이 있는 자로서 본직 기관장의 겸직 동의를 받는 자로 한다. |

계와 적극적인 대화를 통해 환경을 조성하는 데 힘써야 한다.

둘째, 산학협력 강의를 맡는 강사의 교수 임용 요건을 완화시키는 노력이 있어야 한다. 현재 기업의 실무 책임자가 대학에서 교수직을 갖고 비상근으로 강의할 수 있는 제도는 겸임교수 제도다. K대학의 '비전임교원 임용에 관한 규정'을 살펴보면 겸임교수가 되려는 자는 연구·교수 경력 연수를 4년 이상으로 규정해놓고 있어서 실무 책임자의 겸임교수 임용을 어렵게 하고 있다. 물론 총장에 의한 예외 규정을 만들어놓았지만 경영대학이 산학협력 강의를 개설할 때마다 총장의 허가를 얻기는 어려우므로 경영학회/경영대학협의회/경영인증원 차원에서 전 대학들을 상대로 개정 보완을 요청해야 한다.

셋째, 겸임교수, 객원교수, 특임교수 등과 같은 기존 교원 제도의 예외 사항을 두어 기업의 실무 책임자를 교수로 임용하기보다는 새 직제를 만들어 규정에 포함시키는 것이 홍보나 행정 측면에서 바람직할 수 있다. 여기에 활용할 수 있는 것이 AACSB가 도입하고 있는 외래교수Clinical Faculty 직제다. 외래교수는 내용 면에서 우리나라의 산학협력교수와 유사하나 전임full-time이 아니라는 점에서 겸임교수와 더 가까운 직제다. 이미 미국, 영국, 오스트레일리아 등의 경영대학/경영대학원에서 운영하는 다양한 교원 제도 중 하나이므로 우리나라도 도입해 기업의 실무 책임자의 교수로서의 아이덴티티를 제공해주어야 한다.

넷째, 기업의 안식 제도/교육 제도/임금피크 제도 등을 대학의 산학협력 제도와 연계시켜 산학협력 강의를 운영해야 한다. 예를 들어 기업은 실무 책임자 교육연수로 실무자를 대학에 6~12월 동안 파견해 대학 강의를 맡게 하고, 대학은 교수직 부여, 연구실 제공, 학위과정 수강 등의 편의를 제공하는 것이다. 6~12월의 긴 기간 동안 파견이 어려운 기업은 교육 기간 또는 안식월을 1개월로 하고 팀티칭 형식으로 여러 명을 순차적으로 파견할 수도 있다. 이 모든 것은 장기적으로 해당 기업과 대학이 계약을 통해 하는 것이 바람직하나, 중단기적으로는 경영학회/경영대학협의회/경영인증원이 각 기업과 협약을 맺고 희망 대학과 연계시켜주는 것이 바람직하다.

실무 책임자의 유인을 고려하는 것 못지않게 파견 기업의 유인을 고려하는 것도 중요하다. 기업 입장에서는 실무급 책임자의 파견으로 인한 기회비용이 기업의 사회적 공헌으로 인정받는다면 실무자를 파견할 유인이 생길 수 있다. 즉 기업이 산학협력 강의 내용과 (사례 개발 같은) 결과물을 사업 보고서 또는 지속 가능 보고서에 포함시키도록 공시의 구체적 포맷을 제시해 경영학회/경영대학협의

[그림 4] 사회 공헌 활동을 공시한 사업 보고서 예시

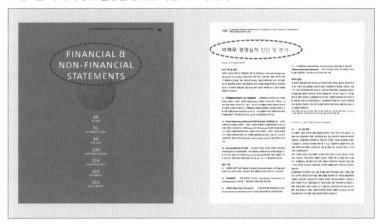

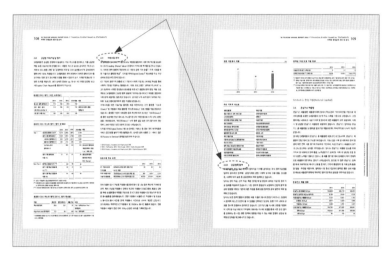

회/경영인증원이 경제5단체장과 협의해야 한다.[9]

소수의 기업들은 이미 사업 보고서에 사회 공헌 활동을 공시하고 있다. 예를 들어 SK텔레콤은 사업 보고서의 비재무제표 부분에 기업의 사회 공헌 활동을 공시하고 있다. 특히 지역 사회 투자나 공공

정책 참여 부분을 세부 절로 분리해 공시하듯 산학협력 강의 부분도 세부 절로 달리해 공시할 수 있을 것이다. 경영학회/경영대학협의회/경영인증원이 경제5단체 등과 협의해 공시의 내용과 형식을 정리하고 기업들에게 제공한다면 빠른 시일 안에 산학협력 강의 제도가 자리 잡을 수 있을 것이다.

## 지속 가능한 경영교육모델을 찾아서

경영학 교육이 위기를 맞았다고 얘기하는 사람들이 많다. 많은 대학이 경영학 교육혁신의 중요성을 주장하고 실제로 교과과정의 변화를 추구하고 있지만 지속 가능하고 벤치마크를 삼을 만한 교육 모델은 나타나지 않고 있다. 이유는 여러 가지가 있겠지만 정부의 재정지원 사업 등에만 의존해 변화를 추구하기 때문일 가능성이 크다. 정부 재정지원 사업에 의존한 교과과정 변화는 정부지원이 끊기면 교과과정의 혁신을 지속 가능하지 못하게도 하지만 교과과정 혁신과 관련된 이해당사자들의 이해관계를 더욱 왜곡시키는 문제도 불러일으킨다.

따라서 4차 산업의 도래 같은 환경 변화에 걸맞은 새로운 경영학 교육 제도를 도입하려면 기업의 실무 책임자가 주체가 되는 산학협력 강의가 활성화되어야 한다. 이를 위해서는 새 제도의 도입도 중요하지만 산학협력 강의와 관련된 이해당사자들의 제약 조건을 파악하고 이를 해소해 유인을 일치시키는 일이 중요하다.

9장에서는 이해당사자를 학생, 교수, 학교(직원), 기업으로 나눠 제약 조건을 파악하고 유인 해소 방안을 아래와 같이 제시해보았다.

[표 8] 지속 가능한 경영교육모델

|  | 제약 조건 | 해소 방안 | 비고 |
|---|---|---|---|
| 학생 | 상대평가 | 아너 클래스 도입 | 경영학인증에서 학사규정에 반영될 수 있는 근거 마련 |
| | 과도한 노력 투입 | 산학협력 강의 | 경영학인증에서 취업 시장에서 우대받도록 제도 마련 |
| | | 산학협력 강의 | 학교가 장학금, 인턴, 교환학생 선발 시 평가할 수 있게 함 |
| | | 산학협력 강의 | 학석사 연계 과정에서 인정받을 수 있게 함 |
| 교수 | 연구 업적으로 인정받지 못함 | 연구업적 인정 | 학회가 주도해 전문 학술지 창간 |
| | | 연구업적 인정 | 예능계열의 연구업적에 준해 인정받을 수 있도록 함 |
| | 사기업 파견 불허 | 연구년 제도 보완 | 사기업 파견을 허용하는 제도적 장치 마련 |
| | 사기업 파견 불허 | 휴직 제도 보완 | |
| 직원 | 책임 소재에 따른 변화에 대한 반감 | 근거 문서 마련 | 경영학회/경영대학협의회/경영인증원이 경영학 인증 제도를 이용해 교육부나 총장에게 근거 문서를 마련토록 함 |
| 기업 | 주 52시간 근무제 | 여가 활동 활용 | 여가 활동으로 삼아 경력 개발 및 소득 증대의 기회로 삼음 |
| | 교수 자격 요건 | 자격 요건 완화 | 경영학회/경영대학협의회/경영인증원이 경영학 인증 제도를 이용해 총장에게 근거 문서를 마련토록 함 |
| | 홍보 부족 | 외래교수제 도입 | 외래교수라는 새로운 제도를 도입해 아이덴티티 제공 |
| | 기업의 유인 부족 | 사회 공헌 활동 공시 | 산학협력 강의 제도를 기업 공시에 포함시키도록 함 |

1 KEDI의 취업률 데이터는 해당연도 취업 통계의 세부적인 정확성보다는 경영학의 상대적 위상을 보여
  주기 위해 삽입했다.

2 마찬가지로 KEIS의 인력 수급 전망 데이터도 세부적인 정확성보다는 시장에서 경영학의 미래를 어떻
  게 평가하는가를 보여주기 위해 삽입했다.

3 Zigler, B. (2016). "What Innovation in Business Education Looks Like." www.topmba.com/
  mba-programs/what-innovation-business-education-looks.

4 앱 프로그램의 개발을 요하는 프로젝트는 회사의 개발자가 팀에 (비정기적으로) 참여해 의견을 표시했으
  며, 이를 바탕으로 학생들은 앱 프로그래밍 이전 단계까지 프로젝트를 진행하고 회사의 개발팀에 프로
  젝트를 넘겨주었다.

5 10여 년 전까지만 해도 절대평가가 관행이었으나 교육부 지원사업이나 구조개혁 평가 등에서 상대평
  가 비중을 평가항목에 포함시킨 뒤에는 대부분의 대학이 상대평가로 전환했다. 상대평가 같은 항목의
  경우에 사립대학들은 상호 간에 벤치마크를 해 학칙에 반영하므로 K대학의 사례도 대표성이 있다고
  봐야 한다.

6 음악대학, 미술대학, 조형대학 등은 학술지 게재가 아닌 작품 발표를 연구업적으로 인정받고 있으므로
  이에 준해 산학협력 강의 결과물이 연구업적으로 인정받을 수 있는 환경을 조성해야 한다.

7 연 15학점을 강의하는 연구년 교수를 대신해 시간강사를 초빙하는 경우, 소요 예산은 12,150,000원
  (54,000원/시간×3시간×15주×5과목)이 되어 (4대 보험료를 고려해도) 연구년 교수의 급여보다 적게 든다.

8 교직원 입장에서는 (총장 지시사항과 같이) 제도 변화를 허용하는 문서가 존재한다면 자신의 책임을 최소
  화시킬 수 있으므로 굳이 새로운 제도 변화에 저항할 필요가 없게 된다.

9 공공기관도 2018년부터 사회적 가치 구현이 평가항목으로 삽입된 것처럼 산학협력 강의 제도도 평가
  항목에 포함된다면 공공기관과 대학 간의 산학협력 부분이 먼저 활성화될 수 있을 것이다.

# 10

# 경영학 분야 간 장벽의 극복과 융합

**김중혁, 김영규**

고려대학교 경영대학

과거 경영학 교육은 학생들이 향후 문제해결을 하기 위해 필요한 전공별 지식을 기능적으로 분화해 전달하는 데 초점을 두었으나, 현재는 다양한 기초지식을 필요에 따라 적용하고 통합해 실제 문제를 해결하는 역량을 학교에서 함양하고 나서 학생들을 사회로 진출시켜야 한다는 공감이 이뤄지고 있다. 이러한 측면에서 경영학 내 세부전공 분야 간 융합 또는 경영학과 다른 전공 간의 융합의 필요성은 더욱 커졌다고 할 수 있다. 10장에서는 경영학 내 세부전공 분야 간 융합과 경영학과 다른 학문과의 융합, 두 측면으로 나눠 경영학 교육을 통해 경제·사회의 가치를 창출할 수 있는 방안에 대해 알아볼 것이다.

## 경영학 융합의 필요성

최근 경영학 내 세부전공 분야 간 또는 경영학과 다른 분야 간의 융합교육에 대한 관심이 증가하고 있다. 마케팅, 재무, 인사, 정보기술과 같이 기능적으로 분화해 이에 대한 전문지식을 교육하는 방식은 오랫동안 변화하지 않았는데, 이는 경영학 교육의 수요를 구성하는 기업들이 오랜 기간 기능별로 조직되어왔기 때문이다.

그러나 최근 기능별 역량을 개발하는 데 힘쓰기보다는 다양한 기능 간의 협업으로 기업의 상황에 적합한 차별적 역량을 개발하는 것이 보다 좋은 성과를 낼 수 있다는 주장이 제기되고 있다 (Leinward & Mainardi, 2013).

이는 조직 측면에서는 더 일선에서, 개인 측면에서는 더 이른 시점부터 다양한 기능별 전문성을 통합하는 역량이 필요하게 됨을 시사한다. 이러한 수요 측면의 변화를 반영하기 위해 경영학 내 세부전공 분야 간 융합 또는 경영학과 타 전공 간의 융합의 필요성은 더욱 커졌다.

피어스(Pearce, 1999)는 경영학 교육개혁을 위해 교수들을 대상으로 설문 연구를 진행한 바 있다. 그 당시만 해도 융합 관련 항목에 대한 의견은 크게 효과가 없을 것이라는 의견이 강했던 것으로 나타났다. 5점 척도로 진행된 설문[1]에서 경영학 전공에서 국제 관련 필수과목international studies requirements을 늘려야 한다는 대답은 2.83점으로 다소 긍정적인 반면, 경영학 전공에서 인문학 필수과목을 늘려야 한다는 대답은 3.08점으로 다소 부정적, 재무·회계·마케팅 같은 학교의 기능별로 나눠진 분야unctional departments를 없애야 한다는 대답은 3.35점으로 부정적인 의견이 많았다.

그러나 20년이 지난 2018년 실시한 한국경영학회 경영교육 대혁신 설문에 따르면 교육자, 현업 종사자, 학생 등으로 구성된 148명의 설문 응답자 중 37%에 해당하는 55명이 경영학 세부전공의 융합을, 34%에 해당하는 51명의 응답자가 경영학과 공학의 융합을, 22%인 33명의 응답자가 경영학과 인문학의 융합을 우리나라 경영교육이 시급히 강화·보완해야 할 점 3가지 중 하나로 꼽았으며, 경영학 교육이 세부전공 분야로 나뉘어져 수행되고 있는 것에서 탈피해 통합적으로 이뤄져야 한다는 의견에 공감한 사람은 전체의 75%(매우 그렇다 50명, 비교적 그렇다 60명)에 달한다. 융합교육은 대세가 되고 있음을 알 수 있다.

기업은 최근의 경영환경 변화에 대응하기 위해 개인의 창의성을 살리는 방향으로 조직을 변화하고 있다. 이는 대학교육이 단순히 지식 위주가 아니라 다양한 역량skills 개발을 통해 문제를 해결하는

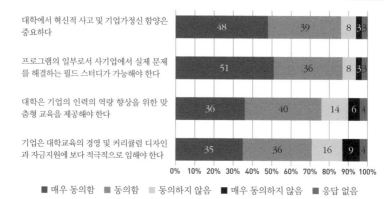

**[그림 1] 고등교육에서 대학과 기업의 협력과 기업가정신**

출처: European Commission (2009: 40)

능력을 함양시키는 방향으로 진화해야 한다는 필요성이 강조되고 있음을 의미하고 있다.

베니스 앤 오툴(Bennis & O'Toole, 2005)은 경영대학Business School이 전공별 과학적 지식을 전달하는 데 지나치게 치중하면서 전문직을 양성하는 부분에서 효과적이지 못하다고 비판한 바 있다.

바하다 앤 테일러(Bajada & Tayler, 2013)는 금융위기 이후 기업이 찾는 경영대학 졸업생들은 전공 분야에 대한 전문성을 갖추고 있으면서도 다른 전공 분야의 지식들을 융합할 수 있는 "T-형태T-shaped"[2]의 인재로 변화했다고 주장한 바 있다.

세상은 점점 복잡해지고 현재의 문제를 해결하고 미래의 기회를 실현하려면 다양한 접근 방법과 교차 기능적cross-functional인 팀에서 일할 수 있는 역량이 있어야 한다. 예컨대 애플의 제품 및 사용자인터페이스에는 고객에 대한 통찰customer insights, 공학, 제조, 마케팅, 유통 등이 관련되어 있다. 이와 같이 성공한 기업들이 갖추고 있는 핵심 역량은 다양한 배경과 기술, 관점을 가진 사람들이 협업해 개발되는 것이다(Leinward, Mainardi, & Kleiner, 2016). 따라서 다양한 전문지식을 융합하고, 다양한 구성원을 리드할 수 있는 역량을 갖춘 인재의 중요성이 커지는 것은 현재의 주요 트렌드다.

과거 경영학 교육은 학생들이 향후 문제해결을 하기 위해 필요한 기초지식을 전달하는 데 초점을 두었으나, 현재는 다양한 기초지식을 필요에 따라 적용하고 통합해 실제 문제를 해결하는 역량을 학교에서 함양하고 나서 학생들을 사회로 진출시켜야 한다는 공감이 이뤄지고 있다.

예컨대 유럽연합 집행위원회EC: European Commission가 갤럽을 통해 실행한 설문조사의 결과에 따르면, 학생들은 대학 같은 고등교육기관이 기업가정신 함양, 학업과정 중 실무 경험의 포함, 기업이 실제로 필요한 인재를 제공할 수 있도록 하는 맞춤형 프로그램의 제공 등을 요구하고 있는 것으로 나타나고 있다([그림 1]). 이는 기능별 전문지식을 가르치는 것만으로는 기업뿐 아니라 학생들 역시 만족시키지 못함을 의미하는 결과다.

실제로 이를 반영하는 현상의 하나로 시장 지향성market orientation이 큰 경영학 교육기관이 높은 조직성과를 보이는 것으로 나타나고 있다. 웹스터, 해먼드 앤 로스웰(Webster, Hammond, & Rothwell, 2014)은 사용자 중심customer focus, 경쟁자 지식 습득acquiring competitor intelligence, 전공 분야 간 조정maintaining interfunctional coordination이 잘 실행되는 경영학

교육기관이 더 높은 성과를 얻는 것을 밝힌 바 있다.

무엇보다도 경영대학 학장들에 비해 기업경영자들의 응답에서 이 지표의 중요성이 더 크게 나타났다. 이는 경영학 교육의 가치를 인지하고 평가하는 입장에 있는 주요 이해관계자는 전공별로 분리된 지식의 습득에 만족하지 않으며, 자신들이 요구하는 문제를 해결할 수 있는 보다 더 준비된 인재를 교육해주기를 바란다는 것을 보여준다. 따라서 경영학 교육은 주요 사용자인 학생들과 기업이 중심이 되는 고용 주체들의 다양한 요구에 맞게 변화되어야 하며, 그 변화는 기존의 전공 중심 지식 교육모델의 변화가 핵심이 되어야 할 것이다.

이는 교육뿐 아니라 연구에서도 마찬가지 현상으로, 새롭게 출현한 아이디어가 기존의 전공 분야에 일대일 대응이 되지 않으므로 전공별 구분이 연구에 걸림돌이 되는 현상이 나타나기도 한다. 이를 해결하기 위해 최근 해외 경영대학들에서 오랜 기간 동안 나뉘어 운영되어왔던 세부전공 분야를 없애고 연구주제 중심으로 조직을 재편성한 사례도 보고되고 있으며, 여러 학교에서 융합 연구를 중점적으로 수행하는 단과대학을 설립하기도 한다(The Guardian, 2018. 1. 24.).

결국 학생 및 기업이 경영학 교육에 기대하는 것은 기업가 또는 변화와 혁신을 주도하는 리더로서의 역량, 실제 업무에서 마주치는 문제를 해결할 수 있는 역량의 함양이다. 이는 과거 오랫동안 해온 전공별 수업 방식으로는 함양하기에 한계가 있어 이를 극복하기 위한 여러 전공을 아우르는 새로운 방식의 융합교육을 해야 한다.

## 경영학 융합 방안

10장에서는 경영학 내 세부전공 분야 간 융합과 경영학과 다른 학문과의 융합, 두 측면으로 나눠 경영학 교육을 통해 경제 및 사회의 가치를 창출할 수 있는 방안을 살펴볼 것이다.

### 경영학 내 세부전공 분야 간 융합

경영학 내 세부전공 분야 간 융합의 특징은 크게 전공지식을 통합적으로 적용해 실제 문제를 해결할 수 있는 능력을 함양하는 방향과 세부전공 지식별로 특화된 인재를 키우기보다 미래의 커리어를 쌓는 데 필요한 다양한 지식을 제공하는 방향으로 나아가고 있다.

### 역량을 개발하는 교육

경영학 교육은 전문역량을 갖출 수 있도록 기능적으로 분화해 발전해왔으나, 최근 해외 경영학 교육의 추세는 학생이 대학을 졸업하면서 실제로 직면한 다양한 문제를 직접 해결할 수 있는 역량을 갖추기를 원하는 기업의 수요를 충족시키고자 노력하는 방향으로 변화하고 있다.

먼저, 하버드비즈니스스쿨의 사례를 보자. 혁신적인 문제해결과 디자인 싱킹Design thinking 역량을 개발하는 수업으로 Developing Mindsets for Innovative Problem Solving이 있다. 이 수업을 통해 회계, 경영관리Management, 창업경영Entrepreneurial Management 분야의 지식을 적용하고 개발할 수 있다. 문제해결 및 전략 실행역량을 개발

**[그림 2] 융합 방안 개요**

학문 간 장벽 극복을 위한
융합 방안

| 경영학 내 세부전공 분야 간 융합 | 경영학과 다른 전공의 융합 |
|---|---|
| • 전공별 지식을 종합해 실제로 직면한 다양한 문제를 해결할 수 있는 역량을 개발하는 교육<br>(예) 기업의 인수합병 사례 수업<br>• 커리어 개발에 필요한 지식을 맞춤형으로 제공하는 교육<br>(예) 사회적 기업가정신 | • 전문경영인으로서 필요한 기술의 이해 및 인문학적 소양 교육<br>(예) 비교문화 관점, 공학 지식 습득<br>• 자율적 이중전공 기회 확대 및 학교 특성을 살린 체계적 이중전공 프로그램 제시<br>(예) 경영학과 디자인 융합 전공 |

출처: European Commission (2009: 40)

하는 수업인 Mastering Strategy Execution은 전략뿐 아니라 회계, 경영관리 지식을 적용하고 개발하게 된다. 한편 하버드비즈니스스쿨의 커리큘럼을 살펴보면, 창업경영 분야가 다양한 전공을 융합하는 허브처럼 기능하는 것을 알 수 있다. 창업경영의 전공과목과 다른 전공으로도 교차 인정되는 다양한 과목을 통해 창업 프로세스 전체에 필요한 기술과 지식을 모두 습득할 수 있도록 커리큘럼이 디자인되어 있다.

다음으로 펜실베이니아대학 와튼스쿨Wharton School, 학부 프로그램Undergraduate Program을 보자. 경영학 전공지식 교육 외에 리더십 역량 강화를 위한 Leadership Journey(캡스톤 코스 포함)와 Global Economy, Business, and Society, Technology, Innovation, and Analytics 과목을 반드시 수강해야 한다.

Leadership Journey에는 경제학 과목과 함께 Business and You, Management Communication, Teamwork and Interpersonal Influence 등이 포함되며 기업가로서 반드시 갖춰야 하는 기업윤리를 함양할 수 있는 Ethics/Business Ethics 과목을 요구하고 있다.

카네기멜론대학 테퍼경영대학원Tepper School of Business 학부 프로그램도 눈여겨볼 만하다. 이 프로그램에서는 3학기 동안 Business Leadership Endeavor 시퀀스 수강을 통해 기업에서 일할 수 있는 준비를 갖출 수 있게 한다.

이 같은 시도가 증가하고 있는 것은 실제 기업조직이 기능별로 분화된 조직에서 사업부 조직이나 매트릭스 조직, 나아가 네트워크 조직으로 변화되는 과정에서 다양한 전문가가 협업해 문제를 해결하는 방식으로 변하고 있고 이에 따라 필요한 인재의 역량이 달라진 이유도 있을 것이다. 과거와 달리 이직을 통한 경력 개발이 보편화되면서 기업 입장에서도 조직 구성원에 대한 교육훈련 투자보다는 이미 준비된 인력을 채용하는 형태로 인사의 중심을 전환하고 있는 이유도 있을 것이다. 따라서 전공지식을 통합적으로 적용하는 역량을 개발하는 것의 중요성이 더 커졌다.

이와 관련해 베리(Berry, 2009)는 여러 기능을 통합하는 과목을 다음과 같은 방법으로 만들 수 있다고 주장했다. 첫째, ERPEnterprise Resource Planning 소프트웨어를 이용하는 방법. 둘째, 다른 전공 교수들이 하나의 문제를 다른 기능별 시각에서 서로 소통하며 강의하는 방법. 셋째, 학생들이 자율적으로 산업 또는 기업을 선택하고 그 산업 또는 기업의 문제를 해결하는 프로젝트를 수행하는 방법.

현재 많은 학교에서 경영전략 과목이 여러 기능별 지식을 통합적으로 적용하기 위한 역량을 개발하는 과목으로 진행되고 있다. 다만 경영전략을 강의하는 교수 역시 다른 전공과 마찬가지로 경영전략 분야 자체의 깊이를 추구하는 방향으로 연구하고 강의하고 있으므로 여러 분야의 지식을 통합적으로 적용하는 데 부족함이 있을수 있다. 한편 경영전략 수업 외에도 미시간대학교Univeristy of Michigan, Ann Arbor 챌린지Challenge 과목처럼 공모전을 학교에서 수업으로 개최하는 경우도 있다. 최근 다양한 학교에서 진행하는 사례경진대회 등을 통해 학생들이 자발적으로 지식을 통합적으로 적용할 수 있는 기회를 주는 방법도 고려할 수 있다. 보다 적극적으로 일부 MBA 프로그램에서 진행하는 프로젝트 과목을 개설해 학생들이 복잡한 문제해결을 위해 다양한 분야별 지식을 통합적으로 활용하게 할 수도 있다.

워릭경영대학원Warwick Business School의 Global Integrative Project 는 글로벌 비즈니스의 주요 트렌드와 이슈를 이해하고, 글로벌 기업들의 경영환경을 분석하고, 융합적인 경영의 관점을 함양하며, 프로젝트 관리 및 의사결정, 팀워크, 경영연구에 대한 역량을 개발하는 것을 목표로 수업을 진행하고 있다.

미시간대학교 경영학과는 Learn by Doing 프로그램을 두고 4가지 세부 프로그램, 즉 Real.Start; Real.Advise; Real.Invest; Real.Lead를 운영함으로써 학생들이 실제로 창업, 컨설팅, 펀드 운영 혹은 기업 파트너와 함께 사업부를 운영하는 체험을 할 수 있도록 하고 있다. 이와 같이 실제에 가까운 상황을 학생들이 체험함으로써 전문화된 기능별 수업을 통해 함양한 지식을 다시 통합하는 것을 중시하는 방향으로 변하고 있다.

이러한 방식 중 우리가 고려할 수 있는 것은 사례 중심 수업이다. 현재 경영전략 과목 등 사례 중심으로 수업하면서 통합된 지식을 가르치는 과목이 존재하나, 이보다 더 적극적으로 하나의 사례를 통해 다양한 시각의 이론을 공부하고 적용해보는 사례 수업을 디자인하는 것을 제안한다.

기업의 인수합병M&A: Mergers & Acquisition은 이러한 목적으로 개설하기에 적합한 과목의 주제 중 하나로 생각된다. 기업 M&A의 전략적 타당성(전략), M&A 이후의 제도 통합 관련 이슈(조직), M&A의 가치 산정(재무), M&A를 통한 공급사슬의 효율성 이슈(생산관리), M&A 이후 브랜드 관련 이슈(마케팅), M&A에 따른 세금 및 회계 통합 문제(회계), M&A의 법제도적 이슈(상법 및 회사법) 등과 같이 하나의 사례를 다양한 이론적 배경으로 접근하는 수업을 통해 경영학에서 배우는 다양한 이론이 실제 사례에 어떻게 적용되는지 배우고, 이를 통해 이론과 실무의 괴리를 줄여갈 수 있을 것이다.

이와 관련 다양한 학교에서는 기업과의 연계를 통해 교내 및 국제 사례경진대회를 개최해 학생들이 보다 다양한 시각에서 실제 문제를 해결하며, 또한 다른 시각에서 어떤 대안들이 있었는지에 대해 배울 수 있는 기회를 제공할 수 있다. 이를 준비하는 다양한 방법으로 학생 동아리 활성화, 사례 중심 수업 진행, 사례경진대회 전담 지도교수(예: 컨설팅 파트너)를 두는 경우들이 있다. 이러한 사례경진대회에 적극 참여하는 학교들은 1년에 10개 이상 참여하면서 다양한 기회를 학생들에게 제공하고 있다. 따라서 이를 준비하는 형태의 과정을 만드는 것도 고려할 수 있다.

한편 이 같은 실무에서 바로 적용 가능한PRACTICE-READY 지식 및 역량을 교육하는 것에 대한 중요성은 여러 분야에서 강조되고 있는 공통 현상이며, 이를 충족하는 것이 교육기관의 성패에도 영향을 끼칠 것으로 예측할 수 있다.

미국 로스쿨Law School에서 발생하고 있는 교육개혁 사례는 이에 대해 시사하는 바가 크다. 로펌들이 신규 채용 변호사들에 대한 교육 투자를 축소하고 금융위기 이후 고용을 줄이면서 톱 스쿨이 아닌 로스쿨들은 좋은 학생들을 유치하고 학생들의 취업 기회를 확보하기 위해 차별화를 시도하게 되었다. 특히 윌리엄 앤 리William & Lee가 시도한 3학년 과정을 실제 법정에서의 역할 시뮬레이션으로 대체하는 혁신이 성공을 거두면서 전체적인 법학교육개혁의 방향이 되었다. 전반적으로 Clinical education과 experimental learning의 비중이 증가되었는데, 이 과목들은 어떤 특정 분야의 지식을 공부하기보다 이미 공부한 지식을 실제 문제를 해결하기 위해 어떻게 적용할지에 대한 역량을 키우는 방향이다. 따라서 로스쿨에서 생기는 교육개혁 방향은 경영학 교육개혁에 큰 시사점이 있다.

### 커리어 개발을 돕는 교육

최근의 또 다른 중요한 경향은 경영학을 공부하는 학생들이 대학을 졸업한 후에 어떤 경력을 가질 것인지에 따라 이들이 필요한 지식을 맞춤형으로 제공하려는 교육 트렌드다. 기업이 보다 개인화된 소비자 경험을 제공하는 것과 마찬가지로 대학 역시 보다 개인화된 학생들의 경험을 제공하는 것이다. 다음의 프로그램들이 대표적이다.

맨 먼저 MIT에서는 학생들의 관심사에 따라 필요한 강의를 들을 수 있는 가이드라인을 제공하고 있다. 학부 프로그램의 경우 Business Analytics & Operation Research, Consulting, Entrepreneurship, Finance, Health Care, Information Technology, Marketing, Product Development, Project Management로 관심 분야를 나눈 다음 관심 분야별로 권장 과목, 필요한 지식과 기술, 커리어 옵션 등을 안내하고 있다.

학생의 커리어 관심이 컨설팅에 있는 경우, 졸업 후 컨설턴트로의 진로를 돕기 위해 학생들이 집중적으로 함양해야 하는 지식과 스킬로 Communication skills, Excel, Teamwork, Leadership을 제시한다. 이를 함양하기 위해 수강할 과목으로는 Economic Analysis for Business Decisions, Statistical Consulting, Statistical Thinking and Data Analysis, Introduction to Applied Probability, Management Communication for Undergraduates, Managerial Psychology, Management Accounting and Control, Essential Law for Business, Introduction to Operations Management, Introduction to System Dynamics, Competitive Strategy 등을 구체적으로 제시하고 권장한다. 이와 함께 졸업 후 진출할 수 있는 직업(경영 컨설턴트 Management Consultants, 기업전략가Corporate Strategists 등)과 잠재적으로 피고용 가능한 기업들과 산업군을 제안함으로써 학생들이 좀 더 구체적인

진로 목표를 계획하는 데 실질적인 도움을 주고 있다.

다음으로 펜실베이니아대학 와튼스쿨 학부 프로그램은 21개의 다양한 심화전공을 제공하고 있으며, 이 중 Accounting, Finance, Management, Marketing, Operations, information & Decisions, Strategic Management 같은 경영학 기존의 심화전공을 포함해 보다 커리어 중심의 심화전공을 다수 제공하고 있다. 예를 들면 Actuarial Science, Business Analytics, Health Care Management, Managing Electronic Commerce, Retailing 등이 포함되어 있다. 이에 더해 개인의 필요에 따라 심화전공을 맞춤형으로 진행할 수도 있도록 허용하고 있다Individualized concentration.

카네기멜론대학 테퍼경영대학원 학부 프로그램도 살펴보자. 현재 운영하는 심화전공 분야 중 기존 기능별로 분류된 심화전공 Accounting, Business Analytics, Finance, International Business, Leadership and Organizational Effectiveness, Marketing, Operations Management 외에도 비즈니스 테크놀로지Business Technology, 기업가정신Entrepreneurship, 그래픽 미디어 매니지먼트Graphic Media Management 등 보다 커리어 지향적이면서 융합형의 심화전공 분야를 제공해 학생들의 관심 커리어 준비에 도움이 되도록 운영하고 있다. 특히 '기업가정신' 심화전공의 경우 기업가정신에 대한 전반적 교육을 위한 Introduction to Entrepreneurship에 더해 Introduction to Entrepreneurship for Engineers, Introduction to Entrepreneurship for Scientists, Introduction to Entrepreneurship for Computer Scientists, Introduction to Entrepreneurship for the Creative Industries 등을 제공함으로써 학생들이 희망하는 커리어와 관심 분야에 따른 맞춤형 과목들을 수강할 수 있도록 하고 있다. 일반론적인 내용의 교육에 집중하는 과목을 수강 후 학생 스스로 관심 분야에 학습한 내용을 적용하도록 하는 기존 방식을 뛰어넘어 일반론을 이미 기업가정신 분야에 특화시킨 과목들을 제공하고 있다. 예를 들어 기존 전통 경영학 세부전공별 기초과목과 더불어 Funding Entrepreneurial Ventures, Commercialization and Innovation, Entrepreneurial Teams, Social, Economic and Information Networks 등의 선택과목을 제공함으로써 창업을 원하는 학생을 위한 특화된 교육이 가능케 하고 있다.

이 같은 해외 사례를 고려할 때 학생의 미래 관심 커리어와 일자리 수요에 따라 교육의 방향이 형성된다고 볼 수 있다. 예컨대 WEF는 가까운 미래에 일자리 수요가 증가할 분야로 데이터 애널리스트, 제품 혁신에 따른 전문 영업인력, 새로운 형태의 HR/조직개발 인력, 정부 관계 전문가, 산업 디자이너 등 에너지, 미디어 및 엔터테인먼트 산업에서 변화에 잘 대응할 수 있는 역량 있는 매니저 등을 예상하고 있다. 따라서 미래의 경영학 교육은 이러한 분야에 진출해 커리어를 개발할 수 있는 전문가가 되기 위해 필요한 지식을 학생들이 갖출 수 있도록 가이드해주는 역할을 해야 한다. 이는 단지 경영학 내 세부 분야 간 융합뿐 아니라 전반적으로 경영학교육기관이 지향해야 하는 방향일 것이다.

기업가정신에 관한 내용은 이러한 과목을 개설하기에 적합한 주제 중 하나다.

예컨대 옥스퍼드Oxford대학이 현재 제공하고 있는 사회적 기업가 정신 과목의 경우 사회적 기업 창업을 통한 사회적 변화 도출, 빈곤에 대한 이해, 사람 중심 디자인, 사회혁신, 사회적 기업의 비즈니스모델, 사회적 기업의 자금 조달, 사회적 영향의 평가 및 측정과 같이 사회적 창업을 하려는 기업가의 입장에서 필요한 학문적·실무적 지식을 함양하는 데 초점을 두어 디자인되었다. 학문적으로는 경영전략, 마케팅, 재무, 회계 등의 경영학 내 다수의 전공이 관련되어 있을 뿐 아니라 경제학, 사회학, 사회복지학, 행정학 등 다양한 분야가 관련되어 있다. 학문적인 이론뿐 아니라 실무적인 내용도 포함되어 있다. 이러한 강의는 실제로 창업하고자 하는 미래의 기업가에게는 매우 도움이 될 것이나 특정 전공 분야의 교수가 강의하기에는 명확한 한계가 있을 수밖에 없다.

## 경영학과 다른 전공 간 융합

최근 경영학 전공을 교육하는 많은 대학에서 발견할 수 있는 변화 중 하나가 경영학과 다른 전공과의 융합교육에 대한 시도다. 경영학과 다른 전공과의 융합교육 역시 크게 2가지로 나눌 수 있다.

첫째는 경영학 교육의 주요 목표 중 하나인 경제 및 사회에 기여하는 리더로 성공하기 위해 필요한 소양을 경영학 이외의 학문에서 채우는 방향이다. 둘째는 이중전공 프로그램 제공과 같이 경영학과 다른 학문을 동시에 깊이 있게 공부함으로써 사회가 요구하는 전문 가를 양성하는 방향이다. 이 두 방향의 융합교육이 대학들에서 어 떻게 시도되고 자리 잡아가는지 경영학과 다른 전공과의 융합교육 을 체계적으로 하는 해외 사례를 살펴볼 것이다.

## 전문경영인으로서 소양 교육

성공적인 비즈니스 경력을 위해 기술에 대한 이해와 인문학적 소 양에 대한 요구는 점점 커지고 있다. 경영학 교육의 가장 중요한 목 적 중 하나는 폭넓은 관점을 가진 최고경영자로 성장할 인재를 양 성하는 것인데,[3] 〈포춘Fortune〉 500 기업 중 약 3분의 1에 해당하는 회사의 CEO는 대학에서 인문학을 전공했다.

인문학은 이들이 나무뿐 아니라 숲을 보게 하며 아인슈타인이 말했듯 배우지 않은 것을 생각할 수 있게 하는 등 CEO로서 필요 한 소양을 길러준다(Inc., 2018.03.14.). 그리고 "사람"에 대한 이해 를 넓혀 새로운 기술로 무엇인가를 만들어내는 데 그치지 않고 "사 람이 원하는" 무엇인가를 만들어낼 수 있게 해준다(Fast Company, 2017.07.15.).

올레자르즈(Olejarz, 2017)는 벤처투자가 스콧 하틀리S. Hartley의 《인 문학 이펙트The Fuzzy and the Techie: Why the Liberal Arts Will Rule the Digital World》, 노 스웨스턴대학 인문학 교수 게리 솔 모슨G.S. Morson과 경제학 교수 모 턴 샤피로M. Schapiro의 《Cents and Sensibility》, 전략컨설턴트 메즈 비어C. Madsbjerg의 《Sensemaking》 등 총 3권의 베스트셀러를 언급 하며 데이터 과학이 발달할수록 인문학적 소양이 필요하다는 점

을 보여주는 이 책들을 통해 도출할 수 있는 결론은 어떤 분야를 선택하는 것이 아니라 생각을 확장할 수 있는 방법을 찾는 것("finding ways to expand our thinking")의 중요성이라고 주장했다. 기술 및 인문학에 대한 소양의 중요성이 강조되면서 경영학 교육에서도 이를 함께 제공하는 것이 필수적이다.

와튼스쿨 학부 프로그램에서는 경영학 전공지식 교육 외에 인문학과 자연과학에 대한 소양을 갖추기 위해 Liberal Arts & Science에서 Cross-cultural perspectives, Foreign Language와 Writing 과목을 반드시 수강해야 한다. Humanities, Natural Sciences, Math, Engineering, 일반 Social Science에서 1과목 이상씩 총 6과목을 필수로 수강해야 한다.

특히 경영학 전공 학부 학생들에게 필수로 요구하는 Leadership Journey 프로그램에는 Business and You, Management Communication, Teamwork and Interpersonal Influence 같은 과목을 포함해 경영자의 필수 덕목 중 하나인 원활한 소통을 위한 소양을 함양하도록 유도하고 있다.

한편 우리나라에서는 최근 학부 경영학과가 로스쿨을 가기 위한 발판이 되어가고 있다는 우려의 목소리가 커지고 있다. 경영학을 전공한 법조인들이 출현하는 것 역시 필요하지만, 반대로 경영학과 법학 교육이 전문경영인의 소양을 쌓는 데 시너지를 낼 수 있는 지점이 있다는 것 역시 고려해야 할 것이다.

헨더슨(Henderson, 2017)에 따르면, 1992년부터 2012년까지 S&P 1500 기업을 거쳐간 3,500명의 CEO 중 9%가 로스쿨 출신이었다.

이들은 소송 위험을 현격하게 줄여 안정적 운영을 한 반면, 적극적이고 혁신적인 측면에서는 약점이 있는 것으로 나타났다. 따라서 로스쿨에 진학하고 변호사가 되는 것의 발판으로 경영학이 이용되기보다 더 좋은 전문경영인이 되기 위해 경영학 교육을 기반으로 법학교육을 연계하는 방향을 제시하는 방안을 고려해야 할 것이다.

## 이중전공 프로그램

경영학과 다른 분야의 전공지식을 동시에 함양하기 위한 이중전공 프로그램은 더욱 활성화되고 있으며, 특히 학생들이 자율적으로 이중전공을 선택할 수 있는 기회를 제공하는 것을 넘어 학교별로 특성을 살린 체계적인 이중전공 프로그램의 제시를 통해 학교의 경쟁력을 강화하고 학생들 및 기업의 수요를 충족시키는 예가 늘어나고 있는 것으로 보인다.

펜실베이니아대학 와튼스쿨 학부 프로그램은 다른 전공과의 융합교육을 위해 체계적으로 미리 디자인된 커리큘럼으로 짜인 이중전공 혹은 복수전공 프로그램Coordinated Dual Degree Program을 다수 제공하고 있다. 아래 와튼스쿨의 다양한 이중전공 프로그램 중 일부를 소개한다. 이 프로그램들을 통해 학생들은 2개의 동등한 학사학위를 취득하게 된다. 소개한 와튼스쿨의 이중전공 프로그램들의 특이점은 각 전공에서 제공하는 전공과목들 외에도 두 전공을 연결 짓는 프로그램만을 위해 개발된 과목들을 제공하고 필수과목으로 요구하고 있다는 점이다.

헌츠먼 프로그램Huntsman Program in International Studies & Business은 경영학

교육과 고급 수준의 언어 교육, 인문학 교육을 융합한 프로그램으로 학생들이 타깃으로 하는 언어를 쓰는 지역에 특화된 교육을 제공함으로써 급변하는 세계의 정치적·경제적·문화적 복잡성을 이해할 수 있는 능력을 함양할 수 있도록 한다. 다양한 인문학 소양과 실용적인 경영학 교육의 융합을 통해 졸업 후 국제적으로 다양한 커리어를 개발할 수 있는 인재를 개발하는 데 힘쓰고 있다. 이 프로그램에서 졸업하려면 최소 40과목을 수강해야 한다. 이 중 최소 한 학기 동안 개별 학생이 타깃으로 하는 언어를 쓰는 국가의 대학에서 과목을 수강해야 하는 필수 조건도 포함되어 있다.

　로이 앤 다이애나 베질로스 프로그램Roy and Diana Vagelos Program in Life Science and Management은 경영학 교육과 생명과학Bioscience 관련 교육을 융합한 프로그램으로 학생들에게 과학연구scientific research와 일반 경영/공공정책과 관련된 분야에서 각 1번씩 총 2번의 인턴 기회를 제공한다. 졸업 후 학생들이 의과대학과 경영대학 대학원에 진학하거나 헬스 케어Health care, 바이오메디컬Biomedical, 농학Agricultural, 환경연구Environmental research 분야와 함께 관련 공공정책과 생명과학 관련 조직의 재정/전략 매니지먼트financial/strategic management에 진출하는 것을 목표로 한다. 졸업을 위한 필요 이수과목 수는 43과목이다. 이 중 1학년 세미나Freshman seminar와 졸업반 학생들을 대상으로 하는 캡스톤 코스는 프로그램의 모든 학생이 필수 수강해야 하는 베질로스 프로그램 고유의 과목들이다. 프로그램의 첫 학기에 의무 수강해야 하는 '1학년 세미나'에서는 자원 배분부터 과학적 발견과 연구를 위한 투자, 운영, 과학적 성과의 제품화까지 주요 이슈들을 소개하고 토론

한다. 캡스톤 코스는 프로그램의 마지막 1년의 기간 동안 학생들이 과학적 발견과 연구 결과물에 대한 비즈니스 플랜과 마케팅 전략을 개발하는 프로젝트 기반project-based 코스로 제공되고 있다.

제롬 피셔 프로그램Jerome Fisher Program in Management & Technology은 현재까지 1,900명 이상의 졸업생을 배출한 대표적인 이중전공 프로그램 중 하나다. 경영학과 공학Engineering 교육의 융합을 추구한다. 경영학 기본 전공과목을 포함 다양한 선택과목들과 공학의 다양한 과목을 수강해야 하며 피셔 프로그램 역시 경영학과 공학을 연결 짓는 이 프로그램만의 과목들을 제공하고 있다. 예를 들어 프로그램 첫 학기에 '1학년 세미나', 2학년에서는 Management of Technology, 3학년과 4학년 학생들에게는 Technological Innovation and Entrepreneurship과 Scaling Technology Ventures: Aligning Operations and Strategy 과목을 제공해 이 프로그램의 학생들이 경영학과 공학 전공지식을 융합할 수 있는 기회가 있다. 교과목 외에도 다양한 인턴십과 창업 기회를 제공하고 있다.

널싱 앤 헬스 케어 매니지먼트 프로그램Nursing and Health Care Management Program은 경영학과 의료 부문의 융합을 추구하는 이중전공이다. 타 이중전공들은 4년 프로그램인 반면 이 프로그램은 5년으로 구성되어 있다. 학생들은 간호대학School of Nursing과 경영대학the Wharton School에 동시에 등록하고 재정finance, 매니지먼트management, 헬스 케어 매니지먼트Health care management 등의 경영학 전공과목과 해부학, 생리학 같은 의학 전공과목을 수강하게 된다. 졸업반 학생들은 헬스 케어 케이스 스터디Health care case study를 다루는 캡스톤 코스를 수강해야 한다.

와튼스쿨에서는 이외에도 다양한 이중전공 및 부전공이 가능하도록 해 학생들에게 관심사에 따라 세부전공을 유연하게 선택할 수 있도록 프로그램을 고안했다.

유시버클리UC Berkeley 학부 프로그램을 살펴보면 M.E.T.Management, Entrepreneurship, & Technology를 통해 창업에 대한 수요를 반영한 경영학과 공학 이중전공 프로그램을 제시하고 있다. 학생들은 하스경영대학Hass School of Business으로부터 경영학사BS in Business와 공과대학Berkeley Engineering으로부터 BS in Electrical Engineering & Computer Science, BS in Industrial Engineering & Operation Research 혹은 BS in Mechanical Engineering 중 한 학위의 조합으로 2개의 학사 학위를 취득하게 된다. 이 프로그램은 공과대학에 속해 있는 프로그램으로 공과대학 신입생을 대상으로 학생을 선발하는 점이 특징이며, 목표는 공학 기반으로 창업하고자 하는 학생들에게 도움을 주고자 하는 것이다.

뉴욕대학교 경영대학 스턴스쿨 학부 프로그램에서는 BS in Business, BS in Business/MS in Accounting에 더해 BS in Business and Political Economy, BS in Business/BFA in Film and Television 전공을 제공하고 있다.

BS in Business and Political Economy 전공은 경영학, 정치학, 경제학 3개 전공 분야를 융합해 교육하는 전공으로 학생들이 복수 학위를 취득하는 이중전공이 아닌 1개의 학위를 취득하게 되는 진정한 의미의 융합전공이다. 이 전공은 다국적 기업이나 정부혹은 비영리기관 등에서 국제경영 분야의 커리어를 갖고자 하는 학생들을 주 대상으로 한다. 2학년 재학 중 해외에서 최소한 두 학기 이상 체류를 요구(NYU 런던, NYU 상하이)하고 본인이 원하는 경우 NYU Global site 중 본인이 희망하는 곳을 선택해 1학기를 추가로 체류하며 학업할 수 있는 옵션을 주고 있다. 이 프로그램의 대략적인 커리큘럼은 경영학, 경제학, 정치학 세부전공의 코어 과목들을 수강하는 비즈니스 코어Business Core, 경제학 코어Economics Core, 정치학 코어Politics Core와 함께 개인 및 전문가로서의 윤리ethics, 기업의 사회적 책임Corporate social responsibility, 경영 및 경영환경에서 법의 역할, 조직 내에서의 의사소통 등에 대한 내용을 담고 있는 4개 과목으로 구성된 소셜 임팩트 코어Social Impact core, 논리적이고 비평적이며 창의적인 사고력과 문장력, 다양한 문화에 대한 이해를 함양시키는 5개 과목으로 구성된 교양과목 코어Liberal Arts Core, 이외 다양한 대학 내 선택과목들로 구성되어 있다.

BS in Business/BFA in Film and Television 전공은 방송 영화 산업에서 미래 커리어의 개발을 희망하는 학생들을 대상으로 하는 이중전공 프로그램이다. 학생들은 통상 5년 혹은 10학기 동안 150 유닛unit의 과목을 수강해 복수 학위 취득을 하게 된다.

카네기멜론대학 경영대학인 테퍼경영대학원과 Mellon College of Science의 Department of Mathematical Sciences가 협업해 제공하는 BS in Computational Finance에서는 프로그램에 입학하는 학생들이 본인의 소속 단과대학을 둘 중 선택할 수 있다. 만약 학생이 경영대학을 소속 단과대학으로 선택한다면 경영학 전공과목 수강에 좀 더 집중하게 된다. 이 프로그램의 커리큘럼은 금융 산업의 직업군에서 필요할 수 있는 수학, 통계학적 수리 모델들을 이해하고 개발할 수 있는 능력을 함양하도록 구성되어 있다. 카네기멜론대학은 엔지니어링과 공공정책Engineering & Public Policy 등 전통적으로 융합 프로그램을 많이 만들어 운영해오고 있다. 다양한 필드 스터디를 통해 분야 간 지식을 융합해 적용할 수 있는 실제 문제를 학교에서 제공하고 있다.

노스이스턴대학교Northeastern University 경영대학인 다모르 맥킴 경영대학D'Amore-Mckim School of Business에서는 College of Science, College of Social Sciences and Humanities, College of Arts, Media and Design과 협업으로 6개의 융합전공combined majors을 제공하고 있다. 여러 개의 이중전공에서 통합 과목을 필수 수강해야 한다.

Business Administration and Design, BS에서는 경영학 코어, 디자인 코어, 경영학 심화(전공 선택 가능) 외 통합 과목Integrative courses으로 아이덴티티와 브랜드 디자인Identity and Brand Design 과목을 포함해 프로젝트 기반으로 운영되는 미디어 캡스톤과 비즈니스 캡스톤 과목을 수강하도록 하고 있다.

Computer Science and Business Administration, BS에서는 통합 과목으로 정보자원 관리를, Information Science and Business Administration에서는 통합 과목으로 정보자원 관리와 데이터 커뮤니케이션을, Mathematics and Business Administration에서는 통합 과목으로 재무 위험 관리를, Political Science and Business Administration에서는 통합 과목으로 정치학과 시니어 캡스톤 또는 전략 실행을 수강하도록 하고 있다.

[그림 3] 여러 전공의 허브로서 경영학

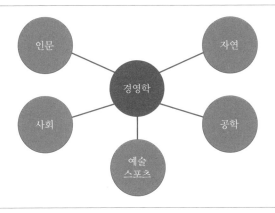

## 여러 전공의 허브로서 경영학

새롭게 요구되는 지식, 새롭게 생겨나는 직업 수행, 새로운 사업 기회의 실현을 위해 학생들에게 경영학과 함께 필요한 다른 학문 분야의 지식을 습득할 수 있도록 경영학과가 여러 전공의 학생이 모여 다양한 정보와 지식을 공유하는 장이 되는 한편, 이를 통해 만들어지는 새로운 아이디어를 실제로 상업화할 수 있는 장이 되도록 하는 것이 필요하다.

세부전공 분야 간 융합에서 커리어 중심으로 나아가는 것을 더 확장해 대학에서 공부하는 학생들이 미래에 꿈꾸는 것을 더 잘 이뤄가기 위해 경제활동의 주체로 행동하기 원하는 다양한 학생에게 필요한 지식과 역량에 대해 경영대학이 보다 적극적으로 도와주는 역할을 할 수 있을 것이다. 우리나라에서도 학생들의 취업률 향상 등을 목적으로 산업 및 특정 대상을 기준으로 구체화한 경영학과

(예: IT경영, 강소기업경영)나 다른 학문과 경영학이 융합된 형태의 학과(예: 부동산학)가 증가하고 있다(이영면·이순룡, 2016). 다양한 분야에서 경영학을 필요로 하는 만큼 경영학이 다양한 지식과 기술의 상업화를 통해 인간의 삶을 혁신할 수 있는 기회를 창출하는 기업가를 길러내기 위한 기초로 기능할 수 있어야 할 것이다.

## 학생 개인의 역량을 강화하는 경영교육

10장에서는 전공별 지식을 전달하는 교육은 여전히 중요하나, 학생들이 졸업 이후 사회의 구성원으로서 역할을 잘 수행하기 위해 필요한 역량에 대한 교육이 강화되어야 할 필요성을 제기했다.

경영학 전공을 교육하고 있는 많은 대학에서 학생들의 관심 분야 및 커리어를 고려한 심화전공concentration 및 이를 위한 수강 가이드라인 제공을 적극적으로 하고 있다. 다만 지식을 전달하는 것을 목적으로 하는 강의 안에서 여러 전공의 융합이 이뤄지는 것은 아직 보편화된 것은 아니다.

창업이나 M&A 등과 같이 여러 전공 분야의 지식이 종합적으로 필요한 부분에서 전공별 조정 및 경영학 세부전공 간 융합의 여지가 있으며, 현재도 활발하게 이뤄지는 이중전공이나 부전공을 활성화시키는 방안의 하나로 특별히 수요가 많은 부분에서 보다 잘 디자인된 이중전공을 학교에서 제시하는 것도 바람직할 것이다.

## 참고문헌

- Askew, T., "Why the liberal arts are necessary for long-term success," Inc. 2018. 3. 14.
- Bennis, W; O'Toole, J. (2005), "How Business Schools Lost Their Way," Harvard Business Review.
- Berry, P. (2009), "Redesign of the Undergraduate Business Curriculum: The Way Forward, A Paradigm Shift," American Journal of Business Education 2(8): pp.55-63.
- Henderson, MT. (2017), "Do lawyers make better ceos than mbas?," Harvard business review.
- "http://ec.europa.eu/commfrontoffice/publicopinion/flash/fl_260_en.pdf" European Commission. 2009. Students and Higher Education Reform: Survey among Students in Higher Education Institutions in the EU Member States, Croatia, Iceland, Norway, and Turkey
- Irani, Z., "The University of the future will be interdisciplinary," The Guardian. 2018. 1. 24.
- Leinwand, P; Mainardi, C. (2013), "Rethinking the Function of Business Functions," Harvard Business Review.
- Litt, M., "Why This Tech CEO keeps hiring humanities major," Fast Company, 2017. 7. 15.
- Olejarz, J. M. (2017), "Liberal Arts in the Data Age: Why the Hard Sciences Need Humanities," Harvard Business Review 95(4): pp.144-145.
- Pearce, JA. (1999), "Faculty Survey on Business School Reform," Academy of Management Executive.
- Webster, RL; Hammond, KL; Rothwell, JC. (2014), "Market Orientation Effects on Business School Performance: Views from Inside and Outside the Business School," American Journal of Business Education 7(1): pp.9-20.
- World economic forum. (2016), The future of jobs.

1  1점에 가까울수록 매우 효과적(extremely effective), 5점에 가까울수록 전혀 효과적이지 않음(not effective at all)이므로 평균 3점이 넘으면 부정적인 의견이 보다 일반적이라고 볼 수 있다.

2  이와 반대되는 개념으로 특정 전공 분야에 대한 지식만 갖추고 다른 전공 분야는 잘 알지 못하는 졸업생들을 "I-형태"의 졸업생이라고 했다.

3  2018년 한국경영학회 설문에 따르면, 전체 응답자 148명 중 가장 많은 숫자인 51명(34%)이 폭넓은 관점을 가진 최고경영자로 성장할 인재 양성을 이상적으로 생각할 때 경영학 교육의 가장 중요한 목적이 되어야 한다고 응답했으며, 42명(28%)이 다양한 분야의 사회적 리더 양성을 꼽았으나, 현실적으로는 경영학 교육의 가장 중요한 목적이 기업에서 곧바로 활용할 수 있는 역량을 가진 인재 양성이라고 대답한 숫자가 56명(38%)으로 가장 많았다.

# 11

# 기업과의
# 협력

**오종문**

동국대학교 상경대학

학부 교육과정에 산업체의 요구를 반영해 교육의 질을 개선하고자 하는 다양한 시도가 이뤄지고 있다. 11장에서는 산학협력 교육모델을 구현하기 위한 여러 제도가 경영학 분야를 포함해 실제 대학 교과과정에서 어떻게 활용되는지 살펴보고, 교육 분야에서의 산학협력 사례를 참고해 핵심 영역 항목별로 경영학 학부 교육과정에서 활용할 수 있는 산학협력 방안을 모색해볼 것이다.

## 학부 교육과 산학협력

학부 교육과정에 산업체의 요구를 반영해 교육의 질을 제고하고 현장성을 강화해 학생들의 채용 가능성을 높이려는 다양한 시도를 하고 있다.

학부 교육과정에서 산학협력이 확산되는 경향이 비단 우리나라에서만 나타나는 현상은 아니다. 미국과 캐나다 지역에 있는 대학들의 사례를 분석한 결과에서도 동일한 현상을 관찰할 수 있다 (Ranga et. al., 2013). 이에 따르면 전통적으로 산학협력은 고도의 연구중심 대학과 강한 도전적 환경에 놓인 기업 간의 협력이 주류였으나, 최근에는 덜 연구중심적인 대학과 덜 도전적인 환경에 있는 기업 간의 협력도 나타나고 있다.

과거에는 고도의 연구능력이 있는 전문 수준의 대학원을 중심으로 산학협력을 했으나 이제는 학부 수준에서의 산학협력으로 확산되고 있다. 또한 엔지니어링이나 제약 같은 한정된 분야에서의 산

**[그림 1] 사회 맞춤형 교육모델**

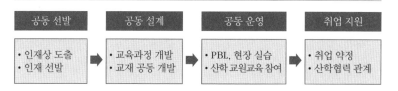

| 공동 선발 | 공동 설계 | 공동 운영 | 취업 지원 |
|---|---|---|---|
| • 인재상 도출<br>• 인재 선발 | • 교육과정 개발<br>• 교재 공동 개발 | • PBL, 현장 실습<br>• 산학 교원교육 참여 | • 취업 약정<br>• 산학협력 관계 |

- (학생 공동 선발) 교육과정 참여 학생 선발에 산업체 참여로 상호 책무성 확보
- (교육과정.교재 공동 개발) 대학과 산업체가 공동으로 교육과정, 교재 개발 및 교수 학습법 개발(교육과정운영위원회 공동 운영)
- (산업체 전문가의 교육 참여) 산업체가 필요로 하는 교육을 실시할 수 있는 산업체 전문가를 교원으로 활용
- (교육과 채용의 연계) 사회맞춤형학과를 이수한 학생을 졸업과 동시에 협약업체로 채용 연계

출처: 교육부, 사회 맞춤형 산학협력 선도대학(LINC+) 육성사업 기본계획, 2017

학협력에서 인문사회과학 분야까지 협력이 확산되고 있다.

대학을 대상으로 산학협력의 동기를 조사한 바에 따르면, 펀딩의 수단으로 활용한다거나 기업의 설비나 장비에 접근하고 기업의 연구 능력을 활용한다거나 대학의 연구 결과를 기업에 제공하는 것보다는, 학생들의 취업 기회를 향상시키고 산업체 현장에서 학생들을 훈련시키려는 동기를 상대적으로 더 중요하게 인식하는 것으로 나타났다고 한다.

교육부에서는 사회 수요와 괴리된 대학교육을 혁신하고 교육과정을 취업과 밀접하게 연계된 사회맞춤형으로 개편하기 위해 '사회맞춤형 산학협력 선도대학$_{LINC+}$ 육성사업'을 전개하고 있다. 이는 대학 교육과정이 사회 수요와 괴리되어 청년 일자리 문제는 심화되는 반면, 산업체 현장의 인력난은 심각하다는 인식에 바탕하고 있다. 국가적인 인력 미스매치와 청년 일자리 문제를 해소하려면 '학교에서 현장으로의 원활한 이행'을 촉진하는 사회 수요 맞춤형 교육과정을 확산해야 한다는 것이다.

사회 수요 맞춤형 교육의 이상적인 모델은 [그림 1]과 같다. 이 모델에서 사회맞춤형학과는 대학과 산업체가 공동으로 개설·운영하는 채용 연계를 위한 채용 약정을 한 교육과정을 의미한다. 학생의 선발 과정부터 산업체가 면접에 참여하고 선발 기준을 제시하는 등 산업체와 대학이 협력한다.

교육과정 설계에서도 대학과 산업체가 공동으로 위원회를 구성하고 교육 자료와 교수 학습법 등을 개발한다. 산업체의 전문가가 교육과정에 직접 참여하며, 산업체와 연계한 PBL, 현장 실습, 인턴십 등을 통해 학생들에게는 현장 밀착형 교육을 제공한다. 이렇게 산업체 요구에 맞춘 교육과정을 이수하면 학생들은 취업 연계 약정에 따라 해당 산업체나 협력업체에 채용된다.


## 산학협력 교육모델을 구현하는 제도

[표 1]을 보면 산업체의 요구가 대학교육 커리큘럼에 직접 반영되어 운영되는 산학협력 교육모델을 위한 제도의 주요 내용을 요약해 비교하고 있다.

'계약학과'는 산업체의 요구에 따라 대학에 특별 교육과정을 설치해 운영하는 학과다. 산업체의 직원이 아닌 학생이 이 특별과정을 이수하고 해당 산업체에 채용되는 '채용 조건형'과 이미 산업체

**[표 1] 산학협력 교육모델 제도 현황**

| | | 계약학과 | 주문식 교육과정 | 산업체 위탁교육 | 사내대학 |
|---|---|---|---|---|---|
| 의의 | | • 산업체의 요구에 따라 특별 교육과정을 설치·운영하는 학과<br>• 채용 조건형/재교육형 | • 채용 약정 또는 채용 우대를 조건으로 산업체 수요를 접목해 운영하는 교육과정 | • 직장인의 업무 능력 향상과 계속 교육의 기회 확대 | • 기업에서 사원을 대상으로 설립한 대학 |
| 관련 규정 | | • 산업교육진흥 및 산학연협력 촉진에 관한 법률 제8조<br>• 동법 시행령 제8조, 제9조 | • 별도의 법적 근거 없음<br>• 학칙 범위 내에서 자유롭게 운영 | • 고등교육법 제40조<br>• 동법 시행령 제53조의 2 | • 평생교육법 제32조<br>• 동법 시행령 제36조 내지 제47조 |
| 설치 절차 | | • 대학과 산업체 계약 및 학칙 기재 | • 학칙 범위 내에서 산업체와의 협약에 따라 자율적 설치 | • 대학과 산업체 계약 및 학칙 기재 | • 기업체가 교육부장관의 인가를 받아 설치 |
| 역할 | 대학 | • 시설 및 기자재 등 물적자원과 교원 등 인적자원 제공<br>• 교육과정의 개발 및 운영, 학사 관리 | • 시설 및 기자재 등 물적자원과 교원 등 인적자원 제공<br>• 교육과정의 개발 및 운영, 학사 관리 | • 위탁받은 교육 실시 | – |
| | 기업 | • 비용 제공<br>• 채용 조건형은 채용 | • 실습처 제공<br>• 채용 약정 또는 채용 우대 | • 교육을 위탁 | • 시설 및 기자재 등 물적자원과 교원 등 인적자원 확보와 교육과정의 개발 및 운영, 학사 관리 등 모든 역할 전담 |
| 유형 | | • 재교육형<br>• 채용 조건형 | | • 재교육형 (단독 위탁/연합 위탁) | • 재교육형 |
| 학위 종류 | | • 전문학사, 학사, 석사, 박사 | • 전문학사, 학사 | • 전문학사 | • 전문학사, 학사 |
| 비용 | | • 산업체 50% 이상, 학생(재직자) 50% 이하 | • 학생 100% 부담(산업체 경비 부담의 의무 없음) | • 학생 100% 부담 | • 산업체 100% 부담 |

출처: 김진모(2014) 등 참고해 정리

에 근무하는 직원을 대상으로 재교육을 실시하는 '재교육형'이 있다. 대학과 산업체의 계약에 따라 설치하며, 산업체가 비용의 50% 이상을 부담해야 한다.

'주문식 교육과정'은 산업체가 채용을 약정하거나 채용에서의 우대를 조건으로 대학 교육과정에 산업체의 수요를 접목해서 운영하는 교육과정이다. 학칙 범위 내에서 산업체와의 협약에 따라 자율적으로 설치되며, 산업체의 경비 부담 의무는 없다.

'산업체 위탁교육'은 산업체 재직자의 업무 능력 향상과 계속 교육의 기회를 확대할 목적으로 운용된다. 학생들에게는 산업체 근무자가 산업체의 추천을 받아 무시험 서류전형으로 학교에 입학해 정규 교육과정(야간)을 이수해 전문학사학위를 취득할 수 있는 과정으로 이해되고 있다. 대학 지원 시에 산업체 위탁교육 의뢰서 또는 위탁교육 계약서를 제출하며, 대학은 위탁교육의 실시 계획 및 결과를 교육부장관에 보고해야 한다.

'사내대학'은 산업체에서 사원을 대상으로 직접 설립한 대학이다. 입학자격도 해당업체나 협력업체의 종업원으로 한정된다. 종업원 200명 이상인 사업장 내에 설치할 수 있으며 별도의 학교법인은 설립하지 않아도 된다.

교육에 필요한 시설 및 기자재 등 물적자원과 교원 등의 인적자원 확보, 교육과정의 개발 및 운영, 학사관리 등 모든 역할을 해당 산업체가 전담하므로 대학은 별도의 하는 역할이 없다. 엄밀하게 말하면 사내대학은 산학협력 교육모델에 속하기보다는 기업이 스스로 원하는 인력을 직접 양성하는 모델이다.

# 경영학 분야에서 산학협력 교육모델의 활용

[표 1]에 요약한 산학협력 교육모델이 실제 대학교육에서 어떤 방식으로 어떻게 활용되는지 현황을 살펴보겠다. 다른 학문 분야와 비교해 경영학 분야에서 맞춤형 산학협력 교육모델이 어느 정도 활용되는지 살펴보고, 양적으로나 질적으로 충분하게 활성화되지 못했다면 이유는 무엇인지, 그럼에도 불구하고 산업 현장의 요구를 경영학 교육과정에 반영할 수 있는 방법은 무엇인지 시사점을 얻기 위한 목적이다. 학사과정이 없는 산업체 위탁교육을 제외하고 학사 학위가 부여될 수 있는 계약학과와 주문식 교육과정, 사내대학만 들여다볼 것이다. 사내대학은 산학협력 교육모델에 속한다고 보기 어려우나, 산업체가 직접 교육과정을 설계할 때 일반 대학의 교과 과정과는 어떻게 다른지 파악하는 것은 의미가 있을 것이다

## 경영학 분야의 계약학과

[표 2]에 2018년 현재 전국 4년제 대학에 설치된 계약학과를 학문 분야별, 유형별로 분류해놓았다. 전국에 설치된 계약학과 297개 중 공학계열에 설치된 것이 132개로 전체 계약학과의 44%다. 계약학과에 재학 중인 학생 수를 기준으로 보더라도 전체 학생 수 8,424명 중 공학계열 학생 수는 4,815명으로 57%를 차지한다. 297개 계약학과 중 경영학 분야 학과는 48개로 16%며, 학생 수는 941명으로 전체 계약학과 학생 수 8,424명의 11%다. 이 비율은 전국 4년제 대학 재학생 중 경영학과 학생이 차지하는 비율과 크게 다

**[표 2] 전국 4년제 대학 계약학과 계열별/유형별 분류(2018년 현재)**

| | 재교육형 | | 채용 조건형 | | 합계 | |
|---|---|---|---|---|---|---|
| | 학과 수 | 학생 수 | 학과 수 | 학생 수 | 학과 수 | 학생 수 |
| 공학계열 | 123 | 3,909 | 9 | 906 | 132 | 4,815 |
| 예체능계열 | 14 | 260 | | | 14 | 260 |
| 의학계열 | 2 | 8 | | | 2 | 8 |
| 인문사회계열 | 111 | 2,530 | 10 | 305 | 121 | 2,835 |
| (경영학) | (48) | (941) | | | (48) | (941) |
| 자연과학계열 | 26 | 485 | 2 | 21 | 28 | 506 |
| | 276 | 7,192 | 21 | 1,232 | 297 | 8,424 |

출처: 대학알리미 계약학과 설치 현황(http://search.academyinfo.go.kr/itrinity_new/search/search.jsp)
경영학 관련 자료는 인문사회계열로 분류된 항목에서 수작업으로 재분류

르지 않다.[1] 양적으로 보면 경영학 분야에서 계약학과의 활용도가 높지는 않지만 그렇다고 낮은 것도 아니다.

재적학생 기준으로 약 28%를 차지하는 공학계열이 전체 계약학과 학생 수의 57%를 차지하는 점을 고려하면, 공학계열을 제외하면 오히려 활용도가 높다. 다만 실무와 직접 연결될 수 있는 경영학의 학문적 특성과 직장인 재교육 수요가 높은 점을 감안하면 양적으로 그리 높은 활용도를 보이는 것은 아니다. 한편 유형별로는 모든 학문 분야에서 채용조건형의 비중은 높지 않다. 재교육형이 대부분을 차지하는데, 경영학 분야의 계약학과에는 채용 조건형은 없고 모두 재교육형이다.[2]

채용조건형 계약학과로 널리 알려진 사례로 고려대학교 사이버국방학과와 성균관대학교 반도체시스템공학과가 있다. 고려대학교 사이버국방학과는 사이버보안 전문장교 양성을 위해 국방부와

고려대학교가 함께 만든 계약학과다. 4년 전액 장학금과 기숙사 입사 우선권을 준다. 매월 50만 원의 학업 장려금도 지급한다. 졸업 후에는 전원 장교 임관이 보장되며 7년 동안 국군사이버사령부 장교로 복무해야 한다. 연간 모집 인원은 30명이다.

성균관대학교 반도체시스템공학과는 반도체 설계 분야 전문인력 및 차세대 반도체산업 리더의 육성을 위해 삼성전자와 성균관대학교가 공동 운영하는 계약학과다. 기준 성적을 통과하는 경우 재학 중 등록금 전액을 지급한다. 1~2학년 중에는 성적우수자에게 등록금 외에 학업장려금을 지급한다. 최소 채용 절차 통과자에게는 3~4학년 중에 연간 1,000만 원의 학업장려금을 지급하고 삼성전자 입사가 보장된다. 모집 인원은 50명이다.

경영학 분야의 계약학과를 살펴보자. [표 3]은 재학생 수가 30명 이상인 경영학 분야 계약학과의 현황을 나타낸 것이다. 전국 4년제 대학에 설치된 경영학 분야 계약학과 48개 중 재학생이 30명 이상인 학과는 [표 3]에 열거된 9개가 전부다. 나머지 39개는 재학생이 30명 미만이다. 여기서 30명은 한 해의 모집 인원이 아니라 4개 학년에 재학 중인 인원이므로, 30명이 넘는다고 해도 단독으로 학과를 유지하기는 쉽지 않다. 9개 모두 재교육형이다. 금오공과대학교 경영학과와 신한대학교 국방경영학과 등은 편입생 대상이고 나머지 7개는 신입생을 대상으로 한다.

[표 3]에서 특징적인 것은 계약 형태다. 하나의 계약학과와 하나의 산업체가 계약을 맺는 형태를 단독 계약이라 하고, 하나의 계약학과와 다수의 산업체가 계약을 맺는 형태를 공동 계약이라 한다.

**[표 3] 재학생 30명 이상 경영학 분야 계약학과 현황**

| 학교 | 계약학과 명칭 | 재학생 수 | 계약 형태 | 경비 부담 | | | | 산업 체수 | 기타 |
|------|------|------|------|------|------|------|------|------|------|
| | | | | 업체 | 외부 | 대학 | 학생 | | |
| 서울시립대 학교 | 경영학부 | 114 | 단독 | 100 | 0 | 0 | 0 | 1 | IBK기업은행 |
| 한국기술교 육대 | 강소기업경영 학과 | 96 | 3자 | 0 | 100 | 0 | 0 | 38 | 고용노동부 일학습병행제 사업 |
| 숭실대학교 | 혁신경영학과 | 63 | 공동 | 65 | 0 | 0 | 35 | 60 | |
| 신라대학교 | 기업경영학과 | 62 | 공동 | 50 | 0 | 0 | 50 | 29 | |
| 서경대학교 | 물류유통경영 학과 | 41 | 공동 | 50 | 0 | 0 | 50 | 30 | |
| 신라대학교 | 경영학전공 | 41 | 공동 | 50 | 0 | 0 | 50 | 15 | |
| 금오공과대 학교 | 경영학과 | 37 | 단독 | 50 | 0 | 0 | 50 | 1 | 삼성/편입생 |
| 공주대학교 | 융합경영학과 | 34 | 3자 | 0 | 100 | 0 | 0 | 5 | 고용노동부 일학습병행제 사업 |
| 신한대학교 | 국방경영학과 | 30 | 단독 | 50 | 0 | 34 | 16 | 1 | 군인 및 군무원 /편입생 |

출처: 대학알리미 계약학과 설치 현황 및 해당 학교 홈페이지

국가 또는 지방자치단체가 국가 경쟁력 강화, 지역특화산업의 인력 양성 등을 위해 계약학과 운영에 필요한 경비 중 산업체가 부담해야 할 경비를 대신 지원하는 경우를 3자 계약이라 한다.

[표 3]에서 IBK기업은행과 계약을 맺은 1건과 편입생을 대상으로 하는 2건의 단독 계약을 제외하면 나머지 7건은 공동 계약이거나 고용노동부가 지원(일학습병행제 사업)[3]하는 3자 계약이다.

다수의 산업체와 공동 계약 또는 3자 계약을 맺고 계약학과를 운영하는 경우라면 맞춤형 인재 양성이라는 계약학과 제도의 본래 목

적을 달성하는 데는 한계가 있을 수밖에 없다(김진모, 2014). 일반적인 야간학위과정에 직장인이 입학해 다니는 것과 차별성이 크지 않을 수도 있다.

[표 3]에서 재학생 수가 가장 많은 서울시립대학교 경영학부는 서울시립대학교가 IBK기업은행과 함께 2015년에 개설한 학사학위 과정이다. 대학 신입학 자격이 있는 IBK 근무자를 대상으로 매년 30명씩 선발하며, 교과과정은 주중 야간 수업과 토요일 수업으로 진행된다. 회사는 4년 동안 학비를 전액 지원한다. 커리큘럼은 교양 및 전공과목, 계약 기업인 IBK와 관련된 재무 관련 심화과목으로 구성되어 있다. 현재 심화과목으로는 금융기관 및 시장론, 기업재무론, 세무전략, 채권분석론, 금융기관위험관리론, 고급재무특수연구, 실무프로젝트 등이 편성되어 있다. 현재까지는 입학을 위한 IBK의 내부 경쟁도 상당한 것으로 알려져 있다.

그러나 이 경쟁이 앞으로 계속될 수 있을지는 미지수다. 현재까지 입학 수요가 많았던 것은 이명박 정부에서 추진했던 '특성화고·마이스터고 활성화 정책'에 따라 2011년부터 시작된 은행권의 고졸 직원 채용 규모와 관련이 있다.

최근에는 비대면 금융 거래가 활성화되고 블라인드 채용이 확대되면서 고졸 채용 인원이 크게 감소하고 있다. 고졸 직원이 주로 담당하는 창구 직원이 감소하고 있고, 학력을 구분하지 않는 블라인드 채용에 따라 고졸자 대상의 별도 전형이 없어지고 있다.[4] 이러한 상황에서 계속 충분한 입학 수요가 뒷받침될 수 있을지는 지켜봐야 할 것이다.

**[표 4] 4년제 대학 경영학과에서 참여할 수 있는 주문식 교육과정**

| 4년제 대학 주문식 교육과정 계열별 분류 | | | |
|---|---|---|---|
| 계열 | 과정 수 | 참여 학생 수 | 채용 약정 수 |
| 공학계열 | 157 | 8,060 | 868 |
| (경영학과 참여) | (3) | (143) | (0) |
| 예체능계열 | 24 | 849 | 196 |
| 인문사회계열 | 47 | 2,460 | 337 |
| (경영학과 참여) | (14) | (850) | (78) |
| 자연과학계열 | 60 | 2,218 | 330 |
| 총 합계 | 288 | 13,587 | 1,731 |

| 경영학과 학생이 참여 가능한 주문식 교육과정 목록 | | | | | | |
|---|---|---|---|---|---|---|
| 학교 | 계열 | 주문식 교육과정명 | 학점 인정 | 채용 | 참여 학생 | 약정 인원 |
| 강원대학교 | 공학 | Samsung Convergence S/W Course(SCSC) | 인정 | 우대 | 42 | 0 | |
| 대전대학교 | 인문사회 | LG전자 하이프라자 유통경영실무 | 인정 | 우대 | 9 | 0 | ※ |
| 동의대학교 | 인문사회 | 예술경영학전공 | 인정 | 우대 | 413 | 0 | |
| 서원대학교 | 인문사회 | 차량보험 안내 서비스, 합의금 산출 및 지급, 소송 구상 처리 | 인정 | 약정 | 5 | 5 | ※ |
| 서원대학교 | 인문사회 | 물류계획운영관리, 보관운송하역관리, 항공복합특송관리 | 인정 | 약정 | 2 | 2 | ※ |
| 숭실대학교 | 공학 | Samsung Convergence S/W Course(SCSC) | 인정 | 우대 | 36 | 0 | |
| 신라대학교 | 인문사회 | 아웃도어스포츠글로벌마케팅전공 | 인정 | 약정 | 18 | 12 | |
| 영남대학교 | 인문사회 | (주)하이프라자 산학협력 프로그램 | 인정 | 우대 | 42 | 0 | ※ |
| 영남대학교 | 인문사회 | 자동차 부품 원가관리 전문인력 양성 산학협력 프로그램 | 인정 | 약정 | 14 | 10 | ※ |
| 인제대학교 | 인문사회 | 마케팅전략기획 | 인정 | 우대 | 5 | 0 | ※ |
| 전주대학교 | 인문사회 | 식품경영 전문인력 양성 사업 | 미인정 | 약정 | 50 | 25 | ※ |
| 중앙대학교 | 인문사회 | 글로벌물류 산학협력 프로그램 | 인정 | 우대 | 182 | 0 | |
| 충남대학교 | 인문사회 | 지식재산 교과과정 | 미인정 | 우대 | 2 | 0 | |
| 평택대학교 | 인문사회 | 피어선칼리지 스마트물류융복합전공 | 인정 | 약정 | 51 | 20 | |
| 한국외대 | 인문사회 | CJ대한통운 글로벌클래스 G-TRACK 특별 채용 전용 | 미인정 | 우대 | 11 | 0 | |
| 한남대학교 | 인문사회 | 글로컬 IT 서비스 전문인력 | 미인정 | 약정 | 46 | 4 | |
| 홍익대학교 | 공학 | Samsung Convergence S/W Course(SCSC) | 인정 | 우대 | 65 | 0 | |

출처: 대학알리미 주문식 교육과정 설치 현황
하단의 17개 주문식 교육과정은 참여학과에 경영학과가 포함된 것으로 수작업으로 분류

## 경영학과가 참여하는 주문식 교육과정

[표 4]는 4년제 대학 경영학과(회계학 등 포함)에서 참여할 수 있는 주문식 교육과정을 살펴보기 위한 자료다. [표 4] 상단에는 전국에 설치된 주문식 교육과정이 모두 228개이고 참여 학생 수가 1만 3,587명이며, 참여과정 중 채용이 약정된 인원이 1,731명임을 알 수 있다. 채용 약정이 없는 경우는 채용 우대다. 경영학과 학생이 참여 가능한 과정은 공학계열에 설치된 3개와 인문사회계열에 설치된 14개 등 모두 17개다. 17개 과정의 참여 학생 수는 143명과 850명을 합해 994명이다.

주의해야 할 점은 경영학과 학생이 참여 가능한 17개 과정 994명의 학생이 모두 경영학과 학생은 아니라는 사실이다. 강원대학교 공학계열에 개설된 SCSC를 보자. 참여 가능학과로는 경영회계학과를 비롯해 공과대학, 인문대학, 사범대학 등 거의 모든 단과대학에 소속된 58개 학과다. 충남대학교 인문사회계열의 지식재산 교과과정은 경영학부와 동물자원생명과학과 등 2개 학과가 참여할 수 있다. 반면 영남대학교 자동차부품원가관리 전문인력 양성 산학협력 프로그램이나 전주대학교의 식품경영 전문인력 양성 사업처럼 참여 학과가 거의 경영학과 단독인 경우도 있다. 따라서 주문식 교육과정에 실제 참여하는 경영학 분야 학생 수는 994명보다 훨씬 적을 것이다. ※는 경영학 계열 학생들이 단독이나 주요 멤버로 참여할 수 있는 과정을 표시한 것이다.

경영학과 학생이 참여할 수 있는 주문식 교육과정에서 몇 가지 사례를 살펴보자. 여러 대학에 설치된 SCSC 과정은 2014년부터 삼성그룹에서 대학과 연계해 컴퓨터 비전공 학생들이 컴퓨터 융합 과정을 들을 수 있도록 운영한 과정이다. 2018년 신청을 마지막으로 현재는 마감되었다. 학교마다 차이는 있으나 대체로 컴퓨터 관련 교양과목 3과목과 전공과목 7과목을 이수하면 30학점으로 컴퓨터공학 관련 부전공이나 복수전공을 취득할 수 있다. 이수 후 삼성그룹에 지원하는 경우 면접 시에 별도의 가산점을 받는다. 채용 약정이 아니라 우대인 셈이다. 채용이 약정되는 과정은 SST Samsung Software Track라는 별도의 과정이 마련되어 있다. SST 과정은 컴퓨터공학 과정을 이수하는 학생들을 대상으로 시험을 통해 선발한다.

해외 대학에서도 SAS Institute Inc.나 휴렛패커드Hewlett Packard에서 삼성그룹의 SCSC와 유사한 과정을 운용하고 있다. 경영학 계열 학생들이 코딩과 관련한 융합교육을 받을 수 있는 좋은 기회이나 코딩에 적응하고 있는 이공계열 학생과의 학점 경쟁을 부담스러워해 쉽게 지원하지 않는 것으로 알려져 있다.

영남대학교 자동차 부품 원가관리 전문인력 양성 산학협력 프로그램이나 전주대학교의 식품경영 전문인력 양성 사업은 경영학과 학생들이 주로 참여하면서 참여 학생 대비 취업 약정 비율도 상대적으로 높다. 이 중에 전주대학교의 식품경영 전문인력 양성 사업은 전주대학교 경영학부와 전라북도 및 도내 식품 관련 기업들이 협력해 추진하는 산학관 협력 사업이다. 전라북도가 현장중심의 산학 연계 맞춤형 인력양성으로 중소기업의 경쟁력 강화 및 도내 청년들의 취업을 지원하기 위해 선정된 사업단에 사업비를 지원하고 있다. 지역 식품업계에서 취약한 분야가 경영관리, 마케팅, 자금관

[표 5] 사내대학 현황

| 사내대학 | 개교 | 학위 | 학과 | 입학 정원 |
|---|---|---|---|---|
| 삼성전자 공과대학교 | 2005년 3월 | 학사 | 반도체과 | 40 |
| 삼성중공업 공과대학 | 2007년 3월 | 전문학사 | 조선해양과 | 40 |
| SPC 식품과학대학 | 2011년 3월 | 전문학사 | 베이커리과 | 30 |
| 대우조선해양 공과대학 | 2013년 3월 | 전문학사 | 조선해양공학과 | 100 |
| 현대중공업 공과대학 | 2013년 3월 | 전문학사 | 조선해양/기전 공학과 | 60 |
| LH 토지주택대학교 | 2013년 3월 | 학사 | 건설경영/건설 기술과 | 40 |
| KDB 금융대학교 | 2013년 3월 | 학사 | 금융학과 | 120 |
| 포스코 기술대학 | 2014년 3월 | 전문학사 | 철강융합과 | 100 |

리 등 경영 전문인력으로 보고 식품경영 전문인력 양성 사업은 이 부분에 대한 해결 방안을 모색하고 있다. 경영학부 학생들을 모집해 식품경영 중심의 현장교육을 실시하고 4학년 학생들은 학기제 인턴을 통해 현장 체험과 아울러 대학학점도 이수한다. 해당 학과 교수들은 참여 기업에 대해 컨설팅 서비스를 제공하고 산학공동 프로젝트도 수행하고 있다.

### 경영학 분야의 사내대학

[표 5]는 우리나라에 개설된 사내대학의 현황이다. 대부분의 사내대학이 공학 분야의 학과를 개설하고 있으나, KDB 금융대학교는 경영학 분야의 금융학과를 운영하고 있다. KDB 금융대학교는 KDB 금융그룹 내의 6개 금융회사가 2013년 공동 설립해 소속 회사의 직원을 대상으로 4년제 정규 학사학위과정을 운영한다. 금

**[표 6] KDB 금융대학교 교과과정**

|  | 1학기 | 계절학기 | 2학기 |
|---|---|---|---|
| 2학년 | 민상법개론, 마케팅개론, 중급회계1 | 중급회계2, 금융실무법률 | 보험금융실무, 중급재무관리1, 개인금융론 |
| 3학년 | 금융기관과 금융상품론, 기업금융실무, 화폐금융론 | 중급재무관리, 금융리스크관리론 | 투자금융론1, 파생상품실무, 무역금융실무 |
| 4학년 | 개인금융실무, 기업구조조정실무, 연구방법론, 실무영어(교양) | 금융세무, 금융투자론2 | 금융결제실무, 경영전략론 |
| 교양 | 37개 교양과목(프레젠테이션 기법, 글로벌의사소통영어 등)을 방송통신대학교와 한양사이버대학에 위탁교육 | | |

출처: KDB 금융대학교 홈페이지
빨간색은 일반 대학 교과과정과 차별될 수 있는 실무교육 과목으로 판단해 필자가 임의로 분류

융·경제 중심의 학문적 이론과 금융실무를 교육해 금융산업을 이끌 현장맞춤형 전문인력 육성을 목표로 한다.

[표 6]의 교과과정을 보면 설립 목표에 맞게 일반대학 경영학부의 재무나 회계 분야에서 교육하는 과목들과 금융연수원이나 은행 내의 집합연수 과정에서 현직 실무자에게 교육할 수 있는 과목들로 구성되어 있다. 교양과목의 교육은 직접 담당하지 않고 방송통신대학교와 한양사이버대학과 계약을 체결해 위탁하고 있다. 개설된 전공과목 중에서 몇몇 과목은 현장성과 실무 내용이 강해 일반 대학의 교과과정에서는 소화하기 어렵다.

금융 현장에서 활용되는 세무지식을 교육하는 '금융세무'나 전통적인 개인 여수신 상품과 PB Private Banking, WM Wealth Management을 다루는 '개인금융론(실무)', 외화자금의 흐름과 금융결제에 대해 교육하는 '금융결제실무' 등은 특정 영역의 실무적 성격이 강해 일반대학

의 교과과정에서는 가르치기 어렵거나 설사 가르칠 수 있더라도 굳이 학교에서 미리 가르칠 필요가 있을지 의문시될 수도 있다. 그러나 M&A, PE_Private Equity, 벤처캐피탈_Venture Capital_금융, 프로젝트 파이낸스 등을 취급하는 '투자금융론'이나 기업구조조정 개요와 부실기업의 처리 방법(회생절차, 워크아웃) 등을 다루는 '기업구조조정실무' 등의 과목은 비교적 최근에 개발된 이론과 쟁점을 탐구하기도 하고 재무·회계·세무·법률적 지식이 융합되는 과목이므로 일반대학 교육과정에서도 참고할 만하다.

대학이라는 전통 전문교육기관이 존재하는 가운데 소규모로 운영되는 사내대학에서 직원을 직접 교육하고 학위를 주는 것이 과연 타당한가에 대한 문제는 이미 제기된 바 있다. 특히 KDB산업은행의 사내대학은 서울시립대학교에 계약학과를 만들어 유사한 교육을 실시하고 있는 IBK기업은행의 사례와 비교해 타당성을 따져볼 수도 있을 것이다. 한 언론에서는 강만수 전 산은금융지주 회장이 추진했던 KDB산업은행의 민영화가 무산된 이후 KDB 금융대학교가 애물단지로 전락했다고 보도한 바 있다.[5] 민영화를 통해 소매금융에 뛰어든다는 계획 아래 대폭 채용한 고졸 직원들의 직능교육을 위해 사내대학이 필요했으나, 민영화가 물거품이 되면서 소매금융 창구 업무를 담당할 직원의 필요성이 크게 줄었고 고졸 채용 규모도 크게 축소됐기 때문에 사내대학을 유지할 이유가 크게 감소했다는 것이다. 보도에 따르면 KDB산업은행의 고졸 채용 인원은 2012년에 120명으로 사상 최대를 기록했으나 2013년에 20명으로 감소했고 이후 연간 15명을 채용하다가 2017년에는 5명에 불과했다고 한다. 이에 따라 KDB 금융대학교의 입학 정원도 설립 첫해인 2013년에 120명에서 40명으로 대폭 쪼그라들었고 입학 인원도 2013년 78명에서 2016년에는 21명으로 감소했다고 한다.

### 경영학 분야의 산학협력 교육모델 활용 현황의 시사점

앞에서 산업체의 요구를 반영하는 산학협력 교육모델인 계약학과와 주문식 교육과정, 사내대학 제도가 경영학 분야 학과의 교육과정에서 어떻게 활용되는지 살펴보았는데 시사점을 정리해보자.

첫째, 대학의 자체적인 교육적 필요와 함께 대학평가 제도를 통한 정책 당국의 드라이브, 고졸 채용 활성화 정책 등에 따라 사회맞춤형 교육모델의 다양한 적용 사례가 등장했다.

그러나 소수의 사례를 제외하고는 대부분 소규모이거나 시작 단계인 것으로 평가된다. 대학 입장에서는 경제적 효율의 문제가 발생할 수 있겠으나, 정부나 지방자치단체의 직접적인 지원이나 대학평가 제도에 따른 인센티브가 운영에 중요한 역할을 하고 있을 것으로 판단된다.

둘째, 금융과 회계 등 경영학 전공자의 수요가 크고 학부과정 교육의 즉각적인 활용성이 높은 분야에서 먼저 활용되는 측면이 있다. 금융기관의 경우 이미 채용된 고졸 재직자의 학위 취득 욕구와 직원 복지 차원에서의 회사 지원이 중요한 역할을 하고 있다.

또한 자동차부품 원가관리나 식품경영 전문인력과 같이 학부 교육과정의 활용도가 높을 것으로 보이는 분야에서는 지역 기업과의 협력을 통해 주문식 교육과정을 운영하기도 한다.

**[표 7] CJ그룹-특성화 전문대학 인재매칭 협약**

| No | 회사명 | 직무명 | 특성화 전문대학(학과) | 입학 정원 |
|----|--------|--------|----------------------|-----------|
| 1 | CJ제일제당 | 생산직 | 신안산대학교<br>(기계과·전기과·기계설계과) | 280명 |
| 2 | CJ엠디원 | 판촉엠디<br>푸드스타 | 대림대학교(호텔조리과) | 120명 |
| 3 | CJ프레시웨이 | 영양사<br>조리사<br>직거래 경로 마케팅 | 대전과학기술대학교<br>(식품영양과·조리전공)<br>경북전문대학교<br>(식품영양조리과·호텔조리제빵과) | 80명<br><br>55명 |
| 4 | CJ푸드빌 | 외식 관련 전공자<br>베이커리 생산 매니저<br>카페 바리스타<br>운영 매니저 | 한국관광대학교<br>(외식경영과·호텔제과제빵과)<br>신안산대학교(호텔외식산업과) | 160명<br><br>80명 |
| 5 | CJ헬로비전 | 네트워크 엔지니어링<br>시스템 운영<br>시스템 운영지원<br>방송인터넷(기술) 영업 | 부천대학교(정보통신과)<br>대림대학교(정보통신과·디지털전자<br>정보과) | 160명<br>83명 |
| 6 | CJ올리브영 | Sales & 고객 서비스 | 부천대학교(경영과)<br>대림대학교(경영과) | 120명<br>70명 |
| 7 | CJ CGV | 인턴 슈퍼바이저 | 인하공업전문대학(호텔경영과) | 90명 |
| 8 | CJ시스템즈 | 시스템 개발 | 인하공업전문대학(컴퓨터정보과) | 68명 |
| 9 | CJ E&M | 중계기술, 조명, 음향 등<br>OAP<br>UI/UX웹, App 디자인<br>BX(Brand Experience)디자인<br>모바일, 웹 개발 | 동아방송예술대학교(방송기술<br>과·영상제작과·뉴미디어콘텐츠과) | 210명 |
| 10 | CJ오쇼핑 | 방송기술(영상, 음향)<br>방송기술(조명)<br>방송기술(CG)<br>영상 제작(카메라) | 동아방송예술대학교(방송기술<br>과·영상제작과) | 170명 |

| 11 | CJ대한통운 | SCM(운영) Supply Chain Management (공급망 관리) | 인천재능대학교(유통물류과) | 80명 |
|---|---|---|---|---|
| 12 | CJ건설 | 코스 관리 식음 서비스 조리 | 인천재능대학교(호텔관광과) | 105명 |
| 합계 | 12개 회사 | 30개 직무 | 10개 대학 우선 협약 체결 | 1,761명 (중복 제외) |

출처: '기업과 특성화전문대학 인재매칭 사업 시작', 교육부 보도자료(2014. 10. 1)

셋째, 경영학의 학문적 성격과 기업들의 인력 수요 특성상 계약학과나 주문식 교육과정이 전면 활성화되기보다는 틈새 영역에서 보조적으로 교과과정을 보완하는 역할을 할 것이다. 속성상 맞춤성이 강할수록 규모의 경제와는 멀어질 수밖에 없다.

경영학의 학문적인 특성이 제너럴하고, 단일 회사로는 대학에서 경영학의 특정 분야를 맞춤형으로 교육받은 인력의 수요가 그리 크지 않다. 인력 수요가 뒷받침되는 대기업은 해당 분야의 전문자격 등을 가진 우수한 인력의 확보가 용이하고, 그렇지 못한 중소기업은 필요 인력이 소규모다. 따라서 주문식 교육과정은 일정 규모 이상의 수요가 있는 특정 분야의 기능 인력을 양성하는 전문대학의 개설 학과에서 활용도가 더 높을 것이다.

[표 7]은 교육부에서 주문식 교육과정의 도입과 확산을 위해 추진한 'CJ그룹−특성화 전문대학 인재매칭' 업무협약의 내용이다. 해당 직무와 학과를 보면 이러한 관측을 뒷받침한다.

# 경영학 학부 교육에서 산학협력을 위한 제언

앞에서는 학부 교육과정에서의 산학협력이 해외에서도 널리 확산되고 있는 현상임을 언급하고, 현재 우리나라에 제도로서 존재하는 산학협력 교육모델이 경영학 분야에서 활용되는 현황과 시사점을 정리했다.

학부 교육과정에 산업체의 필요를 반영해 교육의 질과 학생들의 취업 가능성을 제고하는 것은 당연한 요청이지만, 특정 교육모델을 일률적으로 적용하는 하나의 해법은 있을 수 없다. 채용 조건형 계약학과로 성공 사례로 평가받는 고려대학교 사이버국방학과와 성균관대학교 반도체시스템공학과의 모델을 경영학과에 그대로 이식할 수도 없는 노릇이기도 하지만, 설사 이식할 수 있더라도 전국의 모든 경영학과를 그렇게 만들 수는 없다. 각 대학에서는 각자의 형편에 따라 전통적인 교육 방법을 충실히 실행하면서 산업체의 요청을 반영하거나 현장성을 강화하기 위한 다양한 방법을 칵테일 요법cocktail approach으로 실천하는 수밖에 없다.

교육 분야에서의 산학협력 사례를 분석한 기존 연구를 종합하면 교육 분야에서의 산학협력의 핵심 영역은 5가지로 요약할 수 있다(Healy et. al., 2014). 첫째, 커리큘럼 설계, 개발 및 실행Curriculum Design, development and delivery. 둘째, 맞춤형 코스의 개발Bespoke course development. 셋째, 인력의 교환 및 이동 프로그램Exchange and mobility programmes. 넷째, 계속 교육 및 평생 학습Continuing Education and Lifelong learning. 다섯째, 앙트프러너십 및 창업교육Entrepreneurship and Entrepreneurial education. 이 5가지 영역

에 '비교과과정 활동extracurricula activities'에서의 협력 항목을 추가해 항목별로 의의와 활동 내용, 고려할 점 등을 정리하면서 경영학 학부 교육과정에 활용할 수 있는 방안을 제시해보려고 한다.

'커리큘럼 설계, 개발, 실행'은 보통 지역 사회의 지원을 받아 산학 협력으로 기존 학위과정을 새 상황에 맞게 조정하거나 새 학위과정을 설계하는 활동을 말한다. 지역 사회는 필요한 영역에 숙련된 인력을 활용할 수 있고, 산업체의 요구에 부합하는 인력으로 양성되면 학생들의 고용 가능성은 증대된다. 산업체는 커리큘럼의 실행에 직접 참여함으로써 잠재적인 고용인력인 학생들과의 접촉 기회를 확대할 수 있다. 커리큘럼의 산학공동 진행 방식은 산업체 직원에 의한 강의와 교육자료의 제공으로부터 산업체의 초대 방문, 산업체의 실제 프로젝트에 학생들을 배치해 함께 작업하는 것까지 다양하다.

주문식 교육과정에서 이와 유사한 적용 사례를 살펴보았다. 그러나 여러 이유로 별도의 주문식 교육과정을 설계하기 어렵다면 대안으로는 현장형 교과목을 개설하거나 현장 실습 과정을 운영해 학점을 인정할 수 있다. 일부 대학에서는 교수와 지역 내 전문가 그룹이 연합해 1개 과목을 공동 강의하기도 하고, 방학 중에 개설되는 현장 실습을 학생들로부터 신청받아 기업실무연수를 지원하고 이를 학점을 인정하고 있다. 현장 실습 과정이 활성화되면 학업과 산업 훈련이 철저하게 통합된 CO-OPCooperative Education 프로그램으로 진화할 수도 있다.

'맞춤형 코스의 개발'은 고급 수준의 도제교육이나 임직원의 숙련도 향상을 위해 특정기업 맞춤형 프로그램을 운영하는 것을 의미한다. 이 과정은 대상 산업체와 해당 종업원에게 적합하도록 탄력적으로 운용될 수 있다. 빠르게 기술이 발전해 기술 진부화가 쉽게 발생하는 분야에 특히 유용하다. 다만 개별 산업체의 고용주나 종업원들의 요구에 맞춤형 해법을 제시해야 하므로 교육과정에서 규모의 경제를 달성하는 데 문제가 발생할 수 있다. 이 영역의 산학협력 활동은 표준적인 학부교육과의 직접적 관련성은 찾아보기 어렵다.

'인력의 교환 및 이동 프로그램'은 대학의 연구인력과 학생들의 산학 간 이동을 촉진하는 것을 말한다. 드물지만 산업체의 인력이 대학으로 들어와 학내 창업 등의 활동을 하기도 한다. 인력 교류를 통해 학생들은 현장에서의 업무 체험으로 고용 가능성이 증대될 수 있으며, 초청한 산업체에 대학의 연구 성과를 이전할 수도 있다. 또한 이러한 인력 교류를 통해 대학의 연구인력은 조직경계관리기능boundary spanning skills을 수행하게 되며 산학의 경계를 허물고 장래의 협력 관계를 더욱 공고히 할 수 있다.

인력 교류가 쉽지 않다면 산업체 경력자를 신임 교수 임용 시에 우대하는 것도 대안일 수 있다. 대학 특성에 따라 적당한 비율로 현장 경험자를 포함하는 등 교수 인력의 다양성을 확보해야 한다. 그러나 현재 대학의 연구실적 중심의 업적평가 제도에서는 산업체 경력자의 신규 임용이나 기존 교수의 인력 교환 프로그램이 성공적으로 작동하기가 쉽지 않다. 그러니 대학에서 수행하는 연구와 교육에 대한 평가의 불균형은 수정되는 것이 바람직하다. 산학 간의 인적 교류 활성화를 위해 교수가 연구년을 활용해 산업체에서 근무할 수 있도록 제도를 개선하는 것도 고려할 수 있다.

'평생 학습'은 학습자 스스로의 동기부여에 의한 계속적이고 자발적인 학습을 의미한다. 학습의 주제와 방법, 학습 기간 등은 매우 다양하다. '계속 교육'은 개인의 직무나 승진 등에 요구될 수 있는 보다 직업적인 훈련을 의미한다. 대학은 새롭게 창출된 교육 수요층의 요구에 부응해 교육 서비스를 제공할 수 있고, 기업은 대학과 긴밀한 관계를 맺고 자신들의 요구에 맞는 학습 기회를 제공받을 수 있다. 대학 입장에서는 이러한 평생교육의 확산이 새로운 기회이기도 하지만 제 살 깎아먹기cannibalizing가 될 수 있다. 특히 MOOCsmassive open online courses 등 고품질의 저렴하고 탄력적인 학습 기회를 쉽게 접할 수 있는 환경이 형성되면서 궁극적으로는 대학의 잠재 고객들이 이탈할 수도 있다.

졸업 후에 하는 계속 교육과 평생 학습은 학부 교육과 직접적인 관련성이 크지 않다. 다만 MOOCs 같은 인프라는 플립러닝 같은 교수법 혁신을 위한 도구로 적절하게 활용될 수 있다.

대학에서 학생들에게 '앙트프러너십 및 창업교육'을 지원하기 위해 활용하는 3가지의 주요 영역은 다음과 같다. 기업가정신을 습득하게 하고, 산업체 배치를 통해 업무 경험을 제공하고, 벤처기업을 만들거나 신사업 기회 활용을 위한 창업을 지원한다. 창업지원에는 공간 제공, 경영 자문, 자금 제공 등이 포함된다. 대학으로서는 이러한 활동을 통해 경제 생태계에 새로운 사업을 편입시키기는 한편 훈련된 인력을 제공하는 역할을 수행할 수 있다. 산업체로서는 기업가정신을 습득하고 현실 세계를 더 잘 이해할 수 있는 인력을 고용할 수 있으며, 실습 활동 과정에서 학생들을 미리 관찰할 기회를 통해 채용의 리스크를 낮출 수 있다.

현재 대학의 커리큘럼에서도 창업교과목이나 이와 유사한 교육 목적을 갖는 융합형 교과목, 캡스톤 디자인 과목 등을 개설하고 있다. 그 밖에 산업체와 공동으로 한국 기업의 경영사례를 개발해 교육에 활용하면 경영학 교육에서 기업가정신을 습득하고 현장성을 강화하는 데 도움이 될 것이다.

교육 분야에서 산학협력에 전형적으로 등장하는 활동 영역의 하나로 비교과과정 활동에서의 협력이 있다. 산업체에서 학생들에게 미래의 취업 기회에 대한 조언을 제공한다거나, 반대로 대학에서 산업체의 종업원에게 기술적인 세미나를 개최하는 것 등이다. 기업 입장에서는 사회적 공헌의 일부로서 이러한 활동을 기획하기도 하는데 특정한 대학과 단독으로 관계를 맺기는 어려운 일일 수 있다.

이러한 점에서 지역특화 산학협력 프로젝트인 '대학생 역량강화 네트워크 BUFF'는 산학이 협력하는 비교과과정 활동의 좋은 본보기가 될 수 있다. 이 프로젝트는 캠코와 BNK부산은행이 공동 운영하고 부산 지역 10개 대학에서 12명씩 120명이 참여한다. 기업의 직원 멘토와 각 대학의 지도교수는 자문단으로 참여해 학생 활동을 지원한다. 지역 학생들은 상호교류하며 금융경제 지식과 인적 역량을 강화하고 참여 기업은 지역인재 양성에 기여한다. 이 프로젝트는 대학과 기업의 '일대일 매칭'의 틀을 깨고 '다대다 매칭'으로 탄력성과 규모의 경제를 확보한 좋은 사례.

마지막으로 개인 경험을 바탕으로 산학협력에 앞서 전통 교육의 중요함을 강조하고자 한다. 필자는 석사과정을 마치고 약 21년 이상 산업체(은행과 자산운용회사, 회계법인)에 근무한 후 대학에 임용되어 현재 7년 차 교수다. 박사학위는 임용 직전 직장 생활과 병행해 취득했다. 장기신용은행에 금융공학팀이 창설되었을 때 현직 교수들이 주된 강의를 담당하는 사내 연수과정을 수강했으며, 자산운용사의 운용본부장으로 근무할 때는 금융연수원이나 KAIST금융전문가 과정에 출강하기도 했다. KAIST대학원 투자론의 16주 강의 중 2~3주 분량을 분담해 강의하고 해당 부문의 기말시험을 출제하기도 했다. 지금 논의하는 주제인 교육 분야에서의 산학협력을 수강생과 강의자로서 모두 경험해본 셈이다. 금융공학팀의 수강생으로서 서강대학교 이정진 교수, 당시 KAIST 이상빈 교수, 한양대학교 장순영 교수 등의 매우 아카데믹한 강의를 받았다. 실무자를 대상으로 주식과 파생상품의 강의를 맡게 되었을 때는 실무 경험을 활용하기도 했지만 기본 강의안은 행동재무학Behavioral Finance 관련 긴 서베이 논문을 요약하거나, 대학(원) 교재에 있는 내용을 엑셀을 활용해 실습이 가능하도록 교안을 만들어 사용했다. 실무가로서의 생활이 끝날 무렵 병행한 박사학위과정과 교수로 생활하면서는, 실무에 있는 동안 대학 커리큘럼의 변화에 거의 무지했던 사실도 알게 되었다. 실무를 하던 사이에 현금흐름할인모형DCF: Discounted Cash Flow Model 대신 회계지표를 이용한 가치평가모델이 확립되어 있었고, 실무에 활용해볼 수 있는 운용전략에 관한 논문들이 풍부해졌다는 것도 뒤에 알게 되었다. 경영학과의 커리큘럼에 세무 과목이 주요하게 포함된 것도 나중에 안 사실이다.

대학에서 가르치는 이론 교육은 중요하다. 최소한의 전문성을 구비하지 않은 학생들의 현장 실습은 단순 아르바이트에서 얻을 수 있는 경험을 얻는 것에 불과할 수 있다. 대학이 산업체의 변화에 둔감한 것도 경계해야 하지만, 산업체도 대학에서의 변화에 무심할 수밖에 없다는 점도 인식해야 한다. 대학 측에서는 최신의 연구내용이나 교과과정의 변화를 산업체에 적극 전달하고자 노력해야 한다.

### 참고문헌

- 교육부, '사회맞춤형 산학협력선도대학(LINC+) 육성사업 기본계획', 2017.
- 교육부 보도자료, '기업과 특성화전문대학 인재매칭 사업 시작', 2014. 10. 1.
- 김덕영, '전문대학 사회맞춤형 교육과정 지원사업 정책연구', 교육직업교육연구소 보고서, 2016.
- 김미란, 〈산·학연계 강화를 위한 대학의 교육과정 개선 방안 연구〉, 한국교육개발원, 2014.
- 김진모, '계약학과 제도 개선 방안 연구', 서울대학교 연구보고서, 2014.
- 대입정보 포탈 어디가(https://adiga.kr)
- 대학알리미(www.academyinfo.go.kr)
- '애물단지된 강만수 前 회장의 'KDB금융대학교', 〈아시아투데이〉, 2016. 9. 29.
- 이기종, 〈지역대학 중심의 산학협력 논리모델 개발 및 파급효과 분석〉, 한국과학기술기획평가원, 2016.
- 이병욱, '국가기간 전략 직종을 중심으로 한 기업대학 활성화 방안 연구', 충남대학교 연구보고서, 2015.
- '전주대학교 경영학부 식품경영 전문인력양성사업', 〈전라일보〉, 2014. 11. 13.
- '캠코·부산은행 대학생 금융역량강화 네트워크 발대식', 〈연합뉴스〉, 2018. 3. 28.
- Healy, A., Perkmann, M., Goddard, J. and Kempton, L, (2014), Measuring the impact of university business cooperation (https://www.eurashe.eu/library/mission-phe/NC0214337ENN_002.pdf)
- kdb금융대학교 (https://kfu.kdb.co.kr)
- Ranga, M., Hoareau, C., Durazzi, N., Etzkowitz, H., Marcucci, P., & Usher, A, (2013), Study on University-business cooperation in the US (http://www.lse.ac.uk/businessAndConsultancy/LSEEnterprise/pdf/UBC-Final-reportMay2013.pdf)

1 교육통계 서비스(https://kess.kedi.re.kr)에 따르면 대학의 재적학생 수는 2,050,619명이다. 대분류(사회 계열)를 거쳐 중분류(경영·경제) 항목에서 소계열 분류상 '경영학과'와 '금융·회계·세무학'으로 분류된 재 적학생은 221,580명으로 전체 재적학생의 10.8%다. 휴학생을 제외한 재학생 수를 기준으로 산출하면 전체 재학생 1,467,125명 중 경영학 분야의 재학생은 154,391명으로 10.5%를 차지한다.

2 동국대학교 경주캠퍼스에 채용 조건형 계약학과(다솔회계학과)가 잠시 있었으나 모집을 하지 않고 있다. 현재는 4학년 학생만 재학하고 있다.

3 독일 및 스위스식 도제, 오스트레일리아·영국 견습제 등 세계적으로 확산하고 있는 일터 기반 학습을 한국 현실에 맞게 설계하고 도입한 제도다. 기업이 청년 취업 희망자를 채용해 이론 및 실무를 병행 제 공해 직무 역량을 습득시키는 일터 기반 학습 시스템을 말한다. (《시사상식사전》, 박문각)

4 〈동아일보〉(2018년 6월 21일)에 따르면, IBK기업은행과 KEB하나은행 등은 특성화고등학교 채용 전형 폐지를 검토하고 있다. http://news.donga.com/Economy/more14/3/all/20180620/90680244/1.

5 이 부분은 〈아시아투데이〉(2016년 9월 26일) 기사와 〈동아일보〉(2018년 6월 21일) 기사를 종합해 인용한 것이다.

# 12

# 다른
# 단과대학과
# 대학본부와의
# 협력

**전규안**

숭실대학교 경영대학

경영대학과 다른 단과대학 간에는 인식 차이가 존재하고, 경영대학은 다른 단과대학과 교류가 적은 것이 일반적이다. 또한 경영대학은 대학 전체를 위해 많은 기여를 하고 있으나 대학본부로부터 충분한 지원과 협력을 받지 못하고 있다. 다른 단과대학과의 문제를 해결하려면 먼저 경영대학이 나서서 다른 단과대학과의 벽을 낮추고 서로 윈윈하는 방안을 모색해야 한다. 이를 위해 다른 단과대학과의 학위과정 공동 운영과 공동 교과목 개발 운영, 비학위과정의 공동 개설 및 운영, 학제 간 연구의 활성화를 위해 노력해야 한다. 대학본부와의 문제를 해결하기 위해 경영대학과 대학본부의 소통을 강화하고, 대학본부와 경영대학이 윈윈하기 위해 단과대학의 자율성 확대와 재정 문제의 협력 강화 등 인프라를 구축하고, 교육과 연구 분야에서도 상호 협력을 강화해야 한다.

## 경영대학은 대학 내 '미운 오리 새끼'인가?

경영대학[1]과 다른 단과대학(또는 다른 학과나 다른 학문)의 관계는 다음과 같은 모습을 보이고 있는 것이 대부분 대학의 현실이다.

경영대학이나 경영학 교육에 대한 다른 단과대학의 이해가 부족하다. 경영대학은 다른 단과대학으로부터 부러움envy 또는 질투의 대상이 되고 있다.[2]

경영대학에 대한 배타적인 시각이 존재하고, 소위 '잘나가는 단과대학(또는 학과 또는 학문)'이라는 비판적 시각도 존재한다.[3] 즉 경영대학과 다른 단과대학 간에는 인식 차이epistemic differences가 있다. 이러한 인식 차이는 대학별 특성, 즉 대학 소재 지역, 별도의 단과대학(예: 경영대) 존재 여부 등을 고려하지 않은 채 경영대학에 대한 막연한 오해가 존재하고 있음을 의미한다.

"경영대학(경영학과)이 대학 전체의 교육이나 재정 등에 기여하는 부분에 상응하는 인정을 다른 단과대학으로부터 받고 있다고 생각하십니까?"라는 물음에 대해 경영학 교수들은 "매우 아니다"(28%)와 "비교적 아니다"(43%)로 응답해 71%의 경영학 교수들이 부정적으로 답했다.

경영대학은 다른 단과대학과 교류가 적으며 한편으로는 고립되어isolated 있다. 따라서 다른 단과대학과의 협력이나 학제 간 연구interdisciplinary research가 부족하다. 경영대학 내에서도 다양한 학문적 성격을 갖는 전공, 즉 인사조직, 마케팅, 재무관리, 생산관리, MIS 등이 존재하므로 경영학 외의 다른 학문 분야와의 협력 필요성이 감소하는 것도 경영대학이 다른 단과대학으로부터 고립되는 하나의 이유가 될 수 있다.

4차 산업혁명 시대에 다른 단과대학 또는 다른 학문과의 융합이 중요함에도 불구하고 경영대학은 다른 단과대학과 융합을 하는 경우가 많지 않은 것이 현실이다.

경영대학과 대학본부의 관계는 다음과 같은 모습을 보이고 있는 경우가 많다.

경영대학이나 경영학 교육에 대한 대학본부의 이해가 부족하다. 경영대학에 대한 대학본부의 시각은 경영대학에 대한 다른 단과대학의 시각과 다르지 않은 것이 일반적인 현상이다.

경영대학은 전과나 복수전공, 부전공, 연계전공, 융합전공 등의 확대, 외국인 학생 등 정원 외 학생 유치, 비非학위과정 운영 등을 통해 대학 전체에 대해 우수한 학생 유치와 재정 문제 등에 많은 기여를 함에도 불구하고 이에 상응하는 평가를 받지 못하고 있다. 최소한 경영대학의 구성원들은 이와 같이 생각하고 있다.

"경영대학(경영학과)이 대학 전체의 교육이나 재정 등에 기여하는 부분에 상응하는 인정을 대학본부로부터 받고 있다고 생각하십니까?"라는 물음에 경영학 교수들은 "매우 아니다"(25%)와 "비교적 아니다"(45%)로 응답해 70%의 경영학 교수들이 부정적인 답변을 보이고 있다. 이는 다른 단과대학으로부터 경영대학이 인정을 받고 있다고 생각하는가에 대한 부정적인 응답 비율 71%와 거의 일치하는 비율이다.

다른 단과대학과 대학본부의 이러한 시각은 대학 내 경영대학의 위상을 안데르센Hans Christian Andersen의 동화에 나오는 '미운 오리 새끼The Ugly Duckling'와 비교하게 만든다. 주변의 다른 '오리'로부터 자신들과 다르게 생겼다는 이유로 괴롭힘을 당하는 미운 오리 새끼는 어쩌면 오늘날 대학 내 경영대학의 모습일지 모른다.

이와 같이 경영대학은 다른 단과대학으로부터 고립되어 있고, 대학 전체에 많은 기여를 하고 있음에도 불구하고(최소한 경영대학의 구성원들은 그렇게 인식하고 있다), 대학본부로부터 충분한 지원과 협력을 받지 못하고 있다.

경영학 교육과 연구의 발전을 위해서는 경영대학 혼자의 힘으로는 어려우며 다른 학문 분야와의 협력과 대학본부와의 협력이 중요하므로 이에 대한 개선 방안을 마련해야 한다. 이는 단순히 경영대학만을 위한 것이 아니라 다른 단과대학과 대학 전체의 발전을 위해서도 필요한 일이다.

따라서 다른 단과대학과의 협력과 대학본부와의 협력으로 나눠 현황 및 문제점, 개선 방안을 알아볼 것이다.

## 다른 단과대학과의 협력

경영대학과 다른 단과대학의 협력을 어렵게 만드는 외부 요인은 다음과 같다. 경영학 교육의 질을 제고하기 위한 목적으로 수행되고 있는 '경영교육인증 기준'이 학제 간 접근을 어렵게 하는 결과를 초래하기도 한다. 즉 '경영교육의 질 향상'을 위한 경영교육인증에 충실하다 보면 다른 학문 분야와의 협력이 소홀해지는 측면이 있다. 연구업적평가에서 평가 대상인 톱 저널의 논문이 주로 경영학 분야에 치중되어 있으므로 학제 간 접근을 어렵게 하고 있다. 특히 이는 Junior faculty의 경우에 다른 단과대학과의 협력이 활성화되지 못하는 이유가 되고 있다. 경영대학에 대한 외부 평가(신문사 등의 외부 평가)는 주로 경영학 분야에 치중되어 있다. 경영학에 치중하는 이러한 외부 평가가 학제 간 접근을 어렵게 하기도 한다.

한편 전과, 복수전공, 부전공, 연계전공, 융합전공 등의 확대는 다른 단과대학 학생의 경영대학 유출이라는 비판적 시각이 존재한다. 전과, 복수전공, 부전공, 연계전공, 융합전공 등의 확대는 학교 전체적으로 우수 학생 유치와 사회가 필요로 하는 우수한 졸업생 배출이라는 긍정적인 성과에도 다른 단과대학으로부터의 부정적인 시각이 존재하는 것이다. 다른 단과대학 학생들이 전과, 복수전공, 부전공, 연계전공, 융합전공 등을 통해 경영대학의 수업을 많이 수강하면 다른 단과대학 수업이 수강생 부족으로 폐강하는 현상이 초래되고 다른 단과대학 교수의 책임 시수 부족 문제가 발생하기도 한다. 이러한 현상이 발생하면 대학 전체를 위한 경영대학의 노력에도 다른 단과대학으로부터 곱지 않은 시선을 받게 된다.

경영대학과 다른 단과대학 간의 협력관계를 제고하기 위한 개선 방안의 기본 방향은 다음과 같다. 다른 단과대학과의 벽을 낮추고 lowering their walls 서로 윈윈하는 방안interdisciplinary collaboration을 모색해야 한다.[4] 이를 위해 경영대학이 다른 단과대학에 먼저 다가가야 한다. 경영대학과 다른 단과대학이 상대방에 대한 이해 부족을 비판하기만 한다면 이 문제는 해결될 수 없다. 경영대학에 대한 다른 단과대학의 비판적 시각을 탓하기에 앞서 경영대학 구성원이 먼저 다른 단과대학에 손을 내밀어야 이 오해가 해결될 것이다. 경영대학을 '부러움 또는 질투의 대상'으로 보는 시각이 존재하는 현재의 분위기에서는 경영대학이 다른 단과대학에 먼저 다가가야 한다.

"경영대학(경영학과)과 다른 단과대학의 협력에 가장 장애가 되는 요인은 무엇이라고 생각하십니까?"라는 물음에 대해 경영학 교수들은 "경영대학의 노력 부족"(43%)과 "경영대학에 대한 다른 단과대학의 편견 또는 오해"(40%), "경영학 관련 학술지 위주의 업적평가"(11%) 순으로 응답해 경영대학의 노력이 가장 우선시되어야 함을 지적하고 있다.

경영대학과 다른 단과대학은 경쟁 상대 또는 부러움의 대상이 아니라 상호협력과 공생 관계라는 인식을 확대하기 위해 노력해야 한다. 이러한 인식이 확대되어야 경영대학과 다른 단과대학 간의 협력을 할 수 있을 것이다. 다른 단과대학과의 협력을 통해 경영대학 졸업생의 취업률을 제고해야 한다. 최근에 경영대학 졸업생의 취업률이 과거보다 하락하는데 이를 해결하기 위한 방안으로 다른 단과

**[표 1] 경영대학과 다른 단과대학의 협력 방안: 교육 분야**

| 구분 | 사례 |
|---|---|
| 다른 단과대학(다른 학과)과의 학위과정 공동 운영 | 다른 단과대학(다른 학과)과의 복수학위, 복수전공, 부전공, 연계전공, 융합전공 등의 활성화<br>예) 금융연계전공(경영학과+통계학과) |
| 공동 교과목 개발 운영: 각 단과대학에서 전공과목으로 인정 | 예) 인문대학과의 협력: 인문학적 소양을 갖춘 경영인 양성 목적. '중국경영론', '일본경영론' 등의 공동 개설과 운영<br>예) 공과대학과의 협력: 4차 산업혁명 시대에 공학적 지식을 갖춘 경영인 양성 목적. '경영학+공학' 교육, 경영대학에서 공학교과목(예: 코딩 교과목 등)의 필수화. Techno MBA 등<br>예) 예술대학과의 협력: '문화경영론'<br>예) 의과대학과의 협력: '의료경영론' |
| 비학위과정 공동 개설 및 운영 | 예) 경영대학+인문대학: '인문학이 흐르는 경영'<br>예) 경영대학+공과대학: '4차 산업혁명과 경영'<br>예) 경영대학+행정학과: '사회적 가치와 경영'<br>예) 신시내티대학교 경영대학과 공과대학의 MOOC 공동 개설('the Innovation and Design Thinking MOOC') |
| 전임교원의 복수학과 소속 제도를 통한 협력 | 예) '경영대학'과 '인문대학' 소속의 '복수학과 소속 교원'이 두 단과대학 교과목을 공동 운영 |

대학과의 협력을 통해 융합형 인재를 배출하고, 4차 산업혁명 시대에 부응하는 인재를 양성하는 방안을 모색해야 한다.

경영대학과 다른 단과대학 간의 협력 관계 강화 방안을 교육과 연구, 개선 방안 추진 시 고려사항 등으로 나눠 살펴보자.

[표 1]처럼 경영대학과 다른 단과대학의 협력 방안 중 교육 분야는 다른 단과대학(다른 학과)과의 학위과정 공동 운영과 공동 교과목 개발 운영, 비학위과정 공동 개설 및 운영, 전임교원의 복수학과 소속 제도_joint departmental appointments_를 통한 협력 등으로 나눌 수 있다.

다른 단과대학(또는 다른 학과)과 학위과정을 공동으로 운영해 다른 단과대학(또는 다른 학과)과의 복수학위dual degrees, 복수전공, 부전공, 연계전공, 융합전공 등을 활성화해야 한다. 이는 다른 단과대학 학생의 경영대학 유출이라는 비판을 받을 수도 있으나, 경영대학 학생들이 공과대학이나 인문대학, 사회대학 등 다른 단과대학이나 다른 학과의 복수학위, 복수전공, 부전공, 연계전공, 융합전공 등을 활발히 한다면 그러한 비판을 피할 수 있을 것이다.

"경영대학(경영학과)이 다른 단과대학 학생들에게 제공하는 복수전공, 부전공, 연계전공, 융합전공 등이 앞으로 더욱 확대되어야 한다고 생각하십니까?"라는 물음에 경영학 교수들은 "매우 그렇다"(47%)와 "비교적 그렇다"(43%)로 응답해 대다수인 90%의 경영학 교수들이 복수전공, 부전공, 연계전공, 융합전공 등이 앞으로 더 확대되어야 한다고 생각하고 있는 것으로 나타났다.

다른 단과대학과 공동으로 교과목을 개발해 각 단과대학에서 전공과목으로 인정하는 방안을 도입할 수 있다. 인문대학과의 협력을 통해 '인문학적 소양을 갖춘 경영인 양성'을 목적으로 '중국경영론', '일본경영론' 등을 공동 개발해 운영할 수 있다. 또한 공과대학과의 협력을 통해 '4차 산업혁명 시대에 공학적 지식을 갖춘 경영인 양성'을 목적으로 교과목을 공동 개발해 운영할 수 있다. 이 방안은 다른 단과대학 학생의 경영대학 유출 없이 도입할 수 있는 방안이다.

다른 단과대학과 비학위과정을 공동 개설해 운영하는 방안을 생각해볼 수 있다. 인문대학과 공동으로 '인문학이 흐르는 경영' 과정을 운영할 수 있고, 공과대학과 공동으로 '4차 산업혁명과 경영' 과정을 운영하고, 행정학과와 공동으로 '사회적 가치와 경영' 과정을 운영할 수 있다. 참고로 신시내티대학은 경영대학과 공과대학이 공동으로 MOOC를 개설하고 있다. 다른 단과대학과 비학위과정을 공동 개설해 운영하고, 그로 인한 재정적인 결과를 다른 단과대학과 공유한다면 경영대학과 다른 단과대학 모두에게 도움을 줄 것이다.

전임교원의 복수학과 소속 제도를 통한 협력 방안을 마련할 수 있다. 경영대학과 인문대학에 공동으로 속하는 '복수학과 소속 교원'을 채용해 두 단과대학 교과목을 공동 운영하는 방안을 도입할 수 있다. 한 전임교원이 두 단과대학(또는 학과)에 공동 소속되어 두 단과대학(또는 학과)의 교과목을 공동 운영한다면 경영대학과 다른 단과대학의 협력 관계가 더욱 강화될 것이다.

경영대학과 다른 단과대학 간의 협력 관계 강화 방안 중 연구 분야는 학제 간 연구 활성화 도모 방안과 연구업적평가 시 학제 간 연구를 고려한 평가, 경영대학에 대한 외부 평가 시 학제 간 연구를 고려한 평가, 융합 연구의 활성화 등을 들 수 있다. 연구업적평가 시 학제 간 연구의 경우에 가산점을 부여하는 방안과 융합 연구 활성화를 위해 융합 연구에 대한 교내 연구비 지급은 융합 연구 활성화를 위한 대표 방안이다.

경영대학과 다른 단과대학 간 협력 관계를 강화하려면 경영대학장(또는 경영학과장)과 senior faculty의 역할이 중요하다. junior faculty는 재임용과 승진 등을 위한 연구업적 문제로 여력이 없고, 다른 단과대학의 교수들에 대해서도 잘 알지 못하므로 senior faculty가 경영대학과 다른 단과대학의 협력 강화를 위한 가교 역할을 수행해야 한다.

## 대학본부와의 협력 방안

경영대학과 대학본부와의 관계에 대한 현황은 다음과 같다. 먼저 경영대학 또는 경영학 교육에 대한 대학본부의 이해 부족에 대해 알아보자. 경영대학은 복수전공, 부전공, 연계전공, 융합전공 등을 통해 대학 전체 교육 중 상당 부분을 담당하고 있으나, 이에 대한 대학본부의 이해는 부족하다. 최소한 경영대학의 구성원들은 대학본부의 이해가 부족하다고 생각하고 있다.

경영대학은 대학의 재정 측면에서 많은 기여를 하고 있음에도 불구하고 이에 대해 충분한 인정을 받지 못하고 있고, 대학본부로부터 충분한 재정지원을 받지도 못하고 있다고 생각하고 있다. 그러나 대학본부는 이에 대한 생각이 다른 경우가 많아서 이 부분에 대해 경영대학과 대학본부 간에 시각 차가 크다.

"경영대학(경영학과)이 경영전문대학원 또는 경영대학원, 비학위과정 등을 운영하면서 대학본부로부터 충분한 예산 지원 또는 예산 운영의 자율성을 인정받고 있다고 생각하십니까?"라는 물음에 경영학 교수들은 "매우 아니다"(34%)와 "비교적 아니다"(43%)로 응답해 77%의 경영학 교수들이 부정적인 답변을 하고 있다.

교육과 관련된 문제점을 알아보자. 새로운 교과목 개설과 폐지 시 애로사항이 많다. 개설 가능 교과목 수의 제한으로 인한 교과목 신설이 어렵고, 교과목을 신설하고 나면 폐지하기가 어렵다. 신설 교과목은 4년 유지 의무 등을 부여하는 대학이 존재한다. 특히 창업 관련 과목 등은 상대평가가 어렵고 시험을 통한 성적평가가 어려움에도 불구하고, 학교 규정에 의해 시험을 보거나 상대평가를 해야 하는 문제가 있다. 이 문제는 경영대학만의 문제는 아니며 다른 단과대학도 동일하게 겪는 문제다. 그러나 학문의 성격상 새로운 교과목을 지속적으로 개발하고, 교과목 폐지가 많이 발생할 수 있는 경영대학의 경우에 더 심각한 문제가 된다.

공동 강의 교과목 개발 시 문제점이 존재한다. 공동 강의 시 책임 시수를 인정하지 않고 강사료를 지급하는 대학이 존재하고, 초빙강사의 수와 강사료 지급에 제한을 두고 있는 대학들이 존재한다. 국내 경영교육인증, AACSB, 유럽경영교육인증EQUIS 등 외부 인증 준비 시 대학본부로부터 충분한 예산과 인적 지원 및 행정 지원을 받지 못하고 있다. 경영학 학문의 특성상 연구년 기간 동안 기업체에 근무하면서 기업실무에 대한 이해의 폭을 넓혀 향후 강의와 연구에 도움을 받을 수 있음에도 불구하고, 연구년 기간 동안 외부 기업체에서 근무하는 것이 금지되는 경우가 많다. 이 역시 모든 학문 분야의 교수들에게 해당되는 사항이지만 학문의 성격상 경영대학이나 공과대학 같은 응용학문의 경우에 많이 발생하는 문제점이다. 또한 대학교수의 창업을 연구업적으로 인정하지 않은 대학들이 대부분이다. 응용학문을 연구하는 교수들은 연구 결과를 창업으로 확대하는 경우들이 있는데, 대학교수의 창업이 연구업적으로 인정되지 않아 창업을 하는 교수들이 어려움을 겪기도 한다.

경영대학은 학문 특성상 산학협력 중점교원을 임용하는 경우가 많다. 산학협력 중점교원 임용 시 임용 대상자를 '10년 이상의 경력자'로 한정하고 있다. 따라서 산학협력 중점교원으로서 임원만 임용할 수 있고, 실무 전문가는 임용할 수 없는 문제가 있다. 이는 교육부의 '산학협력 중점교수 인정기준'(2012년 6월)에 근거한 것으로 이를 해결하려면 교육부 규정을 개정해야 한다.

경영대학과 대학본부와의 협력 강화를 위한 개선 방안의 기본 방향은 다음과 같다. 경영대학은 대학 전체에 기여하는 부분에 상응하는 대가를 대학본부로부터 받고, 대학본부는 이를 통해 우수 학생 유치와 재정 문제해결 등에 도움을 받음으로써 경영대학과 대학본부가 서로 윈윈하는 방안을 모색해야 한다. 경영대학과 대학본부는 공동 운명체로서 현재 대학이 처해 있는 문제를 함께 해결할 수 있는 동반자라는 인식 아래 개선 방안을 모색해야 한다. 대학본부는 다른 단과대학과 다른 경영대학의 특성을 인정하고 경영대학을 '미운 오리 새끼'가 아니라 '백조'가 될 수 있는 존재로 인식하고, 경영대학이 '백조'가 될 수 있도록 상호 협력해야 한다.

[그림 1]에서는 경영대학과 대학본부의 협력 방안으로서 경영대학과 대학본부의 소통 강화와 대학본부와 경영대학이 윈윈하기 위한 인프라 구축 방안을 제시하고 있다. 또한 구체적인 실행 방안으로서 교육, 연구, 기타 협력 방안 등으로 나누어 제시하고 있다.

경영대학 교수와 대학본부의 주기적인 소통 기회를 마련하고 대학본부 보직과 각종 위원회에 경영대학 교수의 적극적인 참여와 봉사 확대를 통해 경영대학과 대학본부의 소통을 강화해야 한다. 많은 문제가 이해 부족과 오해에서 출발한다. 따라서 경영대학과 대학본부가 상호 협력하려면 소통 강화를 통해 상호 이해의 폭을 넓히는 것을 우선시해야 한다.

**[그림 1] 경영대학과 대학본부의 협력 방안**

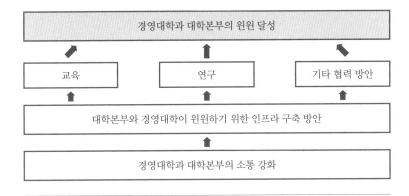

대학본부와 경영대학이 원원하기 위한 인프라 구축 방안, 즉 제도 개선 방안을 알아보자. 단과대학 운영의 독립성(또는 자율성) 확대를 통한 대학본부와 경영대학의 원원 전략을 추구해야 한다. 대학마다 처한 환경이 다르지만, 대학본부가 중앙집권적으로 대학의 모든 일을 주관하던 시대는 지났다. 단과대학의 자율성 확대를 통해 분권화를 도모하고 이를 통해 성과를 극대화하고 대학본부는 이를 지원하는 시스템으로 변경되어야 한다.

경영대학에 대해 독립채산제를 실시하는 방안을 추진해야 한다. 단과대학의 자율성을 확대하고 단과대학 또는 학과에 대한 독립채산제를 시행해야 한다. 이를 통해 수익사업이 확대되고 외부 연구비 수주가 증가하고 발전기금이 증가하도록 해야 한다. 단과대학이나 학과에 대한 독립채산제는 학문의 성격이나 처한 환경에 따라 불가능할 수 있으므로, 시행할 수 있는 단과대학이나 학과부터 시행하는 방안을 검토해봐야 한다. 경영대학이나 공과대학부터 독립채산제를 실시하는 방안을 생각해볼 수 있다. 학과 단위와 단과대학 단위의 교육원가를 계산하고, 교육원가 계산 결과를 대학 전체의 자원을 배분하는 데 활용해야 한다. 대학을 교육원가에 따라서만 운영할 수는 없으나 교육원가의 계산은 대학 내 의사결정을 위한 좋은 정보가 될 것이다. 학과와 단과대학의 교육원가를 계산해 대학 내 제한된 자원을 효율적으로 배분하는 데 활용해야 한다.

경영대학과 대학본부 간 재정 문제에서의 협력을 강화해야 한다. 각 단과대학이 자체적으로 추진한 사업의 경우 단과대학과 대학본부의 수익분배비율 방법에는 일괄lump-sum로 배분하는 방법과 대학본부가 관할하는 방법 등을 생각해볼 수 있다. 단과대학의 자율성 확대를 위해 간접비를 제외한 예산을 일괄로 경영대학에 배분하고, 그 배분 범위 안에서 경영대학이 자율성을 갖고 예산을 집행하도록 하는 것이 바람직하다. 대학본부는 일괄로 배분된 예산 집행의 적정성을 확인하고 도와주는 역할을 수행해야 한다. 경영대학이 예산 집행에서 자율권을 확보할수록 경영대학의 대내외 활동이 증진되어 대학 전체 예산에도 도움을 줄 수 있을 것이다.

강사료 체계를 개선하고 강사료 설정에서 경영대학에게 자율성을 부여해야 한다. 일괄로 배분된 예산 내에서 경영대학의 예산 집행권의 자율성을 보장하고 초빙강사에 대한 강사료를 편성하는 데도 자율성을 확대해야 한다. 이 부분은 경영대학의 자율성 확대와 관련된 문제로 강사료 체계에서도 대학 전체의 큰 틀에서 벗어나지 않는다면 경영대학의 자율성을 확대해야 한다.

경영대학과 대학본부의 협력 강화 방안 중 교육 분야를 알아보

자. 정규 학위과정(학부과정, 일반대학원, 경영전문대학원, 경영대학원 등) 운영 시 협력을 강화해야 한다. 구체적으로는 복수전공, 부전공, 연계전공, 융합전공 등의 운영 시 협력을 강화해야 한다. 특히 교과목 개설이나 대형 강의 개설 시 협력이 중요하다.

"경영대학(경영학과) 입장에서 대학본부에 가장 바라는 것은 무엇입니까?(택 1)"라는 물음에 경영학 교수들은 "학위과정(경영전문대학원, 특수대학원, 계약학과 등) 운영 시 자율성 확대"(53%)가 가장 중요하다고 생각하고 있으며, 그다음으로 "재정 운영의 자율성 확대(예: 독립채산제 실시)"(34%)를 중요하게 생각하는 것으로 나타났다.

계약학과, 재직자 특별전형(선취업 후진학 학과 등), 외국인 학생 유치와 교육 등 비학위과정 운영 시 협력을 강화해야 한다. 특히 비학위과정은 대학의 재정 문제와 직접 관련된 것이므로 비학위과정의 운영 시 경영대학과 대학본부의 협력은 매우 중요하다.

교과목 운영 시 협력이 중요하다. 교과목 개설 시 창업 관련 교과목 등 새로운 교과목 개설의 자율성을 부여하고, 교과목 폐지 시에도 자율성을 부여해야 한다. 또한 학생들에 대한 평가는 교과목 성격에 따라 절대평가할 수 있도록 해야 한다. 예를 들어 A대학은 학생들의 학업성취도 평가를 상대평가에서 절대평가로 전환하기도 했다. 또한 시험 대신 발표 등으로 평가할 수 있도록 해야 한다. 책임 시간 인정 문제와 관련해 공동 강의 교과목은 일정한 범위 내에서 책임 시수를 인정하고 초빙강사 수에 대한 제한을 완화하고 적절한 강사료를 지급해야 한다. 이러한 교과과정 운영상의 문제는 경영대학만의 문제는 아니다. 모든 단과대학이 안고 있는 문제이지만 시대 변화에 따라 다양한 교과과정을 시도하고 개선을 도모하는 경영대학에게 더 중요한 문제다.

경영교육인증과 관련해 협력을 강화해야 한다. 국내 경영교육인증, AACSB, EQUIS 등 외부 인증 관련 대학본부와의 협력을 강화하고 인증 관련 예산, 교수 채용, 교과목 개설, 시설 등에서의 협력을 강화해야 한다.

경영대학과 대학본부의 협력 강화 방안 중 연구 분야를 알아보자. 교수 연구년 제도를 개선해야 한다. 교수가 연구년 중 기업체에서 근무할 수 있도록 규정을 변경해야 한다. 특히 응용과학applied science 분야에서는 교수가 연구년 중에 기업체에서 근무할 수 있도록 규정을 변경해야 한다. 교수 창업을 장려하는 방안도 마련해야 한다. 창업지원단 등 본부 유관기관과의 협력을 강화하고, 교수 창업 실적을 일정한 범위 내에서 연구 업적으로 인정하는 방안을 고려해야 한다. 이를 통해 교수의 창업을 장려하고 이를 학생들의 취업 및 학교 재정과 연결시켜 진행할 필요가 있다.

경영대학과 대학본부의 협력 강화 방안 중 기타 협력 방안을 알아보자. 먼저 교수 구성을 다양화해야 한다. 산학협력 중점교원의 임용 활성화를 위해 '10년 이상 경력자'로 한정하는 교육부 규정(산학협력 중점교수 인정 기준)을 개정하고 실무 전문가 채용을 위해 대학본부와 협력해야 한다.

경영대학 교수들이 학교 운영에 적극 참여해야 한다. 경영대학 교수들이 기업경영에 대한 컨설팅에는 적극 참여함에도 불구하고 대학운영의 컨설팅에는 적극 참여하지 않는 현상이 대학 내 존재한다. 교수들이 대학 운영 컨설팅에도 적극 참여하고 본부 기금관리 등에도 적극 참여해 학교 운영 개선을 하는 데 노력해야 한다.

## 협력과 융합으로 윈윈하는 경영대학

경영대학과 다른 단과대학이 서로 협력하지 않고 고립되는 것과 경영대학과 대학본부의 협력이 부족한 것은 경영대학에만 영향을 끼치는 것이 아니라 다른 단과대학과 대학 전체에 부정적 영향을 끼치게 된다. 경영대학과 다른 단과대학 및 대학 전체가 윈윈하기 위해 서로 협력해야 한다. 4차 산업혁명 시대에 협력과 융합은 필수적이다. 경영대학과 다른 단과대학 및 대학본부가 서로 이해하려고 노력하고 서로를 위해 조금씩 양보하고 협력한다면 현재 대학이 직면하고 있는 여러 문제도 상당 부분 해결될 수 있을 것이다.

### 참고문헌

- AACSB International. (2006), "Business and Business Schools: A Partnership for the Future". Report of the AACSB International Alliance for Management Education Task Force."
- Currie, G., J. Davies, and E. Ferlie (2016), "A Call for University-Based Business Schools to "Lower Their Walls:" Collaborating With Other Academic Departments in Pursuit of Social Value. Academy of Management Learning & Education. Vol. 15, No. 4: 742-755.
- Davis, E. (2016), "The Boundaryless Business School: Innovations in Cross-disciplinary Education," AACSB Blog.

1  경영학 관련 학과는 다양한 단과대학과 학과명으로 존재하고 있다. 단과대학으로는 경영대학 또는 경상대학 또는 상경대학 등으로 존재한다. 학과명으로는 경영학과, 경영학부, 회계학과, 금융학부, 회계세무학과 등 다양한 명칭이 존재한다. 따라서 여기에서는 이를 통틀어 '경영대학(business school)'으로 칭하기로 한다.

2  Currie et al. (2016) 참조.

3  경영대학에 대한 비판적 시각은 "시대를 잘 만나서 학생들의 취업률 걱정 없는 대학", "프로젝트나 외부 강의, 사외이사 등으로 많은 경제적 이익을 누리는 교수" 등으로 보는 것이 대표 예다.

4  Currie et al. (2016) 참조.

# 지역 경영학의 발전, 전남대학교 사례

**전성일**

전남대학교 경영대학

전남대학교 경영전문대학원 MBA는 한국형 MBA 육성 계획에 의해 교육부 인가를 받은 국내 13개 경영전문대학원 중 유일한 지방 소재 국립 대학원이다. 2007년 3월 개원한 이후 성장을 거듭한 전남대학교 MBA는 2012년 AACSB로부터 경영교육 국제인증을 획득하고, 2018년도에 재인증을 받았다. 2014년에는 KOICA 주관 지역공동체개발지도자 양성과정에 선정되어 2017년도까지 운영했다. 2014년에는 한국전력공사와 MBA 과정 운영 업무협약을 체결하고 나서 2015년 8월부터 사우스캐롤라이나대학 달라무어비즈니스스쿨과 복수학위 프로그램인 KEPCO MBA를 운영하고 있다. 그리고 전 과정을 영어로 진행하는 G-MBA, 교육 수요자의 요구를 반영한 한국형 K-MBA를 개발하고 운영하고 있다.

## 지역대학의 현황과 문제점

광주·전남 지역의 인구는 20년 동안 25만 7,000명이 감소되어 2017년 기준 약 400만 명 정도다. 동일한 기간 동안 다른 지방도시인 대구광역시와 경상북도 인구는 7만 7,000명 감소한 점을 감안할 때 상당한 규모의 인구가 감소되었다.

[표 1]을 통해 광주·전남 지역의 인구 유출 추이를 살펴보면 광주·전남 지역은 인구가 지속적으로 유출되고 있다. 지속적인 유출의 원인은 이 지역에 좋은 일자리가 부족함을 의미한다.

광주·전남 지역의 인구 감소로 인해 지역 내에서 대학교로 진학할 수 있는 고등학교 졸업생 수가 지속적으로 감소하고 있다.

[표 2]를 보면 광주·전남 지역의 고등학생 졸업생 수의 합은 2011년 3만 1,000여 명에서 2017년 2만 9,000여 명으로 지속적으로 감소되고 있다.

광주·전남 지역의 대표 지역 기업으로는 기아자동차, 금호타이

**[표 1] 광주·전남 인구 순유출 추이(1980~2015)**

(단위: 1,000명)

| 구분 | 1980~1990 | 1991~2000 | 2001~2010 | 2011~2015 |
|------|-----------|-----------|-----------|-----------|
| 광주 | 104 | 85 | −16 | −15 |
| 전남 | −852 | −400 | −243 | −9 |
| 합계 | −749 | −315 | −259 | −25 |

**[표 2] 광주·전남 고등학생 졸업생 수 현황(2011~2017)**

(단위: 명)

| 구분 | 2011년 | 2012년 | 2013년 | 2014년 | 2015년 | 2016년 | 2017년 |
|------|--------|--------|--------|--------|--------|--------|--------|
| 광주 | 15,475 | 15,670 | 16,240 | 16,995 | 16,632 | 16,922 | 16,213 |
| 전남 | 16,301 | 15,058 | 14,350 | 14,648 | 14,151 | 13,825 | 13,570 |
| 합계 | 31,776 | 30,728 | 30,590 | 31,643 | 30,783 | 30,747 | 29,783 |

어, 대유위니아, 파루, 행남, 생활건강 등 유가증권 상장사 15곳과 코스닥 상장사 13곳이 있다. 그러나 지역경제를 이끌어온 대표 기업인 현대삼호중공업과 금호타이어가 글로벌 불황과 함께 대내외 경영환경 변화로 어려움을 겪고 있어 취업의 기회가 점차 줄어들고 있다.

경영학부 졸업생들 중 경영학 전공을 살려 일반 기업(36%)이나 금융기관(16%)에 취업하는 학생들은 전체 52% 정도다. 이 중 행정기관(공무원)이나 다른 전공 분야로 취업하는 비율이 높다. 이는 대규모 산업체의 부재와 함께 안정적인 직장을 찾는 사회 현상으로 많은 학생이 공무원 시험이나 다른 전공 분야로 취업을 하고 있다. 그러나 최근에 광주·전남 혁신도시 조성으로 인해 많은 공공기관이 이전했

**[그림 1] 경영학부 취업 기업 현황(2013~2015)**

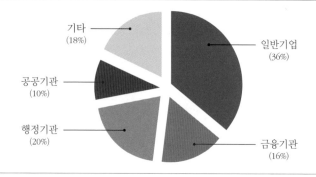

으며 이 공공기관들로부터 질 좋은 일자리 창출이 기대되고 있다.

광주·전남 지역에서 우수한 중소기업이 존재함에도 불구하고 지역인재를 채용하는 사례가 다소 낮다. 이는 지역산업체에서 원하는 맞춤형 인재가 부족한 원인일 수 있다. 이를 위해 산학협력의 대학체제를 개편하고, 지역 기업 밀착형 교육과정 운영을 통해 지역 산업인력의 양성을 도모해야 할 것이다.

[표 3]은 2012년부터 2018년까지 전남대학교 경영학부의 수시모집과 정시모집의 경쟁률을 나타내고 있다. 전남대학교는 거점 국립대학임에도 불구하고 우수한 지역인재들은 지역대학보다 교육 및 취업 환경이 우수한 수도권 대학으로 진학을 많이 하고 있다.

최근 들어 수시와 정시모집 경쟁률이 모두 하락하고 있으며, 이처럼 지역의 고등학교 졸업 수의 감소와 더불어 우수한 인재들의 다른 지역 진학으로 인해 경영학부의 경쟁력은 약화되고 있음을 알 수 있다. 다행히도 혁신도시의 공공기관 이전에 따라 신입사원의 30% 이상을 지역인재로 선발해야 한다는 기대감으로 입학에 대한

[표 3] 전남대학교 경영학부 수시 및 정시모집 경쟁률 현황(2012~2018)

| 구분 | 2012년 | 2013년 | 2014년 | 2015년 | 2016년 | 2017년 | 2018년 |
|---|---|---|---|---|---|---|---|
| 수시모집 | 6.40 | 3.90 | 3.80 | 4.01 | 4.09 | 4.60 | 4.05 |
| 정시모집 | 4.10 | 3.70 | 3.00 | 3.75 | 3.27 | 2.58 | 2.17 |

동기부여가 높아지고 있다.

정부는 지방대학 및 지역균형인재 육성에 관한 법률에 의거해 지방대학의 모집 정원 중 일정 비율 이상을 해당 지역 학생으로 선발하도록 하고 있다. 광주·전남 공동혁신도시로 이전한 공공기관은 인력 채용 시 30%를 해당 지역대학 출신을 우선 선발하도록 법제화가 추진되어 공공기관 취업을 희망하는 학생들에게 큰 관심을 끌고 있다.

정부에서는 지역별 인재를 고르게 채용하자는 취지로 2005년부터 지역인재 7급 제도를 실행하고 있다. 이 제도로 우수한 지방대학 학생들에게 공직으로의 취업 기회가 높아지고 있으며, 앞으로도 이 제도로 인해 지역인재들의 합격 기회가 높아질 것으로 기대된다.

현재 광주·전남 혁신도시에는 16개 공공기관들이 이주를 완료했다. [표 4]는 혁신도시 이전으로 인해 지역인재들의 채용 현황을 나타내고 있다.

공공기관 취업 현황은 2014년에는 198명, 2015년에는 302명, 2016년에는 264명, 2017년에는 397명이 채용되었다. 광주·전남 혁신도시의 지역인재 채용은 2016년 11.4%, 2017년 16.2%에 불과하므로 목표치인 30%를 달성하려면 앞으로 더 많은 지역인재들을 채용해야 할 것이다.

**[표 4] 혁신도시 지역인재 채용 현황**

| 구분 | 2014년 | 2015년 | 2016년 | 2017년 |
|---|---|---|---|---|
| 전체 | 827명 | 1,069명 | 1,334명 | 1,463명 |
| 광주·전남 | 198명 | 302명 | 264명 | 397명 |
| 전체 | 10.30% | 13.30% | 13.30% | 14.20% |
| 광주·전남 | 11.20% | 15.40% | 11.40% | 16.20% |

전남대학교 경영학부는 학생들에게 최신 경영이론과 응용 방법을 창조적으로 습득해 기업을 비롯한 각종 영리 조직, 정부 조직 및 비영리 단체에서 활동할 수 있는 다양한 비즈니스 분야의 우수한 경영인의 양성을 목표로 하고 있다. 이를 위한 전남대학교 경영학부의 교육 미션은 다음과 같다.

첫째, 학생들이 광범위하고 다양한 경영학의 여러 분야에 대한 균형이 잡힌 전공지식을 학습할 수 있도록 적극 유도하고, 교육과정의 지속적인 재검토와 사회적 수요를 반영해 실용 지식의 학문을 전달한다.

둘째, 사회가 경영학도에게 요구하는 자질과 경쟁력이 무엇인가에 대한 탐색을 바탕으로 교과과정 및 과정 외 활동을 결합해 지역사회가 요구하는 높은 수준의 윤리적 기준과 정직성을 지닌 인재를 양성하고자 한다.

셋째, 다양한 현장 교육을 강화해 조직과 사회의 혁신을 주도할 수 있는 창의적 학습 능력과 기업가정신을 함양하는 인재를 양성하고자 한다.

넷째, 글로벌 시대의 세계 시민으로서의 자질 함양과 영어 등 외

[그림 2] 전남대학교 경영학부의 교육 미션과 목표

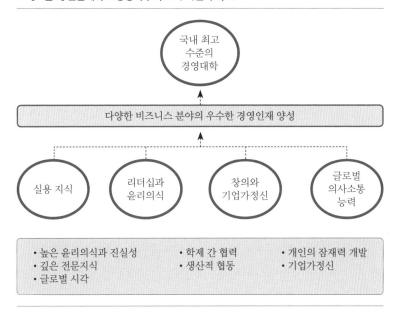

국어 능력 및 의사소통 능력이 우수한 인재를 양성함을 주된 목표로 삼고 있다.

4차 산업혁명 시대에 요구하는 통섭 능력을 갖춘 융복합적 글로벌 금융인재를 양성하고자 기존 학과(경영학부, 수학과, 통계학과)의 정원이나 편제를 개편하지 않고 공동으로 금융 빅데이터 융합전공을 개설해 운영하고 있다. 이 사업의 추진전략은 다음과 같다. 금융산업의 새로운 비즈니스모델 개발을 위한 빅데이터 금융 융합 전문가를 양성한다. 디지털 금융 시대에 적합한 창의적인 핀테크 전문가를 양성한다. 국제금융 자격증을 취득한 글로벌 금융 인재를 양성한다. 기업 및 금융산업에서 요구하는 학생의 전공 능력을 배양한다.

이러한 교육과정 운영을 통해 지방 거점 국립대학으로써 국내 금융산업 발전을 위한 선도적인 금융교육 체계를 마련하고 있으며, 무엇보다 이 교육과정을 이수한 학생들 중 10명을 J은행에서 매년 특별 채용하기로 해 지역 기업과 대학의 상생 협력을 기대하고 있다.

글로벌 시대로 인해 국경이 없는 무한 경쟁에서 경영교육도 개방화되었다. 이에 경영학부에서는 경영교육의 내실화와 국제 경쟁력을 높이려고 경영교육 과정을 개편했다.

그 결과 경영교육의 질적 수준을 평가하는 국제인증기관인 AACSB로부터 경영교육인증을 2018년도에 재획득했다. 이에 따라 해외 유명 MBA 프로그램과 교류하고, 협력 체계를 구축해 교육 환경이 수도권에 비해 상대적으로 불리하지만 높은 품질의 경영교육을 제공함으로써 학생들은 더 높은 경쟁력을 확보할 수 있을 것으로 기대된다.

국내 유일 한/EU 간 교육협력사업으로 KEUDOS: Korea+EU Degree Opportunities for Students를 마련했다. 유럽 대학 복수학위 프로그램인데 전남대학교에서 3년, 파견 대학에서 1년을 수학한 후 양 대학의 학위를 동시에 취득하는 글로벌 인재 양성 프로그램이다.

회계교육은 전문적이고 체계적인 교육이 필요하지만 학부제로 전문 인재를 육성하는 데는 한계가 있다. 이에 전남대학교에서는 회계학을 따로 전공에서 분리해 회계 과목을 단계적이고 체계적으로 이수하도록 교과과정을 개편했다.

정부는 지역인재 채용 제도가 실효성 있게 운영될 수 있도록 이

**[표 5] 공공기관과 연계한 융합교육의 운영 전략 및 우수한 인재 양성**

| 구분 | 공공기관 | |
|---|---|---|
| 에너지산업군(4개) | • 한국전력공사<br>• 전력거래소 | • 한전KDN(주)<br>• 한전KPS(주) |
| 농생명산업군(4개) | • 한국농어촌공사<br>• 농수산식품연수원 | • 농수산물유통공사<br>• 한국농촌경제연구원 |
| 문화예술산업군(3개) | • 한국콘텐츠진흥원<br>• 한국문화예술위원회 | • 사립학교교직원연금공단 |
| 정보통신산업군(4개) | • 우정사업정보센터<br>• 한국인터넷진흥원 | • 한국방송통신전파진흥원<br>• 방송통신위원회전파연구소 |

전 공공기관별 채용 실적을 매년 공표하고, 공공기관 경영평가에 반영한다. 이에 따라 광주·전남 공동혁신도시의 이전기관들의 지역인재 채용 인원은 향후 크게 상승할 것으로 예상된다. 경영대학에서는 맞춤형 인재 육성에 중점을 두고 교과과정을 개편해 이를 통해 현재 인력 수급에 어려움을 겪고 있는 혁신도시 공공기관에 우수한 인재 취업을 목표로 삼고 있다.

다른 전공 분야와 공동으로 운영하는 융합교육과정을 통해 지역에 필요한 우수한 인재를 양성하고 이를 기업에게 공급하고자 다양한 아이디어를 도출하고 있다. 광주·전남 혁신도시는 에너지 공기업들이 주를 이루고 있는데 이러한 기업들에게 우수한 인재를 공급하기 위해 전기학과 또는 에너지 관련 학과와 공동으로 융합교육 프로그램을 운영해 지역 맞춤형 인재들을 제공하고자 한다. 예를 들어 농생명산업군에서는 컨설팅, 마케팅 및 유통 개선 분야에 전문 인재가 요구되므로 농업생명대학과 연계한 교육과정 운영으로 마케팅 및 유통 전문가 양성을 고민하고 있다.

한국전력은 지방자치단체와 함께 에너지신산업에 특화된 산업 클러스터인 '에너지밸리' 조성 사업을 추진하고 있다. 이 산업으로 전력 소프트웨어s/w 개발(16개)과 전력설비 제조(26개)기업 등의 대규모 산업단지가 구축될 것이다. 이에 경영학부에서는 지역인재 채용 및 확대를 위한 이전 기업들과 네트워크 구축 활동을 강화하고, 경영전문대학원에서는 이전 기업들과 각종 MOU 체결을 통해 맞춤형 경영교육과 함께 관리자들을 대상으로 경영자 관리 과정을 신설해 운영할 계획이다.

## 전남대학교 경영전문대학원 MBA 운영 현황

전남대학교 경영전문대학원은 2007년 글로벌 MBA 주간과정과 야간과정을 신설하고 개원했다. 긍정적인 측면에서 전남대학교 경영전문대학원은 2012년 AACSB 인증과 2018년도 재인증을 받았으며, 45학점의 졸업이수학점을 모두 100% 영어 강의로 제공할 수 있는 교수 자원을 갖추고 있다. 특히 글로벌-MBA 야간반도 100% 영어강의를 제공하고 있다.

2015년 교육부 보도자료에 의하면, 전남대학교의 외국인 신입생은 20명이다. 이는 고려대학교, 성균관대학교와 더불어 가장 많은 외국인 신입생을 유치한 대학으로 끊임없는 국제화에 노력하고 있음을 보여주고 있다. 그러나 2010년 MOT-MBA(야간) 과정 및 2015년 JNU(K)-MBA 과정을 신설했는데 연도별 입학 학생 수는

[그림 3] 경영전문대학원 학생 지원자 추세

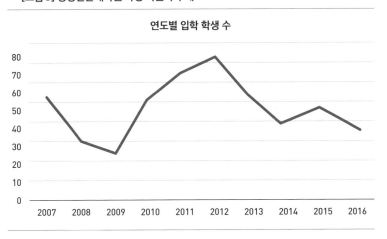

연도별 입학 학생 수

2012년을 정점으로 매년 감소되고 있다.

이러한 학생 수 감소는 경영전문대학원을 운영하는 데 큰 어려움을 겪는 이유 중 하나가 되고 있다. 이를 위해 지역인재 모집 활성화가 매우 필요한 시점이다.

경영전문대학원의 입학생을 모집하는 데 가장 큰 걸림돌은 영어 강의다. 학생들은 영어 강의에 대한 부담 탓에 전남대학교 경영전문대학원 대신 인근 조선대학교 경영대학원 등을 택하고 있다. 한글 MBA를 확대한다면 광주나 전남 지역의 기업체 임직원들이나 인근 대학 졸업생들이 보다 적극적으로 지원할 것으로 예상된다.

한국형 MBA의 세계 수준으로의 도약을 위해, AACSB 재인증을 획득했다. 또한 최근에는 유럽경영대학협의회의 EQUIS 등의 국제 인증 획득을 추진하고 있다. 경영전문대학원의 AACSB 재인증 후 EQUIS 취득 로드맵은 [그림 4]와 같다.

[그림 4] 국제경영교육인증 취득 로드맵

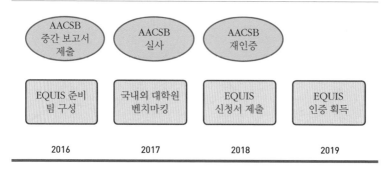

전남대학교 경영전문대학원의 새로운 비전 및 미션은 다음과 같다. 첫째, 유일한 지역 거점 국립대학에서 운영하는 경영전문대학원이다. 둘째, 수요자 중심의 교육 프로그램을 운영한다. 셋째, 목표 수준은 국내 최고 수준으로 설정한다. 넷째, 우수한 경영교육 인력 양성을 통해 학문 및 사회 발전에 기여한다.

국내 대다수 경영전문대학원은 글로벌 MBA 과정 외에 별도로 맞춤형 MBA 교육과정을 운영하고 있다. 전남대학교 경영전문대학원은 한국전력의 혁신도시 이전에 맞추어, 한국전력을 대상으로 한 맞춤형 교육과정 개설을 모색하고 2014년 12월 23일, 전남대학교와 한국전력 간의 MOU를 체결했다.

그 결과 2014년 나주의 광주·전남 공동혁신도시로 이전하는 한국전력의 사내 MBA 과정을 전남대학교 경영전문대학원이 담당했다. 이는 지역 균형 발전을 위해 공공기관이 지방으로 이전하고 나서 지역 사회와 공공기관이 상생·협력하는 최초의 대표 사례로 평가되고 있다.

[그림 5] 전남대학교 경영전문대학원 새 비전과 미션

| 비전 | 국내 최고 수준의 지역 거점 경영전문대학원 | | | |
|---|---|---|---|---|
| 미션 | 다양한 비즈니스 분야의 경영 리더 육성 | | | |
| 인재상 | 실용 지식 | 리더십과 윤리의식 | 창의와 기업가정신 | 글로벌 의사소통 능력 |
| 전략 | 국제화 역량 강화 | 지역 밀착· 상생 | 수요자 중심의 맞춤교육 | 교육혁신 역량 강화 |

그 후 2015년 6월 미국 사우스캐롤라이나대학USC: University of South Carolina과 복수학위과정 운영에 대한 MOU를 체결해 교육의 질을 높이고 있다.

한전 본사 이전과 관련된 특별 위탁교육과정인 KEPCO MBA 교육과정 운영 전략은 다음과 같다. 기존 전남대학교 경영전문대학원 MBA 교육과정의 기초과목을 필수과목으로 지정하고 학점을 부여했으며, 글로벌 에너지 및 전기 관련 리더 육성을 위한 에너지 산업 특화 과정을 지향했다. 한전 교육과정은 기존 '맞춤형 MBA 프로그램 개설 및 활성화 연구'에서 제안된 내용을 토대로 하되, 한국전력의 특화된 교과목 수요를 반영하려 노력했다. 특히 복수학위과정을 통해 양 대학의 강점과 특성을 살린 양질의 전문교육 제공 및 교수 자원의 최적 활용을 도모했다.

KEPCO MBA 프로그램(안) 교육과정은 다음과 같이 운영된다. 입학 시기는 매년 8월 마지막 주 월요일이다. 이는 기존 전남대학

[표 6] KEPCO MBA 프로그램(안)

| 지향점 | 추진 전략 | 내용 |
|---|---|---|
| 핵심 MBA 교육 강화<br>(Core) | • 세계 명문대학이 공통으로 강조하는 핵심 교과목 필수 교육<br>• 최신 글로벌 동향을 반영한 교과목 설계와 운영<br>• 전 과목 영어 수강 | • 필수-선택-특화 과정<br>• 운영 |
| 글로벌 교육 강화<br>(Global) | • 해외 명문대학교 공동 프로그램 운영(Certificate)<br>• USC 수업 수강<br>• USC 복수학위 수여 | • 해외 교수 내방 교육<br>• 해외 대학 방문 수강 |
| 교육과정 단축<br>(Intensive) | • 4학기 졸업 제도(16개월) | |
| 고객 맞춤 강화<br>(Customized) | • KEPCO 교육 수요 반영한 교과목 개설<br>• KEPCO 특성을 고려한 교과목 개설 | • 국제 협상, 프로젝트 파이낸싱 등 고객화 교과 개설<br>• 에너지, 환경, 지속 가능성 특화 과목 개설 |
| 융합교육 강화<br>(Conversion) | • 전남대학교 경영전문대학원 글로벌-MBA, MOT-MBA, KOICA-MBA 교과 교차 수강(다양한 교과목) | |

교 MBA와 동일하다. 재학 기간은 4학기, 즉 16개월이다. 운영 방법은 100% 영어로 강의하며, 월요일부터 목요일 사이 2~3일은 야간에 강의를 진행한다. 수업 장소는 전남대학교와 USC에서 한다. 미국 USC 유명 대학과의 협력, 즉 Certificate/Double Degree Program도 한다.

전남대학교 경영전문대학원은 대외 무상협력 사업을 전담 실시하는 기관인 KOICA로부터 개발도상국 지도자 및 교수요원 양성 학위과정이 또 다른 특징이다. 과정명은 'KOICA-전남대 지역공동체 개발 개도국 지도자 및 교수요원 양성과정(3)KOICA-CNU Master's

Degree Program in Community Development Leadership(3)'이다. 학위명은 '경영전문석사(경영학)'다. 참여 인원은 12개국 17명이다. 국가별 인원은 가나(1명), 몽골(1명), 미얀마(2명), 베트남(1명), 세네갈(2명), 아프가니스탄(2명), 에티오피아(1명), 캄보디아(2명), 키르기스스탄(1명), 토고(1명), 파키스탄(2명), 필리핀(1명) 등이다.

연수 대상은 다음과 같다. 첫째, 협력 대상국 정부기관에 종사하는 자(공무원 또는 공공 부문). 둘째, 공공 부문 종사자는 국영기업/은행/연구소/국공립학교 교사 등 현재 국가에서 운영하는 기관에서 근무하고 있는 자를 의미한다. 셋째, 원칙적으로 민간 부문 종사자의 지원은 허용하지 않되, 개발 관련 기관 종사자는 관련 부처(외교부 등)의 공식 추천을 받은 경우에 한해 지원할 수 있다. 넷째, 협력 대상국 정부에서 공식 인정하는 학사학위 소지자. 다섯째, 영어로 진행하는 수업을 받고 논문을 작성할 수 있는 영어 실력 보유자다.

전체 과정은 70주(16개월)에 걸쳐 운영하고 63주는 수업을 진행한다. 7주는 방학 또는 공휴일 주간으로, 학생 생활 관리와 체험을 위해 특별 활동을 운영했고 인턴십은 수강생이 관심이 있는 기관에 파견해 수행하게 한다.

이들 연수과정의 주요 성과는 연수생 전원 캡스톤 프로젝트를 통과하고 MBA 학위를 취득했다는 것이다. 광주상공회의소 및 광주국제교류센터 협업으로 연수생들에게 분야별 다양한 기관에서의 인턴십 기회를 제공했다. 연수생은 연수기관의 프로그램을 통해 지식과 능력을 향상시켜 수원국의 성장 원동력 구축 및 지속 가능한 사회 개발에 기여할 것으로 기대한다. 또한 연수 프로그램을 통해 학습한 한국의 지역 개발 방안으로 한국의 새마을운동을 활용해 근면, 성실, 자조의 정신으로 수원국 경제발전을 견인하는 지도자 역할을 수행할 것으로 보고 있다.

끝으로 현장 경험이 풍부한 겸임교수진과 실제 사례 분석 및 캡스톤 프로젝트를 기반으로 한 본 연수기관의 현장중심 프로그램을 통해 연수생은 귀국 후 다양한 지역 개발 프로젝트 및 기업 연계 활동에서 우수한 성과를 도출할 것으로 예상하고 있다.


## 전남대학교 MBA 특성화와 개선 방안

다른 대학의 비전, 미션, 교육 프로그램과 비교해 전남대학교 경영전문대학원의 차별화가 두드러지지 않아 보인다. 그러나 지역 및 대학의 문화를 반영할 수 있는 우리만의 차별적 특성화를 갖춘다면, 교육부가 인가한 경영전문대학원 중에서 유일하게 국립대학이면서도 지방 소재 대학으로서의 특징을 부각시켜 신입생을 유치할 수 있고, 국내 경영전문대학원 내에서 포지셔닝을 적절하게 할 수 있을 것으로 기대하고 있다.

전남대학교 경영전문대학원의 미션과 비전은 2030년까지 민주적인 기업 윤리의식을 갖춘 아시아 최고의 리더를 육성하는 것이며, 광주·전남 혁신도시에 특화된 에너지 분야의 비즈니스스쿨을 지향하고 있다. 장기적으로 현재 운영되고 있는 KEPCO-MBA가 경영전문대학원의 대표 브랜드가 될 수 있도록 하며, 글

[그림 6] 전남대학교 경영전문대학원의 미션과 비전

| 미션 | Business School for Asian Leaders with Democratic Business Ethics<br>(민주적인 윤리의식을 갖춘 아시아 리더를 육성하는 비즈니스 스쿨) | | |
|---|---|---|---|
| 비전 | Asian No. 1 Energy Business School by 2030 | | |
| 핵심가치 | Democratic communication | Creative Innovation | Global perspective |

로벌−MBA와 KEPCO−MBA를 통합한 새로운 프로그램으로 GE_Global & Energy−MBA를 개설할 수 있기를 바란다. 또한 관례 및 고정관념이 강한 국내 기업보다는 해외 유수 기업과의 접촉을 통해 MBA 과정의 브랜드를 변경하고, 해당 기업으로부터 지속적인 재정지원을 보장받는 형태의 경영전문대학원 운영을 생각할 수 있다. 예를 들어 쌍용자동차를 인수한 인도기업 마힌드라_Mahindra를 목표로 '마힌드라 GE MBA'를 개설할 수도 있다.

경영학의 고전적 전공 명칭(예: 재무, 회계, 생산, 마케팅, 인사조직 등)의 교육보다는 '금융', '융합', '빅데이터', '에너지' 등을 사용한 새로운 트랙을 만들고, 이에 따라 교과목 명칭을 최소로 개편할 것이다.


## 지방 경영교육의 로드맵 제시

광주·전남 지역은 낙후된 지역 경제와 우수한 인재들의 수도권

유출이 심화되고 있는 상황에 직면해 있다. 이에 전남대학교 경영교육의 혁신을 통해 지역인재 육성 방안부터 취업까지의 로드맵을 제시하고자 한다. 이를 통해 향후 지역 경제를 일으키고 지역 사회를 이끌어갈 수 있는 우수한 인재를 양성하고, 전남대학교 경영대학은 혁신도시의 공공기관이 요구하는 경쟁력 있는 인재 양성을 위해 경영교육을 특성화하고자 한다. 이를 위해 문제해결형 실무교육 강화로 경쟁력 향상이 요구된다. 특히 지역산업 기반과 연계되거나 미래성장 동력 분야에 특화된 교육 프로그램 등을 개발해 경쟁력을 강화함으로써 지역인재의 잔류를 촉진해야 한다.

그러나 경영교육의 특성화는 지역대학의 개별적인 노력뿐 아니라 지역 사회의 산학협력과 함께 지방정부의 도움이 절실하다. 따라서 전남대학교의 경영교육 특성화가 성공하려면 혁신도시의 공공기관과 지역기업, 지방정부와의 효과적인 파트너십을 구축하고 이를 바탕으로 우수한 인재를 양성할 수 있도록 노력해야 한다.

# 14

# 경영학 연구와 교육

## 윤성수

고려대학교 경영대학

경영학 연구와 기업 실무 사이에 커다란 단절이 존재한다는 지적은 경영학이 응용학문이라는 점에 비춰볼 때 심각한 문제다. 경영자가 직면하는 위험과 도전은 빠르게 변하고 있지만, 경영대학의 프로그램과 성과평가 체계는 크게 변하지 않았다. 경영학 연구와 교육의 균형을 회복하고 연구, 교육, 실무 간 괴리를 극복하려면 교수진 구성과 교수별 역할을 다양화하고 성과평가 체계를 개선하는 한편 연구와 교육 방법을 혁신해야 한다.

## 경영학 연구와 실무의 단절

"기업경영자들은 경영학자들이 무슨 연구를 하는지 알지 못한다." "경영학이 기업경영현장의 문제를 해결하는 데 도움을 주지 못한다."

경영학 선진국 중 하나인 미국에서도 경영학 연구와 실무 사이의 커다란 단절great divide에 대한 우려가 제기된 지 오래다. 기업 실무 경험이 없는 교수가 승진과 종신고용을 얻기 위해 유명 학술지에 실릴 논문을 쓰는 데 모든 노력을 기울이지만, 막상 실무 경영자들은 이런 학술지를 읽지 않고, 교수는 기업 실무를 알고 싶어 하지도 않고 알 필요도 없이 연구만을 위한 연구를 생산하고 있다는 것이다.

경영학이 의학, 공학, 간호학 등과 같은 응용학문이라는 점을 생각하면 경영학 연구가 실무와 괴리되었다는 점은 이해하기 어렵다. 의료 실무와 동떨어진 의학 연구를 상상하기 어려운 것처럼 경영학 연구와 실무 간 괴리는 지속될 수 없다.

우리나라의 현실도 심각하다. 대학의 국제화와 함께 국내 많은 대학이 외국의 유명 학술지에 논문을 게재하는 것을 요구하면서, 국내 경영학자들은 외국 학술지에 실릴 만한 논문을 쓰도록 내몰리고 있다. 우리나라의 경영 실무와 외국의 경영 실무 사이에 차이가 존재할수록, 외국 학술지에 초점을 맞춘 우리 경영학자의 연구가 국내 경영 실무와 괴리될 가능성은 커진다. 국외 대학에 비해 우리 경영대학의 교수진이 대부분 실무 경험이 없는 연구중심 교수들로 구성되었다는 점도 이 문제의 심각성을 더한다.

경영학 연구가 실무에서 실행할 수 있는actionable 연구가 되어야 하고, 최상위 학술지에 실행할 수 있는 연구가 더 많이 게재되어야 한다는 주장에 대한 반론도 존재한다. 그중 하나는, 경영학 연구가 기업 실무에 대해 비판적일수록 괴리가 존재하기 마련이고, 그것은 오히려 바람직하다는 주장이다. 즉 경영학 연구가 강의에 도움이 될 필요는 있지만, 기업 실무에 바로 적용될 필요는 없다는 것이다. 또 한편으로는 경영학 연구가 행동을 바꾸는 것이 아니라 비판적 사고력을 키우는 것을 목표로 해야 한다는 견해도 있다. 비판적 사고력이 경영자의 지속적 학습 능력을 향상하므로 장기적으로는 기업의 실무를 하는 데 도움이 된다는 견해다.[1]


## 경영자와 경영대학의 과제

기업의 경영자들은 심각한 도전에 직면하고 있다. 세계화와 도시화, 사회 갈등과 대중영합주의의 증가는 기업에 큰 기회와 위협을 동시에 제공하면서 경영자에게는 다문화적·국제적 안목을 요구하고 있다. 노령화 등 인구 구조 변화는 기업 내부와 외부 고객의 필요, 가치, 기술, 태도의 다양화를 불러왔다. 기업의 핵심 자산이 유형 자산에서 지식 자산 같은 무형 자산으로 이동하면서 탈권위적이고 독립적인 지식 노동자의 이해와 조직의 요구를 조정할 필요는 어느 때보다 커졌다. 4차 산업혁명과 파괴적 기술disruptive technology의 발달은 경영대학 같은 B2C 산업에 가장 빨리, 가장 큰 타격을 입힐 것이라는 경고도 있다.[2]

경영대학(원)에 대한 비판의 목소리는 어느 때보다 크다. "전체 대학과 사회에서 정체성과 정당성이 부족하고, 사회적 역할과 관련해 뚜렷한 목적의식, 도덕성, 윤리를 제공하지 않는다." "자유롭고 지적인 활동의 장소라기보다는 고위 경영층으로 가는 관문이자 사교 장소에 머무른다." "주주자본주의를 지나치게 강조하고 사회의 여러 이해관계자를 폭넓게 고려하지 않는다." "학문적 엄밀성과 분석력을 강조하면서 지혜, 대인관계, 리더십과 다양한 형태의 지식은 소홀히 한다." "대학평가에 휘둘리면서 고객의 목소리에 지나치게 민감하게 반응한다"는 지적 등이다.

경영대학은 전통적으로 사회, 특히 기업이 필요로 하는 인적 자본을 창출한다는 지향orientation 아래 움직여왔다. 그러나 학생 관점에서 교육에 투입한 비용(기회비용 포함) 대비 충분한 미래 수익을 경영대학(원)이 제공하느냐는 ROI 관점의 요구가 강해지면서 대학 간 경쟁이 치열해지고 있다.

## 경영학 교육의 과제

경영학 교육의 위기의 근원은 경영학 연구, 실무, 교육의 단절이다. 한 연구에 의하면, 공급망 연구자들이 MBA 과목에서 강의하는 내용 중 자신들의 연구에 바탕을 둔 부분은 15%에도 미치지 못한다. 경영학 교수 입장에서 볼 때 연구의 결과인 논문은 승진하는 데 결정적인 영향을 주고 논문에 대한 객관적인 공통의 평가방식이 존재하지만, 교육의 결과인 강의평가는 승진에 큰 영향을 주지 못하고 평가지표도 학교별 지역별 편차가 있다. 연구와 교육이 승진 측면에서 서로 연결되어 있지 않고, 우선순위가 단절되는 위험이 존재하는 것이다.

경영대학 입장에서 보면 연구성과는 학교의 연구 순위를 높이지만, 등록금을 지급하고 교육을 받는 고객의 이해와는 적절히 연계되지 않는 문제가 있다. 경영대학이 학문적academic 가치와 전문적professional 가치 중 어느 것을 더 강조할 것인가, 연구의 엄정성rigor과 실무 관련성relevance 중 어느 것을 더 추구할 것인가라는 선택의 문제를 다시 돌아봐야 하는 상황이 된 것이다.

미국의 경영대학에서 연구와 교육에 대한 보상의 차이가 어느 정도인지 보면, 현재의 경영대학 모형이 지속 가능하냐는 우려를 이해할 수 있다. 강의중심 대학 강사의 강의 시간당 보수가 333달러인 데 반해 최상위권 대학의 연구중심 교수의 강의 시간당 보수는 2,500달러에 달한다. 물론 연구중심 대학의 교수 성과를 강의를 기준으로 평가하는 것은 이상적이지 않다. 그러나 다른 경영대학의

**[표1] 시간당 보수**

| 기관 유형 | 역할 | 연간 강의 시간 | 연간 보수 | 강의 시간당 보수 |
|---|---|---|---|---|
| 강의중심 대학 | 강사 | 300 | 100,000달러 | 333달러 |
| 연구중심 대학 | 조교수 | 150 | 170,000달러 | 1,133달러 |
| 최상위권 대학 | 교수 | 120 | 300,000달러 | 2,500달러 |
| OECD 중고등학교 | 교사 | 1,040 | 90,000달러 | 87달러 |
| 컨설팅 회사 | 컨설턴트 | 1,600 | 150,000달러 | 94달러 |

교수나 OECD 중고등학교 교사의 평균 또는 컨설팅회사의 컨설턴트와 비교할 때 연구 활동에 대한 현재의 보상 수준이 미래에도 지속 가능할지 우려를 하는 것이 합리적이다.

경영교육의 과제를 요약하면 "누가, 무엇을, 어떻게 가르칠 것인가?"이다.

기업경영은 복잡하고 다면적인 도전을 해결하는 과정이다. 경영학 교육이 기업 실무를 반영하는 것이 중요하지만, 실무 경영자가 교육할 때 개인적·단편적 관점에 매몰될 수 있다는 우려도 있다. 경영교육의 주체가 실무와 이론(추상화)을 적절히 결합하는 것이 바람직한데, 경영대학 차원에서 다양한 교수진을 구성할 수도 있고, 개별 교수 차원에서 결합을 추구할 수도 있다. 후자는 이론적 연구자가 실무에 대한 이해를 추가하거나, 실무 경영자가 이론적 기초 위에 실무적 지식을 쌓는 형태로 자신의 약점을 보완할 수 있다. 이를 위해서는 연구자와 실무자가 각자의 약점을 보완할 수 있는 제도적 장치가 마련되어야 한다.

세상은 바뀌었지만 경영대학의 개설 과목은 크게 바뀌지 않았다는 지적이 많다. 회계, 재무금융, 마케팅 등 경영학 내 세부전공별로 편성된 과목은 교수들의 편의를 위해 설정된 것이고 실제 경영현장에서 부딪히는 문제는 복합적이다.

경영학이 문제해결력을 높이려면 전공별 구분을 넘어 학제 간 융합과목이나 과정을 더 많이 개설할 필요가 있다. 이때 융합과 통섭은 경영학 내 전공 사이에서만 이뤄질 것이 아니라 경영학 외의 전공까지 아우를 수 있어야 한다.

교육 방법에서도 기존의 일방적 전달식 교육을 탈피한 접근을 해야 한다. 기술 발전과 혁신을 교육 현장에 적극 도입해야 한다. 교수가 지식의 전달자가 아니라 최적의 자료의 큐레이터curator가 될 수 있어야 한다는 제안도 있다. 플립러닝과 같이 지식에의 최초 접근은 학생들이 교실 밖에서 미리 수행하고, 교수와 함께하는 강의실에서는 더욱 고도의 학습 활동을 하는 시도도 늘고 있다.


## 경영학 연구와 교육의 조화

경영대학(원)이 사회적 존재로서 제대로 기능하려면 연구와 교육, 실무 사이의 틈새가 좁혀져야 하고, 특히 경영학 교육이 연구와 실무를 연결하는 중요한 고리로 작동해야 한다. 이를 위해서는 경영학 연구와 교육이 실제로 이뤄지는 경영대학(원) 교수진의 성과평가 체계와 인적 구성, 운영 방식을 혁신해야 한다.

**[표 2] 교수진 유형**

| 유형 | 성격 | 기대 성과 | 연간 강의 시간 |
|---|---|---|---|
| Scholarly Academics | 연구중심 | 유명 학술지에 연구논문 게재 | 90~200시간 |
| Practice Academics | 연구에 실무 가미 | 학술적 논문 외에 실무 논문도 게재 | 150~250시간 |
| Scholarly Practitioners | 실무에 연구 가미 | 강의에 중점을 두되 교육 자료도 개발 | 250~350시간 |
| Instructional Practitioners | 실무중심 | 해당 분야 실무 소개 | 350시간 이상 |

경영대학 전체적으로 연구와 강의의 중요성의 균형을 회복하는 것이 바람직하다. 모든 교수에게 연구와 교육의 상대적 부담을 균등하게 주기보다는 경력상 위치와 개인 선호에 따라 서로 다른 역할을 하게 하면서 전체적인 균형을 유지하는 것을 고려할 수 있다. 예를 들어 경력 후반기의 교수는 연구 비중을 줄이고 강의에 더욱 집중하게 하는 반면, 외부 연구비를 확보한 교수에게는 강의 부담을 어느 정도 줄여줄 수 있다.

미국과 세계 여러 나라의 경영교육인증을 담당하는 AACSB는 경영대학의 교수진을 4가지 유형으로 구분하고 각 유형의 교수들에게 기대하는 성과와 의무를 [표 2]와 같이 다르게 설정하고 있다.

우리나라는 외국의 경영대학에 비해 연구중심 유형의 교수진이 압도적 다수를 차지하고 있다. 교수 개개인이 실무와 이론을 모두 갖추기를 기대하기보다는 경영대학 교수진이 다양한 유형의 교수로 구성되도록 이끄는 것이 더욱 현실적인 방안이 될 것이다.

교수들이 강의에 더욱 많은 관심과 노력을 기울이게 할 제도적

장치도 마련해야 한다. 많은 대학에서 사용하는 학생평가는 비전문
가에 의한 평가라는 점, 인기영합주의를 조장할 우려가 있다는 점,
교육의 효과에 대한 평가가 아닌 접근 가능성accessibility에 대한 평가
일 수 있다는 점 등 여러 한계가 있다.

동료 교수나 선임 교수들에 의한 강의평가 등으로 학생 평가를
보완하는 것이 바람직하다. 강의성과평가 결과를 정기 호봉 승급
등에 반영하는 것이 일반적이기는 하지만, 정년보장 결정에서도 더
욱 중요하게 반영하는 것을 고려할 필요가 있다. 강의 성과에 대한
긍정적 인센티브로는 강의상 시상 외에 승급 우대, 강의 개발 활동
지원, 특별 호칭 부여 등을 제공할 수 있고 부정적 인센티브로는 학
생평가 결과의 계량 부분을 일부 공표할 수 있다.[3]


## 경영학 연구와 교육의 균형 사례

미국의 AACSB에서 연구와 교육의 균형을 이룬 사례로 소개한
두 대학을 살펴보자.

케네소주립대학교Kennesaw State University 경영대학은 교수들이 자신
의 연구와 교육, 봉사의 비중을 자율적으로 관리하는 제도를 운용
함으로써 성공을 거두고 있다.

구체적으로, 교수의 성과를 교육teaching, 연구 및 창조 활동research &
creative activity, 봉사service 세 부분으로 나눈 다음, 개별 교수와 학과장이
부문별 비중을 사전 협의를 통해 정하고 성과를 관리한다. 3학점

**[표 3] 교수 경로 모형(Faculty Path Model)**

| 경로 | 연간 강의 과목 수 | 강의 비중 | 연구 비중 | 봉사 비중 |
|---|---|---|---|---|
| 정년 보장-연구 집중 | 3 | 30% | 50% | 20% |
| 정년 보장-연구 강조 | 4 | 40% | 40% | 20% |
| 정년 보장-강의 강조 | 5 | 55% | 25% | 20% |
| 정년 보장-강의 집중 | 6 | 70% | 10% | 20% |
| 실무교수 | 6 | 70~80% | 0~10% | 20% |
| 전임트랙 | 3 | 45% | 45% | 10% |

정규학기 과목의 부담을 10%로 계산하되, 전공별로 10%에 해당하는 과목당 최소 학생 수와 다양한 형태의 부담, 즉 작문, 실험실습 등의 활동을 정한다. 그리고 봉사 부문을 최소 10% 포함하는 다양한 조합을 허용한다.

예를 들어 연간 총 부담을 3학점 4과목(40%), 연구(50%), 봉사(10%)로 정할 수도 있고, 3학점 6과목(60%), 연구(10%), 봉사(30%)로 정할 수도 있다. 이 제도를 운용한 결과 교수진의 유지와 정년 보장률, 강의평가, 연구성과 모두 뛰어난 성과를 거둔 것으로 보고되었다.[4]

웨이크포레스트대학교Wake Forest University는 3년 주기로 교수들이 자신의 경로faculty path를 학장과 협의해 결정하고 그에 따라 성과를 평가받는다.[5]

강의, 연구, 봉사 세 분야별로 부담을 달리하고 교수 자신의 역량과 선호에 따라 서로 다른 역할을 수행하게 한다는 점에서 케네소주립대학교 예와 비슷하다.

## 경영학 연구와 교육의 균형을 위한 새로운 시도

경영학 연구, 교육, 실무 사이의 간격을 좁히려는 다양한 노력이 전개되는 점은 희망적이다. 학계와 실무계 사이의 경계가 점차 약화되고 있다. 박사 출신 연구교수가 실무 경험을 쌓고, 실무 출신 강의 교수가 박사과정에 진학하는 사례가 증가하고 있다. 교수가 연구년 동안 민간기업에서 유급으로 근무하는 것을 불허하는 현 제도가 개정되어 1~2학기 동안 기업에서 전업 근무하는 faculty externship 제도가 가능해진다면 연구와 실무 간 틈을 좁히는 데 크게 기여하리라 기대한다.

경영대학의 역할을 새롭게 정의하려는 움직임도 있다. 경영학 지식의 단순한 공급자가 아니라, 산업과 실무의 교차점에서 지식을 창출하는 생태계의 주도적 파트너로서 기업과 협력하는 존재로서 자리매김하려는 것이다.

엄정한 연구방법론과 학문적 기준을 실무경험과 결합하려는 시도도 이뤄지고 있다. 예를 들면, 영국의 옥스퍼드대학교 경영대학이 HR 회사와 협력해 세계 150명 이상의 CEO를 면담하고 그들의 리더십 경험과 도전을 정리해 다보스$_{Davos}$에서 발표한 다음 이를 바탕으로 교육과정을 개발하고 연구과제를 제시한 사례가 있다.[6]

전통적인 경영학 과제가 아닌 사회적 대형 과제에 다른 학문 분야와 함께 도전하는 시도도 존재한다. 세계적 경영학 학술지인 〈Academy of Management Journal〉에서 환경 파괴, 기후 변화, 빅데이터와 디지털 경제의 확산, 노령화, 빈곤과 사회적 불평등, 지정학적 불안정성 등 인류가 직면한 중요한 문제가 조직과 경영에 끼치는 영향에 관한 연구의 필요성을 지적한 바도 있다. 또 UN의 지속 가능 개발 목표_{sustainable development goals}를 안내서로 삼아 책임 있는 경영학 연구와 교육을 추진하라는 주장도 있다. 이 같은 사회적 대형 과제를 연구 대상으로 설정할 때 학문 간 융합은 선택이 아니라 필수가 된다. 산업심리학과 공공정책, 컴퓨터공학과 마케팅, 행동경제학과 의학의 결합 등이 그 예다. 이러한 연구를 위해서는 융합연구센터가 보다 중요한 역할을 수행해야 한다.

AACSB가 경영대학을 평가할 때 학술지에 게재한 논문의 숫자만이 아니라 목표집단에 대한 교수의 지적 공헌도의 영향력_{impact}을 고려하는 방향으로 움직이고 있다는 점도 희망적이다. 경영대학의 학장들도 최고 학술지에 게재한 논문의 편수보다는 연구 결과가 기업 실무나 정책에서 어떻게 활용되는지, 새로운 과목이나 프로그램으로 실현되는지에 관심을 두기 시작했다. 연구의 영향력을 측정하는 방식도 다른 학술논문에서의 인용도_{citation}만이 아니라 실무 경영자의 구독률이나 실무 반영 여부, 사례 개발 여부 등으로 확대되고 있다.

결론적으로 경영학 연구와 교육은 기업 실무와의 관련성을 더 외면하거나 방치할 수 없는 상황에 있다. 경영교육에 대한 사회의 수요는 계속 존재할 것으로 예상되고, 추상적 사고가 현실 문제에 대한 해결책의 이론적 기초로서 유용한 측면도 존재한다. 그러나 기업 현장의 문제에 대한 해결책을 제시하는 데 경영대학보다 더 효율적이고 효과적인 다른 수단이 나타난다면 경영대학의 장래는 어두울 수밖에 없을 것이다. 경영대학이 멸종하지 않기를 기대한다.

1  Ireland, R. (2012), Management Research and Managerial Practice: A Complex and Controversial Relationship. Academy of Management Learning & Education, 11(2): pp.263–271.

2  Peters, K., R. Smith, and H. Thomas. (2018), *Rethinking the Business Models of Business Schools: A critical Review and Change Agenda for the Future.* Emerald Publishing.

3  Salaman, M. and E. Osei-Mensah. (2012), *Creating a Balance between Research and Teaching Activity among Faculty at Research Universities. The Advisory Board Company.*

4  www.aacsb.edu/blog/2016/september/creating-new-structures-for-faculty-engagement

5  www.aacsb.edu/blog/2016/september/creating-new-structures-for-faculty-engagement

6  www.aacsb.edu/blog/2017/march/5-reasons-for-optimism-about-business-school-research

저자 소개

**이두희_고려대학교 경영대학 교수** 고려대학교 경영학사, 위스콘신대학교 매디슨 캠퍼스(University of Wisconsin-Madison) 경영학 석사(MBA), 미시간주립대학교(Michigan State University) 경영학 박사(Ph.D)를 취득했다. 고려대학교 경영대학장 겸 경영전문대학원장, 기업경영연구원장을 역임했고, 현재 고려대학교 교수, 중국 인민대학 명예교수로 있다. 한국마케팅학회, 한국광고학회, 한국소비문화학회 회장을 역임했고, 2018년 한국경영학회 회장으로 '대한민국 경영교육 대혁신'을 총괄하고 있다. 아시아 태평양 국제교육협회(APAIE)를 창설해 아시아 대학들이 미국과 유럽의 대학 연합과 대등하게 교류할 토대를 구축했다. 〈동아일보〉의 한국의 최고 경영인상 글로벌인재경영 부문, 〈JTBC중앙일보〉의 한국 경제를 움직이는 CEO 인재경영 부문, 〈한국경제신문〉의 올해의 학술공헌상 등을 수상했다.

**윤성수_고려대학교 경영대학 교수** 서울대학교에서 경영학사, 경영학석사를, 미국 일리노이대학교(UIUC)에서 경영학박사를 취득했다. 삼일회계법인에서 공인회계사로 근무했고, 1995년부터 미국 UCLA 경영대학원, 2003년부터는 고려대학교에서 회계학을 가르치고 있다. 경영전문대학원 MBA부원장으로 일했고, 저서로는 《직각혁신이 답이다》(매일경제신문사), 《전략적 관리회계》(홍문사), 《중급회계》(홍문사) 등이 있다. 2018년 한국경영학회 대한민국 경영교육 대혁신 위원장으로 일하고 있다.

**이성호_서울시립대학교 경영대학 교수** 고려대학교 경영학과를 졸업하고 위스콘신대학교 매디슨 캠퍼스에서 경영학 석사학위(MBA)를 받았으며, 일리노이대학교 어바나샴페인 캠퍼스(University of Illinois at Urbana-Champaign)에서 마케팅을 전공해 경영학 박사학위(Ph.D.)를 취득했다. 관심 분야는 브랜드관리, 마케팅전략, 기업가정신과 혁신이며 그 관심과 노력은 〈JAMS(Journal of the Academy of Marketing Science)〉 등 국제/국내 저명 학술지에 실린 다수의 논문과 학술 저서에 반영되어 있다. 한국경영학회 수석부회장, 한국마케팅학회 부회장, 한국창업학회지 편집위원장, KABEA 인증위원장으로 활동하고 있다.

**이재혁_고려대학교 경영대학 교수** 글로벌전략, 경영전략, CSR/SDG 등 관심 분야에서 활발한 연구 및 저술 활동을 하고 있다. 고려대학교에서 학사 및 석사학위, 미국 오하이오주립대학교(Ohio State University)에서 경영학 박사학위를 취득했고, 산호세주립대학교(San Jose State University) 교수로 재직했다. 현재 고려대학교 사회적기업센터 소장, 고려대학교 중남미연구소 위원, 한국기업지배구조원 기업지배구조위원회 위원, 국민연금기금 수탁자책임 전문위원회 위원, KOTRA 글로벌CSR사업 심의위원, 한국전략경영학회 차기회장, 한국국제경영학회 부회장 등으로 활동하고 있다. CSR/SDG 및 글로벌전략에 대한 연구기관인 IGI(Inno Global Institute)의 대표를 맡으면서 관련 이슈들을 체계적으로 연구하고 있다.

**이우종_서울대학교 경영대학 부교수** 서울대학교에서 경영학 학사와 박사학위를 취득하고, 홍콩이공대학에서 근무했다. 재무회계와 관리회계 분야의 과목들을 가르쳐왔으며 기업 내부와 외부, 자본 시장과 노동 시장에서 회계 정보가 어떤 역할을 하는지에 대해 연구하고 있다. 강의와 연구에서 몇 차례 수상 경력이 있다. 기업들이 실제로 궁금해하는 문제들에 답하고자 연구하는 것을 학자의 사명으로 여기며, 실제 비즈니스에서 일어나는 일들을 학생들에게 체계적으로 전달해주는 것을 선생의 보람으로 여긴다.

**권순창_경북대학교 경영학부 교수** 경북대학교에서 경영학 학사, 미국 유타주립대학교(Utah State University)에서 MBA, 경북대학교에서 회계학 전공으로 박사학위를 취득했다. 경북대학교에서 재무회계, 세무회계 관련 과목을 강의하고 있으며, 회계학, 조세회피 및 조세정책 분야에서 100여 편의 논문을 게재 및 발표했다. 한국산업경영학회, 한국국제회계학회 등에서 우수 논문상을 수상했으며, 경영학 관련 학회에서 부회장, 상임이사 등을 역임했다. 학내 봉사 활동으로 경북대학교 기획처장, 재정기획부처장 등을 역임했고 대외 활동으로 국세청 산하 대구경북지역 납세자보호위원회 위원장, 대구광역시시의회 자문교수 등을 역임했다.

**배종석_고려대학교 경영학과 교수** 고려대학교 경영학과에서 학사 및 석사를, 미국 일리노이대학에서 석사 및 박사학위를 받았다. 인적자원관리와 경영철학에 대해 강의를 하고 있으며, 연구 분야는 거시 인적자원관리와 기업이론 외에 최근에는 기업과 경영의 본질에 대한 의미를 찾아가는 경영의 철학적 기반에 대해 연구를 수행하고 있다. 〈인사조직연구〉(인사조직학회) 편집위원장을 역임했고, 국외 3개의 저널 편집위원이다. 국내외 여러 저널에 논문을 게재했고, 주요 저서로는 《인적자원론》(홍문사), 《Employment Relations and HRM in South Korea》(Ashgate) 등이 있다.

**강 철_서울시립대학교 교양교직부 강의전담교수** 성균관대학교에서 학사와 석사를, 연세대학교에서 철학 박사학위를 받았다. 고려대학교 기업경영연구원의 경영철학연구그룹의 연구위원으로 활동하고 있다. 대학에서는 논리학, 윤리학, 정치철학 등을 강의하고 있으며, 현재 한국윤리학회 학술이사를 맡고 있다. 여러 윤리학 관련 논문을 게재했고, 인사철학에 관한 내용이 외국 책에 실린 바 있다. 인류의 미래를 선도하고 책임질 학문이 경영학이라는 인식 속에서, 기업윤리와 기업철학에 대한 연구에 매진하고 있다.

**이상민_한양대학교 경영대학 교수** 서울대학교에서 문학사, 경영학 석사, 독일 쾰른대학교에서 경영학 전공으로 박사학위를 취득했다. 한국노동연구원에서 초빙연구위원으로, 충북대학교 경영대학에서 근무했고, 2008년 이후 한양대학교에서 교수로 재직하면서 인적자원 개발, 조직 개발, 노사 관계, 인적자원 관리, 협상과 갈등 관리 과목을 강의했다. 직무 중심 인사관리, 노동자 대표 조직의 경영 참가, 근로 시간 유연화와 단시간 근로, 일-가정 양립을 주제로 연구하고 있으며 경제사회노동위원회, 일자리위원회, 노사발전재단의 각종 연구회와 TF에 참여했다.

**최성진_한양대학교 경영대학 교수** 서울대학교 경제학부를 졸업하고 중국 베이징대학교 경영대학에서 경영전략 전공으로 박사학위를 받았다. 현재 한양대학교 경영대학 교수로 재직 중이다. 기업의 정치 전략, 대관 업무와 중국의 벤처기업 생태계 등의 주제에 관심을 가지고 연구하고 있다. 〈중소기업연구〉, 〈인사조직연구〉 편집위원으로 활동 중이다.

**이무원_연세대학교 경영대학 교수** 연세대학교 언더우드 특훈교수이며 경영대학 현대모터스(Hyundai Motors) 석학교수다. 스탠퍼드대학교에서 경영학 박사학위를 취득했으며 하와이대학교 경영대학 석좌교수를 역임했다. 〈Academy of Management Journal〉, 〈Academy of Management Review〉, 〈JIBS〉, 〈Management Science〉, 〈Organization Science〉 등 국제 최고 권위지에 다수의 논문을 게재했으며 〈Management and Organization Review〉의 시니어 에디터로 활동하고 있다. 또한 국제 권위 학회 및 학술지로부터 최우수 논문상을 다수 수상했다. 2009년 미국 경영학회 서부지부(Western Academy of Management)로부터 올해의 라이징 스타(rising star)로 선정되었고 2015년 한국인사조직학회로부터 국제학술상을 수상했다. 현재 대통령 직속 국민경제자문회의 혁신분과 위원으로 봉사 활동을 겸하고 있다.

**김도윤_연세대학교 경영대학 연구교수** 연세대학교 창업혁신프로그램 담당교수다. 연세대학교 경영대학에서 조직이론으로 박사학위를 취득했고, 고려대학교 경영대학 스타트업 연구원의 어시스턴트 디렉터(Assistant Director)로 초기 스타트업들의 보육과 교육을 담당했다. 2000년대 초반에는 벤처업계, 중반에는 글로벌 전략 컨설팅업계에서 경험을 쌓고 학계로 돌아왔다. 조직 변화와 혁신, 스타트업, 기업가정신 등에 대해 연구하고 있으며 기업이 망하거나 실패하는 등의 오거나이제이션 디스펑션(Organization Dysfunction)에 많은 관심을 가지고 있다.

**김희천_고려대학교 경영대학 교수** 텍사스에이앤엠대학교(Texas A&M University)에서 박사학위를 취득했고, 고려대학교 경영대학 스타트업 연구원 원장이다. 한국인사조직학회, 한국전략경영학회 회장을 역임했으며 〈Academy of Management Journal〉, 〈Strategic Management Journal〉, 〈Organization Science〉 등 저명 학술지에 논문을 발표했다.

**신호정_고려대학교 경영대학 교수** 고려대학교 무역학과를 졸업하고 LG전자(금성사)에서 수출 영업사원으로 근무했다. 오하이오주립대학교에서 경영학 석사 및 박사학위를 취득했고, 노트르담대학교에서 조교수를 역임했다. 고려대학교 경영대학 일진창업지원센터장으로서 대학생 창업보육에 기여했다. 공급사슬관리에 연관된 다양한 연구를 진행하고 있다.

**유시진_고려대학교 경영대학 교수** 미국 UCLA에서 마케팅 전공으로 박사학위를 취득했고, 싱가포르 경영대학 조교수를 거쳐 고려대학교 경영대학 교수로 재직 중이다. 스타트업 스테이션 산하 숭명호앙트프러너십에듀케이션센터 센터장으로 창업교육 및 연구를 지원하고 있다. 주요 연구 분야로는 마케팅의 재무적 효과, 고객 자산, 마케팅 경쟁전략 등이 있다.

**박대윤_고려대학교 경영대학 BK21 연구교수** 고려대학교 경영대학에서 경영학 박사학위(마케팅 전공)를 취득했으며, 주 연구 분야는 로열티 프로그램, CRM 전략, 마케팅 애널리틱스. 창업 및 경영 컨설팅 경력을 바탕으로 스타트업 연구원의 학생 창업보육과 앙트프러너십 교육 사업을 지원하고 있다.

**박찬수_고려대학교 경영대학 교수** 서울대학교 경영대학을 졸업하고, 미시간대학교에서 경영학 석사, 스탠포드 대학교에서 통계학 석사 및 경영학 박사학위(마케팅 전공)를 취득했다. 브랜드 자산의 측정, 고객 만족에 관한 그의 논문들은 〈Journal of Marketing Research〉, 〈Management Science〉, 〈Marketing Letters〉 등에 게재되었으며, 미국마케팅학회가 수여하는 도널드 레이먼상(Donald R. Lehmann Award), 고려대학교 석탑강의상 등을 수상했다. 한국마케팅학회 편집위원장, 고려대학교 기업경영연구원 원장을 역임했다.

**류수영_충남대학교 경영학부 교수** 서울대학교에서 인사조직 분야를 전공하고 경영학 박사학위를 취득했다. 군자 리더십, 다양성, 유교와 경영, 경영교육 방법, 집단 지성 등의 연구 주제로 인사조직 연구, 인사관리 연구, 심리학회지: 일반, 산업조직심리, KBR, 교육공학 연구, 지식경영 연구, 〈Leadership & Organization Development Journal〉 등에 논문을 발표했다. 《CEO, 공자에게 길을 묻다: 유학으로 배우는 가치경영》 공저에 참여했다.

**이태희_국민대학교 경영학부 교수** 서울대학교에서 경영학사, 미국 일리노이대학교 어바나샴페인 캠퍼스에서 회계학 전공으로 석사학위와 박사학위를 취득했다. 1995년부터 국민대학교에 교수로 재직하면서 재무회계, 관리회계 과목을 강의하고 있으며, 대외교류처장, 경영대학장, 경영대학원장을 역임했다. 현재 한국회계학회 규제회계위원장을 맡아 정부 규제를 받는 기업의 회계 문제에 관심을 가지고 연구를 수행하고 있다. 최근 《기업의 시대를 읽는 새로운 경영학》(시대가치)에 공저자로 참여해 경영학 교육의 새로운 방향을 제시하기 위해 노력하고 있다.

**김중혁_고려대학교 경영대학 교수** 고려대학교 경영학 학사, 미국 일리노이대학교 어바나샴페인 캠퍼스에서 재무 석사 및 박사학위를 취득했고, 이후 미국 케이스웨스턴리저브대학교(Case Western Reserve University)에서 조교수로 재직했다. 기업재무 분야에서 IPO, SEO 등 기업의 자본 조달 활동과 투자론 분야에서 시큐리티 애널리스트(Security Analysts) 관련 이슈를 주 연구 주제로 하고 있으며 〈Journal of Finance〉, 〈Journal of Banking and Finance〉, 〈Financial Management〉, 〈재무연구〉, 〈증권학회지〉 등 국내외 주요 학술지에 논문을 발표했다. 한국재무학회, 한국증권학회, 한국금융학회, 한미재무학회 등 주요 재무 관련 학회 이사를 역임했다.

**김영규_고려대학교 경영대학 교수** 서울대학교 경영대학 학사 및 석사, 미국 카네기멜론대학교 정보시스템 경영 석사, 미국 시카고대학에서 MBA 및 경영학 박사학위를 취득했다. 조직이론 전공으로 소셜네트워크 이론, 특히 조직지위이론이 주 연구 분야다. 〈Organization Science〉, 〈Research in the Sociology of Organizations〉 등 국내외 주요 학술지에 논문을 출판했으며, 박사후연구원으로 재직했던 하버드대학교 로스쿨 법직역연구센터의 어필리에이티드 퍼컬티(affiliated faculty)로 활동하면서 《Diversity in Practice》, 《대한민국의 법률가》(박영사) 공저자로 참여했다.

**오종문_동국대학교 상경대학 교수** 서울대학교에서 경영학사와 경영학 석사, 가천대학교에서 회계·세무학 전공으로 박사학위를 취득했다. 1990년부터 장기신용은행 신탁부, 금융공학팀, 국제부 등에서 근무하고 삼일회계법인 공인회계사, 마이다스에셋자산운용 운용본부장, 보다투자자문 대표 등을 역임하며 21년 넘게 금융 관련 실무에 종사했다. 2012년부터 동국대학교 경주캠퍼스 교수로 재직하며 재무회계와 세무회계 과목을 강의해왔다. 옵션가격결정 모형을 이용해 증여취소권의 가치를 분석해 한국세무학회 최우수 논문상을 수상했으며, 금융세법 정비에 기여한 공로로 대통령 표창을 받았다. 울산항만공사 비상임감사를 역임했고, 기획재정부와 농림수산식품부의 위원회에 참여해왔다.

**전규안_숭실대학교 경영대학 교수** 서울대학교에서 경영학사, 경영학 석사, 경영학 박사학위를 취득했다. 삼일회계법인과 삼정회계법인에서 공인회계사로 근무했고, 1999년 이후 숭실대학교에서 교수로 재직하고 있으면서 대학 내에서 기획실장과 경영대학장 등을 역임했다. 주로 세무회계와 회계감사, 재무회계 관련 과목을 강의해왔으며 우리나라의 조세 및 세무회계 관련 문제, 회계감사 관련 문제, 비영리조직 관련 문제 등에 관심을 갖고 다수의 논문을 학술지에 게재하고 관련 서적을 저술했다. 기획재정부, 국세청, 금융위원회, 한국공인회계사회 등의 위원회에 활발히 참여해왔다.

**전성일_전남대학교 경영대학 교수** 경희대학교에서 재무회계 전공으로 박사학위를 취득했다. '유·무형 자산의 가치평가'와 '주가 붕괴 위험'이 주 연구 관심사로서 〈회계학연구〉, 〈경영학연구〉 등을 비롯한 여러 국내외 학술지에 연구논문들을 게재했다. 주요 저서로는 《IFRS 중급회계 스터디가이드》(탐진), 《IFRS 회계원리》(신영사), 《SAS를 통한 회계학연구 방법론의 이해와 활용》(전남대학교출판부) 등이 있다. 강의와 연구 활동 외에 한국국제회계학회 부회장을 역임했고 정부산하기관 경영평가위원과 광주지방국세청 국세심사위원, 관세사 및 세무직 출제위원으로 활동하고 있다.

# 경영교육 뉴 패러다임

**초판 1쇄** 2018년 11월 19일

**지은이** 이두희, 윤성수, 이성호, 이재혁, 이우종, 권순창, 배종석, 강 철, 이상민, 최성진, 이무원, 김도윤,
김희천, 신호정, 유시진, 박대윤, 박찬수, 류수영, 이태희, 김중혁, 김영규, 오종문, 전규안, 전성일
**펴낸이** 전호림
**책임편집** 정혜재
**디자인** 제이알컴
**마케팅** 박종욱 김혜원
**영업** 황기철

**펴낸곳** 매경출판(주)
**등 록** 2003년 4월 24일(No. 2-3759)
**주 소** (04557) 서울시 중구 충무로 2 (필동1가) 매일경제 별관 2층 매경출판(주)
**홈페이지** www.mkbook.co.kr
**전 화** 02)2000-2632(기획편집) 02)2000-2636(마케팅) 02)2000-2606(구입 문의)
**팩 스** 02)2000-2609 **이메일** publish@mk.co.kr
**인쇄·제본** (주) M-print 031)8071-0961
**ISBN** 979-11-5542-914-3 (03320)

이 도서의 국립중앙도서관 출판예정도서목록(CIP)은 서지정보유통지원시스템 홈페이지(http://seoji.
nl.go.kr)와 국가자료공동목록시스템(http://www.nl.go.kr/kolisnet)에서 이용하실 수 있습니다.
(CIP제어번호: CIP2018034897)